*l*ieber *l*eichter *l*eben

Hans Stöberl

*l*ieber *l*eichter *l*eben

Seelen-Coaching mit Kinesiologie

Integral

Die in diesem Buch vorgestellten Anleitungen und Übungen sind in Kursen und Seminaren unterrichtet und ausgeführt worden. Bei gesundheitlichen Problemen können sie Rat und Hilfe eines Arztes nicht ersetzen. Autor und Verlag übernehmen keine Haftung für Schäden, die sich aus dem Gebrauch oder eventuellen Missbrauch von Informationen aus diesem Buch ergeben.

FSC
Mix
Produktgruppe aus vorbildlich bewirtschafteten Wäldern und anderen kontrollierten Herkünften
Zert.-Nr. SGS-COC-1940
www.fsc.org
© 1996 Forest Stewardship Council

Verlagsgruppe Random House
FSC-DEU-0100
Das für dieses Buch verwendete
FSC-zertifizierte Papier *EOS*
liefert Salzer, St. Pölten.

Integral Verlag
Integral ist ein Verlag der Verlagsgruppe Random House GmbH

ISBN-10: 3-7787-9163-X
ISBN-13: 978-3-7787-9163-9

2. Auflage 2006

Redaktion: Dr. Juliane Molitor
Einbandgestaltung: HildenDesign, München, unter Verwendung einer Illustration von Kazuo Kawai / Gettyimages, Collection Photonica
Gesetzt aus der 11/14,5 pt Berkley book
bei C. Schaber Datentechnik, Wels
Druck und Bindung: GGP Media GmbH, Pößneck

Inhalt

Meinen sieben Kindern
Renate, Thilo, Irmgard, Gregor, Bernhard, Dominik und Olivia,
meinen irdischen Lehrern,
spirituellen Begleitern und geistigen Führern.

Vorwort

Danke, dass Sie für das Abenteuer mit diesem Buch bereit sind, ein Abenteuer, bei dem Sie sich vielleicht selbst begegnen. Vieles von dem, was Sie hier lesen, wird Ihnen irgendwie bekannt vorkommen, geht es doch um Probleme. Doch jetzt bekommen Sie auch die vielen Maskierungen der Probleme gezeigt, den tieferen Sinn dahinter und was Sie tun können, damit es auf Ihrem Lebensweg wieder leicht vorangeht.

Dieses Buch erhebt keinen wissenschaftlichen Anspruch. Es ist ein Erfahrungsbuch. Ich danke meinen Klienten mit all ihren Problemen dafür, dass sie mir die Möglichkeit gegeben haben, die Wirksamkeit geistiger Gesetze immer wieder neu bestätigt zu bekommen. Die Fallbeispiele, in denen die Namen selbstverständlich geändert wurden, sollen Ihnen die Vielfalt problematischer Lebensthemen deutlich machen und Sie an ähnliche Vorfälle oder Hinweise in Ihrem eigenen Leben erinnern. Lassen Sie sich wachrütteln.

Probleme sind Ihre wohlmeinenden Freunde. Sie werden immer nur mit Problemen konfrontiert, die Sie auch lösen können. Die Lösung liegt in Ihnen selbst und kann mit Hilfe des Kinesiologie-Coaching gefunden werden. Der Weg zu einem leichten Leben besteht im Erkennen und Loslassen von Altlasten, in der Liebe zum Sein, im Annehmen des Jetzt und im Öffnen für Neues. Es gibt kleine und große Probleme im Leben. Große Probleme entstehen erst, wenn viele kleinere nicht erkannt und beachtet wurden. Probleme sind Wegweiser. Wenn Sie sie beachten, erkennen Sie die Richtung, in die sie weisen. Wenn nicht, kann der Crash schon an der nächsten Kreuzung erfolgen. Probleme sind Ihnen also wohl gesonnen, vorausgesetzt, Sie verstehen sie. Dieses Verstehen hat etwas mit dem Grad der eigenen Entwicklung zu tun. Irgendwann macht es »klick« in Ihrem Leben, und Sie blicken voll durch. Das ist gut so. Aber jetzt holt Sie alles ein, was schon vor dem Klick da war und Sie immer noch belastet. Plötzlich blinkt es überall in Ihrem Leben, weil auf einmal so viel erkannt und bereinigt werden möchte.

In diesem Buch ist viel von Problemen als Wegweisern die Rede, aber auch davon, wie sie gelöst werden können. Kinesiologie-Coaching ist eines der wertvollsten und präzisesten Instrumente hierfür. Die Technik der Kinesiologie ermöglicht eine Zwiesprache mit Ihrem Unterbewusstsein, Ihrer inneren Festplatte, auf der alles über Ihr Leben gespeichert ist. Ich habe große Achtung vor dem Unbewussten und weiß, dass gerade durch diese Achtung besondere Tiefen der inneren Verletztheit zugänglich werden. Mit dieser Achtung und mit Hilfe des Kinesiologie-Coaching ist es möglich, das Reisegepäck neu zu ordnen und leichter zu machen.

Coaching kommt von Kutschieren, und Kinesiologie-Coaching ist wie eine Kutschfahrt: einmal Problem hin und zurück. Mit dem Problem zur Ursache – mit der Lösung zurück in den Alltag. »Mit einem Weinen ging ich rein – mit einem Lachen kam ich raus.« Es ist ganz einfach, liebevoll und tut der Seele gut.

»Lieber leichter leben!« Sie können sich neu entscheiden.

Penzberg, 26. November 2005

1

Gibt es ein Problem?

Jetzt geht es um Sie! Denn Sie sind wichtig. Sie sind der wichtigste Mensch in Ihrem Leben. Es geht um Ihre Zufriedenheit, um Ihr unbeschwertes Dasein auf der Erde, um Ihre Fröhlichkeit und Ihr Glücklichsein. Zuvor aber geht es um all das, was Sie daran hindert, diese Leichtigkeit auch wirklich zu leben.

In vielen Jahren als Wegbereiter aus Problemsituationen habe ich Erfahrungen gemacht, die auch Sie dahin führen können, Blockierungen in Ihrem Leben zu erkennen, Lösungsmöglichkeiten zu sehen und neue Konflikte zu vermeiden. Über solche Erfahrungen schreibe ich hier.

Dieses Buch gibt Hinweise auf mehrere Möglichkeiten, mit inneren Ratgebern zu kommunizieren, zum Beispiel über die intuitive Wahrnehmung, über Träume, besonders aber über die direkte Körperbefragung mit Kinesiologie. Da die Art der Problembewältigung über das Seelencoaching mit Kinesiologie ein wenig ungewöhnlich ist, erfahren Sie vorweg, wie so eine Sitzung in meiner Praxis abläuft.

»Guten Morgen. Schön, dass Sie jetzt hier sind. Schön, dass Sie erkannt haben, dass es nun endlich um Sie selbst geht, oder dies bestimmt in der folgenden Sitzung erkennen werden. Denn Sie sind wichtig. Sie sind sogar der wichtigste Mensch in Ihrem Leben. Dies zu erkennen und umzusetzen – dabei will ich Ihnen helfen. In der nächsten Stunde werden wir also ein Erfolgsteam sein: Sie, Ihr Unterbewusstsein und ich als Ihr Begleiter.«

Mit solchen Worten würde ich meine Klienten gern begrüßen, weil ich mich wirklich freue, wenn Hilfe suchende Menschen erfahren dürfen, dass sie selbst einen unbestechlichen inneren Ratgeber haben, der nun endlich seine bedeutsamen Bemerkungen zu ihrer verfahrenen Lebenssituation machen darf. Aber natürlich sage ich nur: »Guten Morgen, haben Sie gut hergefunden?« Und etwas später vielleicht noch: »Schön, dass Sie da sind.«

Wer zu mir kommt, hat schon viel gesucht und versucht in seinem Leben. Und diese Suche findet erst einmal im Außen statt, ganz weit weg von sich selbst. Viele Wege werden beschritten, auch viele Irrwege, bis letztendlich das berühmte Licht aufgeht: Du musst bei dir selbst anfangen. Du musst erst einmal wieder nach Hause kommen, musst dir selbst begegnen, dich selbst finden, dich selbst klären. Erst dann kannst du geordnet weitergehen auf deinem Weg.

Die Unordnung auf dem Lebensweg zeigt sich in vielen Lebensbereichen. Würde man die unten aufgeführten Themengruppen bei einer x-beliebigen Person testen, so könnte dies eine Reihe von unerlösten seelischen Konflikten sichtbar machen:

- Beruf, Karriere, Geld, Finanzen
- Partnerschaft, Beziehungen, Sexualität
- Kommunikation, Kontaktfreude
- Persönlichkeit, Erwachsensein, Selbstständigsein
- Schule, Lernen, Verstand, Intelligenz
- Intuition, Vision, Ziele, Lebensaufgabe
- Selbstbewusstsein, Selbstsicherheit, Selbstwert, Selbstvertrauen
- Urvertrauen, Gottvertrauen
- Vater, Mutter, Familie, Herkunft
- Selbstliebe, das Gefühl geliebt zu werden, Sicherheit, Glück, Erfolg
- Gesundsein, Heilsein.

Welcher Begriff ruft eine spontane Resonanz in Ihnen hervor? Dies könnte Ihr zu klärendes Thema sein.

Wer für den inneren Dialog mit sich selbst bereit ist, hat sich bereits neu entdeckt, hat sich gefunden oder wird sich auf eine neue Art wieder selbst begegnen. Doch wie wird man bereit für den inneren Dialog? Was veranlasst Menschen, sich auf den Weg zu machen, zunächst oder oft zuletzt vielleicht in eine Praxis wie meine? Menschen, die zu mir in die Praxis kommen, leiden – körperlich, seelisch oder einfach, weil der Fluss ihres Lebens ins Stocken gekommen ist und alles »irgendwie nicht mehr so recht funktioniert«. Sie haben ein Problem. Hier eine Auswahl solcher Lebensprobleme, von denen Ihnen einige vielleicht unangenehm vertraut vorkommen:

»Ich verstehe mich nicht mit meiner Mutter.«
»In unserer Familie gibt es immer nur Streit.«
»Mein Kind belügt mich und klaut.«
»Meine Tochter hat Lernprobleme.«
»Ich habe zu wenig Selbstbewusstsein.«
»Meine Haare fallen aus.«
»Ich habe als Kind lange an den Fingernägeln gekaut, und jetzt kommt das wieder.«
»Mein Sohn ist Bettnässer, nichts hilft.«
»Unser Kleiner stößt sich plötzlich überall und verletzt sich häufig.«
»In der Nacht finde ich keinen Schlaf.«
»Ich möchte mit dem Rauchen aufhören, schaffe es aber nicht.«
»Ich habe Angst beim Autofahren, besonders auf der Autobahn.«
»Ich traue mich nicht durch Tunnel zu fahren.«
»Ich mache mir Sorgen über meine Zukunft.«
»Ich habe Existenzängste.«
»Ich habe ständig Geldsorgen.«
»Mein Beruf macht mich nicht glücklich. Was soll ich tun?«
»Ich bin sehr enttäuscht worden und kann niemandem mehr vertrauen.«

»Ich möchte verstehen, warum ich immer wieder diese Blasenprobleme habe.«
»Ich ziehe immer die falschen Männer an.«
»Meine Beziehungen gelingen einfach nicht.«
»Ich hätte gern mehr Lebensfreude.«
»Solange ich zurückdenken kann, habe ich Kopfschmerzen.«
»Ich fühle mich nichts wert.«
»Bei Prüfungen versage ich immer.«
»Immer wenn etwas Neues in meinem Leben ansteht, werde ich krank.«
»Ich bin in allem sehr unsicher.«
»Mein Kind wächst nicht.«
»Ich habe keine Freunde.«
»Warum baue ich immer wieder Unfälle?«
»Ich kann mich nicht konzentrieren.«
»Ich habe immer wieder Schwierigkeiten mit meinen Kollegen.«
»Ich falle oft in ein tiefes Loch.«
»Wenn ich morgens die Augen aufschlage, möchte ich am liebsten nicht hier sein.«
»Ich fühle mich von niemandem geliebt.«
»Ich bin zu dick und möchte abnehmen.«
»Weil es in meiner Familie schon mehrere Fehlgeburten gab, habe ich Angst, dass auch ich mein Kind verlieren könnte.«
»Mein Mann hat eine andere Frau. Damit werde ich nicht fertig.«
»Ich habe mich von meinem Partner getrennt, aber innerlich komme ich nicht von ihm los.«
»Ich trage eine große Last aus meiner Kindheit mit mir herum und möchte sie nicht an meine Kinder weitergeben.«

Könnte einer dieser Sätze von Ihnen sein? Alltägliche Geschichten sind das, wie sie jeder von uns erzählen könnte und in seinem persönlichen Umfeld immer wieder zu hören bekommt. Oft haben wir uns schon so sehr an gewisse Leiden gewöhnt, dass wir meinen, das Leben müsse so beschwerlich sein. Und dann sehen wir die anderen, denen es doch gut geht, denen fast alles gelingt, und erkennen zum Glück, dass in unserem eigenen Leben wohl etwas nicht so ganz stimmig ist.

Erst Druck, dann Ängste und Zwänge und noch später Schmerz und Leid haben nur einen Sinn: Sie wollen uns auf das Klagen unserer Seele aufmerksam machen. Es geht um diese leisen inneren Hilfeschreie, die so lange nicht gehört werden, bis sie sich über Probleme äußern müssen.

Meine Arbeit mit Klienten basiert auf einer Lebensphilosophie, die ich für mich als stimmig erkannt und erfahren habe. Spüren Sie, ob diese Philosophie – bewusst oder unbewusst – vielleicht auch Ihrem Verständnis vom Dasein auf der Erde entspricht:

- Ich, Seele, bin wichtig, sonst gäbe es mich nicht.
- Ich bin auf meinem Entwicklungsweg hier auf der Erde.
- Das Leben ist immer für mich da. Es macht mir ständig mehrere Angebote, damit ich eine eigene Entscheidung treffen kann, denn ich habe einen freien Willen.
- Liege ich mit meiner Entscheidung richtig, geht es mir auf allen Ebenen gut.
- Weiche ich in meinem Handeln von meinem vorbestimmten Weg ab, gibt mir das Leben liebevoll gemeinte Hinweise in Form von Problemen.
- Wenn ich die Botschaft solcher Probleme verstanden habe und entsprechend handle, geht es mir und meiner Seele wieder gut.

Menschen mit Problemen tun also gut daran, über das Unterbewusstsein mit ihrem Innersten, ihrer Seele zu kommunizieren. Dieser Dialog mit der Seele wird über den kinesiologischen Armtest geführt, den ich im nächsten Kapitel näher erläutern werde.

Der Ablauf einer kinesiologischen Sitzung ist immer gleich:

- Der Klient schildert sein aktuelles Problem.
- Der kinesiologische Test offenbart eine seelische Ursache dieses Problems.
- Wir finden einen Zielsatz, der die optimale Lösung zum Ausdruck bringt.
- Das Unterbewusstsein des Klienten offenbart die Ursprungsgeschichte des Problems mit Zeitpunkt und beteiligten Personen.
- Mittels Klopfakupressur am Kopf des Klienten wird die eingeschlossene Konfliktenergie freigesetzt.
- Falls noch erforderlich, gibt ein Lösungssatz den Hinweis darauf, was für den Klienten wichtig ist, damit es in seinem Leben gut weitergeht.
- Der kinesiologische Nachtest zum Problemthema zeigt keine Stressreaktion mehr. Damit ist die seelische Ursache behoben und das aktuelle Problem begibt sich in die mehr oder weniger lang andauernde Auflösungsphase.
- Befreit und emotional erleichtert verlässt der Klient die Praxis.

Neben meinen eigenen Erfahrungen mit verschiedenen Problemlösungstechniken enthält dieses Buch viele Fallbeispiele aus Sitzungen, in denen bei Klienten die Psychologische Kinesiologie angewandt wurde. Damit Sie den größtmöglichen Nutzen aus diesem Buch ziehen können, schildere ich Ihnen nun meine Vorgehensweise bei solchen kinesiologischen Sitzungen:

Klienten kommen in die Sitzung, weil sie irgendein Problem haben, weil sie mit bestimmten Situationen oder Empfindungen im Alltag nicht zurechtkommen, weil sie irgendetwas in ihrem Leben oder im Zusammenleben mit anderen stört, weil sie Ängste oder auch gesundheitliche Schwierigkeiten haben. Klienten kommen also, weil sie etwas stört und weil sie von diesem Störenden befreit werden möchten. Manche kommen auch, weil sie Fähigkeiten in sich spüren, die sie nicht ausleben können, weil sie sich also irgendwie blockiert fühlen.

Im Vorgespräch frage ich den Klienten, was der Anlass für die Sitzung war, informiere mich über sein Lebensumfeld, frage nach familiären oder partnerschaftlichen Bindungen, nach Eltern, Geschwistern, eigenen Kindern, Beruf, Lebensschicksalen und Lebenszielen. Damit bekomme ich ein inneres Bild meines Klienten und sehe, an welchem Punkt seines Lebens er gerade steht. Dann schildert der Klient sein Hauptproblem, den Grund, weshalb er bei mir ist.

Der eigentliche Ablauf der Sitzung ist in der Regel immer gleich. Daher werde ich nun einen Sitzungsablauf ausführlich schildern und in den folgenden Fallbeispielen mehr auf den Inhalt der jeweiligen Geschichte eingehen.

Der siebenjährige Adrian ist mit seiner Mutter in meine Praxis gekommen. Die Mutter sagt, Adrian sei Bettnässer. Ich unterhalte mich zunächst ganz zwanglos mit Adrian, spreche über die Schule und auch über sein Bettnässen. So richtig peinlich ist es ihm offenbar nicht, aber er möchte schon frei davon sein. Ich sage ihm, dass sein Körper weiß, warum er das macht, und dass wir eine Möglichkeit haben, seinen Körper zu fragen. Jetzt ist Adrian ganz neugierig und ich mache spielerisch ein paar kinesiologische Tests mit ihm. Adrian findet das lustig und überlässt mir bereitwillig seinen Arm zum Testen.

Ich lasse ihn jetzt an sein Bettnässen denken und führe gleichzeitig den kinesiologischen Armtest durch, einen Muskeltest. Adrians Arm wird beim Testdruck schwach. Der Armmuskel kann nicht halten. Es liegt also eine Stressreaktion vor, wenn Adrian an sein Bettnässen denkt. Dann führe ich den »psychologischen Test« durch: Ich wiederhole den kinesiologischen Test, während Adrian die freie Hand auf seine Stirn legt. Dabei denkt er wieder an das Bettnässen. Nun bleibt der Testarm stark. Das heißt, dass die Ursache für das

Bettnässen seelischer Art ist. Die Blase weint, weil die Seele weint. Es liegt also eine seelische Verletzung vor, die durch das Bettnässen erkannt und aufgedeckt werden möchte.

Nun könnte ich das Thema Bettnässen direkt bearbeiten, doch zuvor möchte ich Adrians Lebensumfeld kinesiologisch abklären, denn eine Auffälligkeit wie das Bettnässen hat oft mit mehreren Konflikten zu tun. Ich finde weitere seelische Konfliktthemen, die mit seinem Vater, seiner Mutter, einem Mitschüler und seinem jüngeren Bruder Ralf zu tun haben. Da nun fünf Themen zur Auswahl stehen, frage ich über den Armtest nach, welches dieser Themen für die heutige Sitzung am wichtigsten ist. Es ist das Bettnässen. Für das weitere Vorgehen finde ich einen Zielsatz, der die Lösung des Problems beinhalten soll. Für Adrian lautet dieser Zielsatz: »Ich bin sauber.« Das ist für Adrians Inneres zunächst ein stressender Satz, weil er ja noch nicht sauber ist. Doch nun wird uns dieser Satz wie ein Lotse zur Ursache des Bettnässens führen.

Und schon bin ich mit Adrian mitten in der Sitzung. Ich stelle Fragen, die ich jeweils laut ausspreche, und teste jede Frage kinesiologisch. Adrian braucht kein Wort zu sagen und er soll möglichst auch nicht mitdenken. Über den kinesiologischen Test führe ich den inneren Dialog mit Adrians Unterbewusstsein, das nun die gesamte Ursprungsgeschichte freigibt. Alles, was stresst, gehört zum Thema, alles, was nicht stresst, gehört nicht dazu. Alle Fragen, die Adrians Testarm schwächen, haben mit dem Inhalt seiner Geschichte zu tun und bedeuten eine Zustimmung. Bleibt der Testarm bei einer Frage stark, so heißt das: Die Frage stresst nicht, dies gehört nicht zur Geschichte und bedeutet also eine Verneinung.

Nun frage ich nach der Zeit: Wann ist der Konflikt entstanden? Und nach der Geschichte oder Situation: Was ist damals passiert? An einer Geschichte sind meistens eine oder mehrere Personen beteiligt. Um die Situation rekonstruieren zu können, frage ich nach Gefühlsverbindungen zwischen den Personen. Dazu verwende ich eine Tabelle mit den negativen Gefühlen, die am häufigsten zu Problemsituationen führen. Die Mosaiksteinchen der Personen und der dazugehörigen Gefühle ergeben dann – zusammengefügt – das Bild der Situation oder die ganze Ursachengeschichte.

Bei Adrian geht die Konfliktursache in die Zeit zurück, als er vier Jahre alt war. Damals war seine Mutter im vierten Monat mit seinem jüngeren Bruder Ralf schwanger und teilte Adrian freudestrahlend mit, dass er bald ein Geschwisterchen bekäme. Doch für Adrian war dieses Geschwisterchen eine Bedrohung. Er mochte es nicht. Bis jetzt war er der Kronprinz gewesen, aber nun war jemand unterwegs, der ihm vielleicht die Liebe seiner Mutter wegnehmen würde. Zumindest würde er teilen müssen. Er spürte, dass dieses noch nicht sichtbare Geschwisterchen schon jetzt mehr Aufmerksamkeit von seiner Mutter bekam als er. Die Mutter freute sich auf dieses zweite Kind und war nur noch auf dieses fixiert. Der Vater war so sehr in seinen Beruf eingebunden, dass er nur wenig Zeit für die Familie hatte. Er kam oft erst spät abends nach Hause und wollte auch am Wochenende eher seine Ruhe haben. Adrian fühlte sich allein gelassen, nicht mehr sicher und geborgen. Er hatte Angst, dass er – klein und hilflos – mit dem Leben vielleicht nicht mehr zurechtkommen würde. Mit der Ankunft dieses Geschwisterchens entstand ein Konflikt, der seinem Leben den Halt nahm. Adrian wurde zum Bettnässer, um die Aufmerksamkeit und Liebe seiner Mutter und auch seines Vaters wiederzugewinnen.

Damit haben wir alle Informationen, die für die anschließende Prozedur zur Lösung des Konfliktes wichtig sind. Nun testen wir den für Adrian besten Lösungssatz. Er lautet: »Ich bin sicher und geliebt.« Die darauf folgende Klopfakupressur auf Adrians Stirn und Scheitel bewirkt, dass die seit dieser Geschichte aufgestaute Konfliktenergie jetzt abfließen kann. Ich lasse Adrian dabei tief ausatmen. Der kinesiologische Nachtest in verschiedenen Augenrichtungen und damit auch in verschiedenen Gehirnbereichen zeigt keine Stressreaktionen mehr. Auch der laut ausgesprochene Zielsatz, der Lösungssatz und der Gedanke an das Bettnässen sind stressfrei. Überall zeigt sich ein starker Testarm. Es gibt keinen Stress mehr auf das Thema Bettnässen und keine seelische Ursache mehr dazu. Auch die seelischen Konflikte mit seinem Bruder Ralf und einem Mitschüler sind damit gelöst. Seinen Vater- und Mutterkonflikt hat er noch, da sind andere Geschichten dahinter, die eine weitere Sitzung erfordern.

Durch das Bettnässen wurde also erreicht, dass bei Adrian ein seelischer Konflikt erkannt und gelöst werden konnte. Doch nun braucht Adrians Körper diesen Verstärker für den Hilferuf seiner Seele nicht mehr. Es gab noch zwei Ausrutscher in der Woche nach der Sitzung, dann war Adrian wirklich sauber.

Alle weiteren Fallbeispiele werde ich nicht mehr so detailliert schildern, da die Sitzungen immer ähnlich ablaufen. Die unterschiedlichen Fälle sollen Ihnen nicht nur illustrieren, wie vielfältig die Ursachen von Lebensproblemen sein können, sondern auch, dass jedes Problem eine ganz bestimmte Ursache hat und gelöst werden kann, wenn diese Ursache erst einmal erkannt worden ist.

Im nächsten Fallbeispiel lernen Sie zwei Geschwister kennen, die keine Sicherheit im Leben spüren und deshalb die Realität des alltäglichen Lebens zu verdrängen versuchen.

Die Geschwister Franzi und Maxi sind in meine Praxis gekommen, weil sie unter Augenproblemen leiden. Die Mutter hat beide Kinder augenärztlich untersuchen lassen, doch weil sie gehört hat, dass körperliche Probleme oft mit einem Notzustand der Seele einhergehen, will sie die Auffälligkeiten ihrer Kinder nun noch kinesiologisch hinterfragen lassen.

Franzi ist acht Jahre alt, Maxi vier. Bei Franzi hat der Augenarzt den so genannten V-Blick diagnostiziert. Dabei schauen die Augen nach oben, während die Blickrichtungen auseinander gehen.

Der kinesiologische Test ergibt einen seelischen Konflikt, doch zunächst habe ich keinen Anhaltspunkt, um welches Thema es sich hier handeln könnte. Also ahme ich diesen Blick nach oben nach – mehrmals und intensiv – und spüre in mich hinein. Was empfinde ich dabei? Wenn ich nach unten schaue, sehe ich genau, wo ich stehe. Schaue ich geradeaus, nehme ich alles wahr, was vor mir ist. Wenn ich jedoch nach oben schaue, bin ich ganz weit weg, und auch die Realität ist ganz weit weg. Nun frage ich Franzis Unterbewusstsein über den kinesiologischen Test, ob diese Augensache etwas mit Realitätsflucht zu tun hat, und bekomme prompt die Bestätigung. Der Zielsatz für die Sitzung heißt also: »Die Realität ist wichtig für mich.«

Maxi hat momentan den Tick, dass er immer die Augen zusammenkneift und blinzelt. Auch hier offenbart der kinesiologische Test ein seelisches Problem. Also kneife ich wie Maxi blinzelnd meine Augen zusammen und nehme das Gefühl wahr, das ich dabei habe: Angst vor der Realität. Für Maxi finde ich den Zielsatz: »Die Realität ist gut für mich.« Dabei spielt es keine Rolle, ob das Kind das Wort »Realität« versteht oder nicht. Die Dialoge werden mit dem Unterbewusstsein geführt, und für das Unterbewusstsein stellen Fremdwörter kein Hindernis dar. Je weniger die getestete Person versteht, umso weniger kann sie mitdenken, und das ist gut so, denn das Denken stört die Kommunikation mit dem Unterbewusstsein. Der Kopf darf während der Sitzung gern ganz woanders sein.

Die Geschwister haben dieselbe Mutter, bei der sie auch leben, aber sie haben verschiedene Väter, die beide abwesend sind. Und hierin besteht bei beiden die ursächliche Verletzung. Kinder, deren Väter abwesend sind oder nicht zu ihnen stehen, die also nicht das Gefühl haben, dass ein großer starker Vater immer für sie da ist, empfinden das Leben oft als bedrohlich. Da scheint es eine Überlebensmöglichkeit zu sein, die Realität ganz einfach nicht zu sehen. Im vorgezeichneten Lebensplan, den es für jeden auf seinem irdischen Entwicklungsweg gibt, wird eine solche Verweigerung aber nicht geduldet. Über die Seele wird eine Botschaft geschickt, die Franzi und Maxi über ihre Augenprobleme erreicht.

Bei Kindern tritt die positive Wirkung nach der Ablöse meist sehr schnell ein – anders als bei Erwachsenen, bei denen es oft länger dauert, weil sie einfach zu viel denken und damit ihren eigenen Heilprozess blockieren.

Die Mutter erkannte während dieser Sitzungen übrigens, dass sie ganz ähnliche Lebensthemen hat. Daher konnte sie ihren Kindern auch keinen Halt geben. Weil das oft der Fall ist, begrüße ich es immer, wenn die Mutter oder der Vater bei der Sitzung dabei ist. Kinder sind gute Entwicklungshelfer für ihre Eltern. Beobachten Sie Ihre Kinder doch einmal ganz unvoreingenommen und versuchen Sie, sich selbst in diesen ehrlichen Spiegeln zu erkennen.

Thema der nächsten Fallgeschichte ist eine Angst vor dem realen Leben.

Der zwanzigjährige Wulf ist ängstlich und kann nicht so aus sich heraus, wie er gern möchte. Von etwas mehr Selbstsicherheit verspricht er sich nicht nur bessere Chancen im Beruf, sondern auch bei Frauen. Wir arbeiten also mit dem Zielsatz: »Ich bin selbstsicher.«

Im kinesiologischen Dialog mit seinem Unterbewusstsein zeigen sich die tieferen Hintergründe seiner Unsicherheit. Zunächst wird deutlich, dass sich die Ursprungsgeschichte in seinem siebzehnten Lebensjahr ereignete und etwas mit Enttäuschung oder Selbsttäuschung zu tun hat. Zu dieser Zeit hatte Wulf seine Ausbildung bei einer Bank begonnen und war irgendwie enttäuscht gewesen, als er seinen Chef kennen lernte. Der war ja richtig nett, so ganz anders, als Wulf ihn sich vorgestellt hatte. Was hatte er sich Gedanken gemacht! Das Schlimmste hatte er erwartet: einen allmächtigen Chef, dem man nie etwas recht machen kann und der einen immer schikaniert. Aber nun war der Chef nett, und Wulf machte sich Vorwürfe, dass er so schlecht über ihn gedacht hatte. Seine eigene Einstellung demoralisierte ihn und er litt unter Versagensangst, weil er nun glaubte, sich nicht mehr auf sich und seine Gedanken und Empfindungen verlassen zu können. Sein vor ihm liegendes Leben kam ihm ausweglos vor, denn er sah sich falsch gepolt, zu sehr auf das Negative fixiert.

Wulfs Lösungssatz war: »Ich sehe das Positive.« Mit dieser neuen Einstellung kam auch seine Selbstsicherheit zurück, die für den persönlichen Weg auf allen Ebenen so wichtig ist.

Im Leben geht es immer wieder um unser Urbedürfnis nach Sicherheit und Liebe. Gerade bei kleinen Kindern, die mutig ihre ersten Schritte ins Leben wagen, ist diese Sicherheit so wichtig.

Der kleine Benedikt ist knapp zwei Jahre alt, läuft aber noch nicht und hat motorische Probleme auf der linken Körperseite. Er macht alles nur über die rechte Körperseite und bezieht die linke gar nicht mit ein. Die Mutter weiß, dass solche Auffälligkeiten seelischen Ursprungs sein können, und möchte das Bestmögliche für ihren Sohn tun. Benedikt wurde sechs Wochen zu früh geboren, und im fünften Schwangerschaftsmonat war die Mutter von einer Treppe gestürzt.

Den Dialog mit dem Unterbewusstsein von Benedikt führe ich über die Mutter, die dabei Körperkontakt mit Benedikt hat und sich mental mit ihm verbindet. Jeder kinesiologische Test über die Mutter beginnt mit den Worten: »Ich bin Benedikt.«

Unerlöste seelische Konflikte zeigen sich bei Benedikt in Bezug auf das Laufenlernen, die zu frühe Geburt und den Sturz der Mutter während der Schwangerschaft. Priorität hat das Thema Frühgeburt mit dem Zielsatz: »Ich bin bereit für das Leben.« Ursachenalter ist die Zeit des Sturzes. Damals hatte der fünf Monate alte Fötus erlebt, dass ihm selbst die Geborgenheit des Mutterleibes weder optimalen Schutz noch Halt bieten konnte. Er fühlte sich den Herausforderungen des Lebens ausgeliefert und hatte damit das Vertrauen in jegliche Sicherheit verloren. Aufgrund dieses Mangels an Vertrauen verließ er den Mutterleib viel zu früh, musste jedoch erkennen, dass das Leben immer neue Herausforderungen für ihn parat hatte. Aus Angst, diesen vielleicht nicht gewachsen zu sein, setzte er verstärkt die rechte Körperseite ein, die ja bekanntlich für Durchsetzung steht. Seine linke Körperseite blieb unterfordert, und das so entstandene Ungleichgewicht in seiner Körperbalance machte ihm das Laufenlernen unmöglich.

Von der Mutter kam bald nach der Sitzung die Rückmeldung, dass Benedikt jetzt läuft und in seinem ganzen Wesen viel ausgeglichener ist. Sie ist froh, dass sie die seelischen Hilferufe ihres Kleinen so früh erkannt hat.

Manchmal haben Menschen Schwierigkeiten mit Tieren, weil die Tiere selbst Probleme haben. Ja, auch Tiere leiden unter emotionalen Verletzungen. Und auch hier kann Kinesiologie-Coaching hilfreich eingesetzt werden.

Das Pferd Hektor, ein Wallach, hatte sich auf der Koppel einen vorderen Knöchel gebrochen. Seit diesem Unfall gehorcht er seiner Reiterin nicht mehr, ist disziplinlos und wie traumatisiert. Wir arbeiten ausnahmsweise über eine Ersatzperson mit dem Foto des Pferdes, haben jedoch das Einverständnis der Reiterin, die auch Besitzerin des Pferdes ist.

Nachdem wir auf diesem Wege mit dem Unterbewusstsein des Pferdes kommuniziert und auch von ihm das Einverständnis für diese Sitzung bekommen haben, finden wir den Zielsatz: »Ich vertraue meiner Reiterin.« Als Zeitpunkt meldet sich die Zeit des Unfalls auf der Koppel mit den Schlüsselwörtern: wenig Liebe und Mitgefühl. Ein Pferdepfleger, der nach dem Unfall als Erster mit dem Pferd zu tun hatte, ging sehr herrisch, zwingend und wenig einfühlsam mit dem Pferd um. Das Pferd hatte solche Schmerzen und so große Ängste, dass es sich am liebsten selbst aufgegeben hätte. Die dann hinzugerufene Reiterin machte dem Pferd noch zusätzlich Vorwürfe, anstatt mitfühlend zu sein. Der positive Lösungssatz für Hektor war: »Ich bekomme Mitgefühl.«

Ich bekam später sehr positive Rückmeldungen über das veränderte Verhalten von Hektor. Für die Reiterin war dies eine wertvolle Lebenserfahrung, die ihren Umgang mit Pferden und Tieren überhaupt verändert hat.

Ich habe öfter mit Tieren gearbeitet und weiß deshalb auch, dass zum Beispiel Hunde aus seelischen und körperlichen Verletzungen heraus zu Angstbeißern werden. Hundebabys fühlen wie Menschenbabys. So war die Ursachengeschichte eines Schäferhundes, dass ihn seine Hundemutter nicht unterstützt hatte. Er war der sechste Welpe im Wurf gewesen, kleiner und schwächlicher als die anderen. Die Natur hat ihre ganz natürliche Auslese. Was nicht lebensfähig ist, das stirbt. Der kleine Welpe hatte nicht die Kraft, sich gegen die anderen, vitaleren Welpen durchzusetzen. Nie kam er an eine nährende Zitze und wäre an Hunger und Schwäche gestorben, wenn sich nicht ein Mensch eingemischt hätte. Nur so hatte er überleben können. Geblieben aber ist ihm, dass er ungeliebt war, unwichtig, und dass seine Mutter ihm nicht geholfen hatte zu überleben.

Die andere Geschichte ist die eines Rottweilers, der noch immer das Trauma nicht verarbeitet hatte, dass ihm der Tierpfleger ohne jegliche schmerzlindernde Maßnahme den Schwanz abschnitt, weil zu einem Rottweiler eben ein kupierter Schwanz gehört.

Ein Bauer in meiner Umgebung machte sich große Sorgen, weil seine Kuh nach dem Kalben nicht mehr auf die Beine kam. Eine Woche lang lag sie nur, obwohl es keinerlei Verletzungen beim Kalben gegeben hatte. Dann erfolgte die kinesiologische Sitzung durch einen meiner Schüler. Ursachenthema war eine tiefe Resignation, weil das kleine Kälbchen der Mutterkuh sofort weggenommen worden war. Am Tag darauf fuhr ich selbst zu dem Stall. Ich fand einen glücklichen Bauern vor und eine Kuh, die ganz vital dastand und genüsslich fraß. Der Bauer berichtete mir, die Kuh sei in der Nacht ganz von selbst aufgestanden und nun sei alles wieder gut.

Auch Traumata von Tieren können also in einer kinesiologischen Sitzung geklärt werden, wobei es keine Rolle spielt, ob es sich um einen Kanarienvogel, ein Meerschweinchen oder einen Elefanten handelt. Tiere äußern seelische Konflikte ebenso wie Menschen: über Verhaltensauffälligkeiten, Unfälle oder Krankheiten. Der Seelendialog mit den Tieren ist auch hier eine wertvolle Lebenshilfe.

Zum Abschluss dieses Kapitels möchte ich Ihnen noch eine Fallgeschichte erzählen, deren Thema – »Ich will mich wieder beruflich verwirklichen, aber was sagt mein Mann dazu?« – manche Leserin sicher gut nachempfinden kann. Doch die Ursache dieser Vorbehalte liegt hier ganz woanders.

Cita hat zwei Kinder so weit großgezogen, dass sie zeitweise schon ganz gut mit sich selbst zurechtkommen. Nun will sie sich wieder beruflich engagieren. Sie hat aber Angst, wie ihr Mann wohl auf diesen Wunsch reagiert.

Schon zu Beginn der kinesiologischen Sitzung melden sich Hinweise auf Totenenergie und Eifersucht. In diesem Rahmen spielt sich dann auch das Geschehen ab. Es geht um die Zeit kurz vor Citas Zeugung. Citas Vater und ihre Mutter vereinigen sich geschlechtlich. In dieser Situation muss der Vater an seinen Vorgänger denken, den früheren Geliebten seiner Frau. Und er ist eifersüchtig auf seinen Vorgänger, darauf, dass dieser seine Frau ebenfalls so besaß. Der Ex-Geliebte war durch einen Unfall ums Leben gekommen und schon einige Jahre tot. Doch die Eifersucht fraß sich immer noch durch das Herz von Citas Vater. So lernte Cita ihren Vater kennen, kurz bevor er ihr Vater wurde. Und sie lernte auch, wie Männer fühlen und wie ihre Gefühle einer aufrichtigen Partnerschaft abträglich sein können.

Diesen Vertrauensverlust in die Gefühle eines Mannes hat sie nun auf ihren Mann übertragen. So war die Unsicherheit darüber entstanden, wie er wohl auf ihren Wunsch nach Veränderung reagieren würde.

Im kinesiologischen Seelendialog kann unbewusst Belastendes sichtbar gemacht und aufgelöst werden. Dem Kosmos sei Dank dafür, dass er uns unaufhörlich Signale sendet und deutlich macht, was loszulassen ist. Der Kosmos hat viele Botschafter, die nie aufhören, uns Hinweise zu geben. Auch Sie haben Ihren ganz persönlichen Fanclub. Wenn Sie einfach darauf vertrauen, dass Sie die Botschaften, die in Form von Problemen, Verlusten, Schmerzen,

Schicksalsschlägen und Krankheiten zu Ihnen kommen, auch verstehen, werden Sie Ihren Weg wieder deutlich sehen und erkennen, wo es für Sie weitergeht. Erkennen hat mit Erkenntnis zu tun, und Erkenntnis tut gut, während geistige Blindheit große Schmerzen verursachen kann.

Aus meiner Pfadfinderzeit – Pfadfinder, welch ein wunderbares Wort – stammt der ganz besondere Gruß, der jetzt auch Ihnen gilt: »Gut Pfad!« Und so nehme ich Sie weiter mit auf diese Bewusstseinsreise vom Hier-Sein zum Heil-Sein.

Immer dabei ist Ihr innerer Dialogpartner, das Kommunikationszentrum zwischen Ihrer unbewussten, nicht sichtbaren Welt und der bewussten Realität: Ihr Unterbewusstsein, das mit Hilfe des Zugangscodes »Kinesiologie« alle Daten liefert, die für Ihr Heil-Sein benötigt werden.

2

Der innere Dialogpartner

Probleme – wer hat sie nicht? Gesundheitliche, berufliche, zwischenmenschliche oder auch persönliche Probleme? Oder die ganze Palette?

Probleme zeigen, dass Sie mitten im Leben stehen. Das Leben macht Ihnen Angebote und stellt Wegweiser entlang Ihres Lebensweges auf. Sie brauchen nichts weiter zu tun, als die Botschaften dahinter zu erkennen, die richtigen Schlüsse daraus zu ziehen, entsprechende Entscheidungen zu treffen und das Leben immer wieder neu zu bejahen.

Lebensproblemen und auch gesundheitlichen Störungen liegen meist frühe traumatische Erlebnisse zugrunde, die einen unerlösten seelischen Konflikt hinterlassen haben. Etwas, das die Psyche zum Zeitpunkt des Erlebens nicht verarbeiten konnte – ein Konflikt – wird als emotionale Blockade in den Schichten des Gehirns abgelegt, »geparkt«, damit das Leben weitergehen kann, als wäre nichts geschehen. Das ist zunächst ein durchaus wirkungsvoller Überlebensschutz. In der Unvollkommenheit des irdischen Lebens häufen sich solche unlösbaren Situationen aber bald, sodass der Ballast in unserem Inneren größer und immer größer wird, bis er unsere natürliche Entwicklung schließlich ernsthaft behindert. Dies macht sich dann ganz konkret in aktuellen Lebenssituationen bemerkbar. Der Körper setzt also Zeichen und sendet die Signale dieser emotionalen Verletzungen, die meist aus vorgeburtlicher und frühkindlicher Zeit stammen.

Die Signale der Seele machen sich in der Persönlichkeit oder über den Körper bemerkbar und äußern sich beispielsweise in Verhaltensauffälligkeiten, Ängsten, Depressionen, Süchten, Konzentrations- und Lernblockaden, Persönlichkeitsproblemen, Unfällen, gesundheitlichen Störungen, chronischen Schmerzen, organischen Erkrankungen, Gewichtsproblemen, aber auch in Partnerschaftsproblemen und ähnlichen Einschränkungen.

Über das Unterbewusstsein des Klienten ist die Klärung solcher Probleme möglich. Seelencoaching mit Kinesiologie ist eine einfache Methode, die Ursachen aufzuspüren, sanft zu lösen und so die Voraussetzungen für ein ganzheitliches Heilwerden zu schaffen. Über den kinesiologischen Armmuskeltest und das persönliche Gespräch werden im Dialog mit dem Unterbewusstsein des Klienten die Ursachenkonflikte aufgedeckt, bewusst gemacht und in einer speziellen sanften Behandlung aufgelöst. Dies führt dazu, dass die Persönlichkeit wieder in ihrer Natürlichkeit gelebt werden kann, wodurch eine neue Lebensqualität entsteht. Das Leben darf wieder leichter werden.

Wenn wir erkennen, dass Probleme lediglich Wegweiser auf unserem Lebens- und Entwicklungsweg sind, tun wir gut daran, diese Wegweiser zu beachten. Auf dem Lernplaneten Erde geht es für uns darum, uns zu entwickeln und zu entfalten. Wir alle kommen aus der Einheit, erleben uns in der Polarität, haben die Chance loszulassen, was nicht zu uns gehört, und gehen am Ende wieder in die Einheit ein. Probleme weisen uns darauf hin, dass etwas in uns noch nicht stimmig ist und den klaren Fluss des Lebens behindert, etwas, das in engem Zusammenhang mit diesem Problem steht. Und dieses Etwas ist die Ursache dafür, dass das Problem überhaupt entstehen konnte.

Irgendwann in Ihrem Leben geraten Sie in eine Situation, mit der Sie nicht so einfach fertig werden. Stellen Sie sich dieses aktuelle Lebensproblem, diese Auffälligkeit, dieses Symptom oder diese Krankheit wie eine Boje vor, die auf dem Wasser schwimmt. Eine Boje schwimmt nie einfach nur herum. Sie zeigt immer etwas an, das in der Tiefe liegt: ein fest verschnürtes Paket – unsichtbar, aber über eine Schnur mit der Boje verbunden. Vielleicht erkennen Sie schon jetzt, dass es nicht genügt, die Boje zu beseitigen. Es kommt vielmehr auf dieses Paket in der Tiefe an.

Die Verbindungsschnur zwischen der Boje und dem Paket ist vergleichbar mit einer Zeitlinie. Sie dient der Rückführung in das Alter der Konfliktursache, hin zu dem Zeitpunkt, zu dem der seelische Konflikt entstanden ist. Der unerlöste seelische Konflikt, der fest verschnürt tief im Unbewussten lagert, ist meist zu einer Zeit entstanden, an die Sie sich nicht mehr erinnern können. Bewusst können Sie sich höchstens bis in Ihre frühe Kindheit zurückerinnern. Über alles, was davor liegt, kann nur noch Ihr Unterbewusstsein Auskunft geben, denn es hat alles gespeichert.

Die häufigsten Konflikte sind zur Zeit der Zeugung, in der Schwangerschaft, während des Geburtsvorgangs oder im Kleinkindalter entstanden. Manche Konflikte stammen sogar aus früheren Erdenleben und stehen in diesem Leben zur Lösung an.

Bei über neunzig Prozent meiner Klienten ist der Konflikt in der Zeit entstanden, als sie noch ein Embryo oder Fötus im Bauch ihrer Mutter waren. So ein Wesen ist klein, hilflos und ganz auf die Sicherheit und Geborgenheit angewiesen, die seine Eltern ihm vermitteln. Ein großer starker Vater gibt Sicherheit, eine liebevolle Mutter gibt Geborgenheit. Zusammen ergibt dies Nestwärme, Rückhalt und Sicherheit. Es ist das Urbedürfnis eines jeden Menschen, sich sicher, geliebt und geborgen zu fühlen. Ohne diese Sicherheit könnte keiner von uns überleben. Vater und Mutter, harmonisch vereint, bilden zwei starke Säulen, auf denen ein schützendes Dach für das kleine, verletzliche Wesen ruhen kann.

Sicherheit und Überleben dieses kleinen Wesens sind jedoch in Gefahr, sobald irgendwelche Ereignisse eine dieser beiden Säulen ins Wanken bringen. Dies kann beispielsweise ein Beziehungskonflikt der Eltern sein: Wenn sich die Eltern nicht verstehen, fehlt es an Harmonie und Geborgenheit. Oder existenzielle Schwierigkeiten des Vaters: Wenn der Vater selber keine Sicherheit hat, kann er dem Kind auch keine geben. Oder das Kind ist unerwünscht, erlebt vielleicht einen Abtreibungsversuch mit oder gerät in ähnlich schlimme Lebenssituationen. Mit solchen, sein Leben bedrohenden Situationen kann dieses kleine hilflose Wesen nicht fertig werden, und ohne das Gefühl, sicher und geliebt zu sein, kann es nicht überleben.

Also tritt sein Unterbewusstsein in Aktion, jener Bereich in ihm, der sein Überleben sicherstellt. Das Unterbewusstsein nimmt den Konflikt und packt ihn weg, damit das kleine verletzte Wesen erst einmal weiterleben kann, als wäre nichts geschehen. Das funktioniert bis zum nächsten Erlebnis dieser Art, das dann wieder auf die gleiche Weise weggeräumt wird. Alle nicht gelösten Konflikte und emotionalen Blockaden werden als Energieknoten in bestimmten Gehirnbereichen abgelagert, meist im Vorderhirn.

Irgendwann, wenn sich viele seelische Schockerlebnisse auf diese Weise angesammelt haben, wird die Belastung zu groß und der Körper schreit nach Klärung – am deutlichsten durch Schmerz. Schmerz ist immer der Schrei blockierter Energie, die wieder in Fluss kommen will. Also schickt die verletzte Seele Bojen an die Oberfläche, die auf den Ballast in der Tiefe aufmerksam machen sollen. Der Konflikt sucht sich ein Aushängeschild oder eine Ausdrucksform, weil er bemerkt werden will.

Solche Ausdrucksformen sind beispielsweise Geburtstraumen, Missbildungen, Verletzungen und Operationen, frühkindliche Störungen, Verhaltensauffälligkeiten, Entwicklungsverzögerungen, Bettnässen, Allergien, Schulprobleme, Lernstörungen, Ängste, Süchte, Beziehungsschwierigkeiten, Persönlichkeitsprobleme wie mangelndes Selbstbewusstsein und fehlende Selbstsicherheit oder Minderwertigkeitsgefühle, bis hin zu schweren chronischen Leiden.

Wenn ich so ein Leiden habe, habe ich wahrscheinlich schon viele sanftere Hinweise meines Körpers übersehen und überhört. Vielleicht zwingt mich meine Krankheit ein paar Wochen oder Monate lang ins Bett oder zieht mich auf andere Weise aus dem Verkehr, damit ich mich endlich wieder mit mir selbst befasse. Ich bekomme Zeit zum Nachdenken, Zeit, um Wesentliches zu erkennen und Unwesentliches oder Störendes loszulassen, sodass ich »meinen« Weg bewusst weitergehen kann.

Kinesiologie-Coaching befasst sich nicht so sehr mit den medizinischen Aspekten einer Krankheit oder eines Symptoms, sondern vielmehr mit der frühen schmerzlichen emotionalen Prägung, die in der Seele hinterlassen wurde. Zunächst wird ein Bezug zwischen Problem und Ursache hergestellt. Dann wird die Ursache bewusst gemacht und die gestaute Konfliktenergie freigesetzt. Dies mobilisiert die persönlichen Selbstheilungskräfte.

Das Wichtigste hierbei ist die Kommunikation mit dem Unterbewusstsein.

Doch was ist das Unterbewusstsein? Es ist wie ein riesengroßer Speicher mit einem Speichervermögen, das für einhunderttausend Lebensjahre reichen würde. Hier wird alles festgehalten: Gedanken, Worte, Gefühle, Eindrücke, Bilder, Erlebnisse – und ganz besonders all das, was einmal wehgetan hat.

Mein Unterbewusstsein schützt mich aufgrund aller schmerzhaften Erfahrungen, die ich bereits gemacht habe. Wenn ich einmal auf die heiße Herdplatte gefasst habe, wird mich mein Unterbewusstsein in Zukunft immer warnen, wenn ein Herd auch nur in Sichtweite kommt, weil es die schmerzhafte Erfahrung gespeichert hat: »Pass auf«, wird es sagen, »die Platte könnte heiß sein.« Ich soll den gleichen Schmerz nicht noch einmal erleben. Andererseits möchte es, dass ich aus der Erfahrung gelernt habe. Es wird mich also immer wieder zu heißen Herdplatten führen, damit das erste Schmerzschockerlebnis neutralisiert werden kann.

Nun mache ich die ersten schmerzhaften Erfahrungen ja meist zu einer Zeit, in der ich noch völlig unbedarft bin, beispielsweise als Embryo oder Fötus im Bauch meiner Mutter. Das sind Erfahrungen, die mir vor allem das Gefühl geben, hier nicht oder nicht mehr in Sicherheit zu sein. Dieser einmal erlebte Mangel an Sicherheit führt auf meinem weiteren Lebensweg dazu, dass mir meine Umwelt bedrohlich erscheint. Also suche ich Sicherheit im Außen, vielleicht bei meinem Lebenspartner, oder indem ich Beamter werde – da kann mir ja nicht gekündigt werden – oder indem ich immer besonders hart arbeite, um möglichst viel Geld zu verdienen.

Um einer Scheinsicherheit willen schaffe ich mir also alle möglichen Krücken und baue immer höhere Mauern um mich herum auf, die mich schützen sollen.

Doch in meinem Lebensplan ist nicht vorgesehen, dass ich auf Krücken durchs Leben gehen soll. Also werden mir diese Krücken wieder genommen. Ich sehe mich vielleicht plötzlich mit Schwierigkeiten in der Partnerschaft, Unzufriedenheit im Beruf und Geldverlust konfrontiert. Damit gibt mir das Leben zu verstehen, dass ich nicht im Außen nach Sicherheiten suchen soll. Ich muss wieder bei mir selbst ankommen. Ich soll meine Sicherheit in mir selbst finden. Erst wenn ich mich angesichts der Herausforderungen des Lebens nicht mehr klein und hilflos fühle, kann ich frei und unbelastet neue Erfahrungen machen.

Im Kinesiologie-Coaching ist der Lösungsweg immer der gleiche: Der Klient spricht über seine Boje, sein Problem, und ich folge der an der Boje befestigten Schnur in die Tiefe. Diese Schnur ist die Zeitlinie, die mich zu dem Paket führt, in dem die früheste seelische Verletzung zu diesem Problem eingeschlossen ist – ein seelischer Konflikt, der damals nicht verarbeitet werden konnte.

Je nachdem, wie alt ich bin, befinden sich entlang der Zeitschnur viele Knoten, sprich: weitere unerlöste emotionale Blockaden, die zwar zu späteren Zeiten entstanden sind, aber das gleiche spezifische Erfahrungsmuster aufweisen. Durch das Auflösen der dazwischen liegenden Knoten ändert nichts an dem ursprünglichen Konflikt, der fest verschnürt auf dem Meeresgrund schlummert. Wenn es mir jedoch gelingt, meine zeitlich früheste Verletzung, also meine Erstverletzung zu heilen, heilen auch alle folgenden Verletzungen. Es ist wie beim Unkraut: Ich muss es mit der ganzen Wurzel ausreißen, denn wenn in der Tiefe noch etwas davon zurückbleibt, wächst es wieder nach. Seelencoaching mit Kinesiologie ist also auch so etwas wie eine Wurzelsanierung.

Das reine Arbeiten auf der Verstandesebene des Klienten kann hier wenig ausrichten. Der bewusste Verstand erinnert sich vielleicht bis ins vierte oder dritte Lebensjahr zurück. Mein Unterbewusstsein aber ist vom ersten Lebensfunken an voll und ganz für mich da und kann mir im Dialog sämtliche Informationen über mein Leben zur Verfügung stellen.

Beim Kinesiologie-Coaching unterstützt mich das Unterbewusstsein des Klienten auf dem Weg vom Problem zur Ursache in ganz wunderbarer Weise, auch wenn es sich zunächst in einem Zwiespalt befindet: Einerseits will es, dass der ursächliche Schmerz nie mehr berührt wird. Darum hat es auch den Konflikt in den tiefsten Schichten des Gehirns versteckt. Andererseits möchte es die Lebensblockade, die durch diesen Konflikt verursacht wurde, gern loswerden. Nun hängt alles von der Achtsamkeit und Einfühlsamkeit des Coachs ab. Gelingt es ihm während der kinesiologischen Sitzung, so auf das Unterbewusstsein des Klienten einzuwirken, dass es das nötige Vertrauen entwickelt und schlimmes Erlebtes in allen Einzelheiten freigibt?

Auf diese Einzelheiten, die beteiligten Personen und vor allem auf die damit verbundenen Gefühle kommt es an. In der traditionellen chinesischen Medizin spielt der Zusammenhang zwischen den Organen und der Psyche eine große Rolle: Jedem Organ werden ganz bestimmte Gefühle zugeschrieben. Auf der Grundlage dieses alten Wissens konstruieren wir im Kinesiologie-Coaching aus dem, was wir durch Befragung über Gefühlsverletzungen und beteiligte Personen erfahren haben, eine reale Geschichte. Das Unterbewusste gibt den festgehaltenen Konflikt erst frei, wenn die Ursprungsgeschichte sinngemäß erkannt und damit bewusst geworden ist.

Viele, und vor allem therapiegeschädigte Klienten, haben Angst vor der Aufdeckung ihrer verborgenen Lebensthemen. Aber da der Coach während der Sitzung ständig mit dem Unterbewusstsein des Klienten kommuniziert, ist sichergestellt, dass nichts hochkommen kann, was zu schmerzhaft wäre und womit der Klient nicht umgehen könnte. Sein Unterbewusstsein, jener Bereich, der ihn schützt, würde so etwas nie zulassen.

Die Lösungen ergeben sich sanft. Ich will keine Vergleiche ziehen, aber als kürzlich eine von weither angereiste Klientin ein wenig verängstigt vor meiner Tür stand und mich als erstes fragte: »Versprechen Sie mir, dass Sie mich nicht aufbohren?«, bekam ich eine Ahnung von den Verletzungen, die andere Methoden hervorrufen können.

Kinesiologie-Coaching nutzt also den Dialog mit dem Unterbewusstsein, um tiefe emotionale Blockaden zu finden und aufzulösen. Dieser Dialog, diese Zwiesprache mit dem Unterbewusstsein, findet über den kinesiologischen Armtest, einen Muskeltest statt.

Der Begriff Kinesiologie (aus dem Griechischen *kinesis* = Bewegung und *logos* = Lehre) bedeutet »Lehre von der Bewegung«. Basierend auf den Grundprinzipien der traditionellen chinesischen Medizin befasst sich die Kinesiologie mit dem optimalen Fluss der Lebensenergien im Körper. Alles ist fließende Energie: der Atem, der den Körper belebt; das Blut, das den Körper mit Sauerstoff versorgt; die Lebensenergie als Motor für alle körperlichen Funktionen; die Lymphe, die für den Abtransport der Schlacken und Gifte zuständig ist, und die Gehirn- und Rückenmarksflüssigkeit, die unsere Steuerzentrale mit Nährstoffen versorgt. Wenn alles im Fluss ist, bin ich in Ordnung: in der kosmischen Ordnung meines Universums Körper. Dann bin ich gesund. Andererseits stört alles, was den Fluss der Lebensenergien blockiert, diese Ordnung und macht mich anfällig für Krankheit.

Das Urwissen über den Muskeltest wurde bereits von Naturvölkern überliefert. Amerikanische Ärzte haben dieses Wissen in den sechziger Jahren des zwanzigsten Jahrhunderts wiederentdeckt und in Verbindung mit der traditionellen chinesischen Medizin zur praktischen Anwendung gebracht. Über den medizinischen Bereich hinaus wurden weitere kinesiologische Verfahren, unter anderem für den pädagogischen und den psychologischen Bereich entwickelt. Knapp zwanzig Jahre später kam die Kinesiologie nach Deutschland und wird heute erfolgreich als Körperabfragesystem für die vorgenannten Bereiche eingesetzt.

Ich wünsche mir, dass möglichst viele Menschen das kinesiologische Testen erlernen. Dieses »Instrument« sollte jeder Familie zur Verfügung stehen, denn es gibt nichts Einfacheres und Wirkungsvolleres, als in Situationen des Zweifelns und der Unsicherheit den eigenen Körper zu befragen: Welches Mittel aus der homöopathischen Hausapotheke braucht mein Körper nun wirklich und in welcher Potenz? Tut mir dies und das gut oder nicht? Gibt mir eine Substanz Energie oder nimmt sie mir Energie?

So könnte ich beispielsweise feststellen, dass ein bestimmtes Heilmittel im Moment zwar gut für meine Gesundheit ist, ich es aber nach drei Tagen vielleicht schon nicht mehr brauche, weil es meinen Körper dann eher belasten würde. Oder dass ich eine Weizenunverträglichkeit habe, von der ich noch gar nichts wusste. Oder dass ich plötzlich auf bestimmte Stoffe allergisch reagiere. Allergien sind eine Geißel unserer Zeit. Was wäre es doch beispielsweise für ein Gewinn, wenn die Verkäuferinnen in der Parfümerie die meist ziemlich teuren Duftstoffe vor dem Kauf an den Kundinnen austesten würden. Der Körper könnte auf der Stelle sagen, ob ein Parfüm für ihn stimmig ist oder ob er allergisch darauf reagiert. Sicheres Muskeltesten kann jeder lernen – und dies bereits an einem Tag.

Der kinesiologische Muskeltest

Alles was mich stresst, schwächt mich auch. Stress stört das Gleichgewicht von Körper, Seele und Geist. Wenn ich Stress habe, leidet jede einzelne Zelle meines Körpers und damit auch jeder Muskel. Jede Zelle verliert ein wenig Energie und jeder Muskel wird ein wenig schwächer, sodass er einer bestimmten Belastung nicht mehr standhalten kann. Für das Testen wird der seitlich ausgestreckte Arm benutzt, weil der für ihn verantwortliche Deltamuskel relativ groß ist und der ausgestreckte Arm eine gute Hebelwirkung zeigt. Das macht es auch ungeübten Personen möglich, aussagekräftige Testergebnisse zu erhalten.

- Suchen Sie sich eine Person, die bereit ist, sich von Ihnen testen zu lassen.
- Stellen Sie sich ihr gegenüber und legen Sie Ihre flache Hand auf den seitlich ausgestreckten Arm der Testperson, kurz vor das Handgelenk.
- Dann kündigen Sie den Beginn des Test mit der Aufforderung »Bitte halten« an und üben einen kurzen, ansteigenden Druck auf den Testarm aus. Wenn der Arm diesem Testdruck standhält, so ist die Testperson bereit für das weitere Vorgehen.
- Lassen Sie die Testperson einfache Sätze wie »Ich heiße Helga«, »Ich heiße Kurt«, »Ich bin ein Mann«, »Ich bin eine Frau« sagen, wobei Sie abwechselnd den richtigen Namen, einen falschen Namen, ihr eigenes Geschlecht und das Geschlecht, dem sie nicht angehört, verwenden soll.
- Während die Testperson ihren Satz sagt, stellen Sie fest, ob der getestete Arm dem Druck standhält, den Sie darauf ausüben, ob der Muskel also eingerastet ist oder sich der Arm »butterweich« bis nach unten durchdrücken lässt.
- Was stresst oder nicht stimmig ist, schwächt den Muskel. Der Arm lässt sich niederdrücken.
- Der starke Arm, der sich nicht niederdrücken lässt, zeigt an, was in Ordnung ist.

Wenn Sie bestimmte Substanzen kinesiologisch austesten wollen, halten Sie diese an die Thymusdrüse, die sich knapp unterhalb der Schlüsselbeinknochen in der Mitte der Brust befindet. Dann testen Sie, ob das jeweilige Mittel dem Körper der betreffenden Person gut tut. Das ist der Fall, wenn der Testarm dabei stark ist, in der Waagerechten bleibt und sich nicht herunterdrücken lässt.

Wenn das Mittel für den Körper nicht gut ist, wenn es ihn schwächt oder ihm Energie nimmt, hält der Muskel nicht. Der Testarm gibt nach und lässt sich nach unten drücken.

Der Körper lügt nicht. Überzeugen Sie sich selbst. Sicher werden Sie jetzt fragen, ob Sie sich auch selbst testen können. Das ist durchaus möglich und es gibt viele Varianten des Selbsttests. Ich empfehle Ihnen allerdings keine davon. Bei einem Selbsttest ist eine gewisse eigene Erwartungshaltung nämlich nie auszuschließen. Und wenn Sie Ihre eigene Erwartung testen, bekommen Sie natürlich kein klares Testergebnis. Es gibt so viele Menschen um uns herum. Warum klingeln Sie nicht einfach bei Ihrem Nachbarn und bitten ihn, Ihren Arm zu drücken, weil Sie etwas ganz Bestimmtes wissen wollen. Kinesiologie ist ein wunderbares Kommunikationsmittel.

Als ich mich kürzlich im Supermarkt für ein neues Haarwaschmittel entschied und wissen wollte, ob mein Körper damit auch einverstanden sei, bat ich die Verkäuferin, meinen Arm zu drücken, während ich mir das Shampoo an die Thymusdrüse hielt. »Was soll ich?«, fragte sie ungläubig.

»Könnten Sie bitte auf meinen Arm drücken? Ich möchte wissen, ob mir das Shampoo gut tut.«

»Also, das haben wir ja noch nicht gehabt!«

Aber sie hat es getan, wir haben uns dabei nett unterhalten, und sie hat viel Neues erfahren. Und als ich kürzlich in einem Bekleidungshaus war, kam sofort eine Verkäuferin auf mich zu und begrüßte mich mit den Worten: »Sie sind doch der Kinesiologe.«

»Ja, waren Sie bei meinem Vortrag?«

»Nein, aber vor zwei Jahren haben wir Ihre Strickjacke ausgetestet wegen des Polyesteranteils.«

Das wusste sie also noch. Wir führten damals ein interessantes Gespräch, das bei ihr offenbar einen bleibenden Eindruck hinterlassen hatte.

Machen Sie doch selbst einmal die Erfahrung, wie es sich anfühlt, wenn jemand diesen Muskeltest mit Ihnen macht und Ihr Körper antwortet. Entdecken Sie, wie faszinierend es ist, in Dialog mit dem eigenen Körper zu treten. Vielleicht versucht Ihr Körper schon jahrelang, sich auf irgendeine Weise mitzuteilen. Jetzt hat er die Möglichkeit dazu.

Wir haben nicht nur das Tagesbewusstsein, das für unser aktuelles Erleben im Wachzustand verantwortlich ist, und das Unterbewusstsein, in dem sämtliche Erfahrungen gespeichert sind, die wir je gemacht haben, sondern auch ein Überbewusstsein. Das Überbewusstsein ist so etwas wie die diplomatische Vertretung des Allerhöchsten in uns selbst. Es ist unsere Verbindung mit Gott, mit Geistführen und geistigen Helfern. Wir spüren es auch als Gewissen, als ethische Instanz in uns. Wann immer ich über den kinesiologischen Test von einem Klienten wissen will, ob ich eine Frage stellen darf, die den Bereich der Ethik berührt, kommt die Antwort aus dem Überbewusstsein des Klienten, denn das Unterbewusstsein leitet solche Anfragen an das Überbewusstsein weiter. Das Gleiche geschieht, wenn es um Informationen aus der Zeit vor der Befruchtung, aus früheren Erdenleben oder anderen Existenzen geht.

Da der Verstand während der Sitzung gern alles kontrolliert, kommen manche Antworten auch aus dem Tagesbewusstsein und verfälschen die Aussagen. Der erfahrene Kinesiologe merkt dies und empfiehlt seinem Klienten, den Kopf abzuschalten, weil sonst die Verbindung zu den unbewussten Bereichen gestört ist.

Grundregeln für den kinesiologischen Test

Wenn Sie selbst kinesiologische Tests durchführen möchten, sollten Sie einige Grundregeln beachten, damit sich der Erfolg, den Sie erwarten, auch einstellt.

- Die zu testende Person sollte selbst bereit sein, sich testen zu lassen, und auf keinen Fall überredet werden müssen.
- Damit die Person getestet werden kann, muss sie ihren Arm waagrecht zur Seite ausstrecken.

- Dann sagen Sie als Tester »Bitte halten«, üben den Testdruck aus und spüren, ob der Arm dem Druck auch standhält. Dieses »Bitte halten« ist ganz wichtig, denn damit sagen Sie dem Unterbewusstsein der Testperson, dass Sie höflich und rücksichtsvoll sind und es sich Ihnen getrost anvertrauen darf.
- Wenn die Testperson zu viel Kraft in ihren Arm gibt, wird das Testen schwierig und schmerzhaft. Erklären Sie ihr, dass das Halten des Armes nur Konzentration erfordert und keine Kraft. Dann wird alles leichter gehen.
- Es kann passieren, dass das Unterbewusstsein der Testperson die Antworten verweigert, weil es plötzlich Angst bekommt oder es ihm an Vertrauen fehlt. Dann erstarrt der Testmuskel und der Arm lässt sich nicht mehr herunterdrücken. Er ist blockiert. In diesem Fall gehen Tester und Testperson auseinander und trinken beide einige Schluck Wasser. Dann sprechen Sie als Tester die Vertrauen erweckenden Worte: »Wir können nichts falsch machen und durch unsere Arbeit kann kein neuer Stressor entstehen. Erlauben Sie sich, wieder testbar zu sein.« Auf diese Weise können Sie das Testen öfter unterbrechen. Sie werden spüren, dass die Testantworten nach einer solchen Unterbrechung wieder klar und präzise sind.
- Stellen Sie Ihre Fragen immer klar und eindeutig.
  Und stellen Sie auch immer wieder Gegenfragen, denn nur wenn Sie auch gegenteilige Antworten bekommen, wissen Sie, dass Sie korrekt testen. Was sollte der Körper auf die Frage: »Gibt dir Schokolade Energie oder nicht?« wohl antworten? Die korrekte Frage muss lauten: »Gibt dir Schokolade Energie?« Und die Gegenfrage: »Nimmt dir Schokolade Energie?«
- Lassen Sie sich Zeit. Das Unterbewusstsein möchte weder gehetzt noch bedrängt werden. Also: Sie stellen eine Frage, dann folgt die Aufforderung »Bitte halten«, dann warten Sie

kurz und dann üben Sie den Testdruck aus. Und anschließend gibt es eine kleine Pause, bevor Sie die nächste Frage stellen.

- Beachten Sie die Ethik beim Testen. Fragen wie »Liebt er mich? – Liebe ich ihn?« werden nicht getestet. Und auch keine Fragen, wie ich mich so oder so entscheiden soll. Dazu sollen wir unseren freien Willen einsetzen und machen dann die Erfahrung, die wir brauchen.

So ist sicheres kinesiologisches Testen möglich. Doch bevor Sie damit beginnen, sollten Sie Ihre Körperenergieströme, die Meridiane aktivieren. Machen Sie einfache Energieübungen wie die nachfolgend vorgestellten für sich selbst und auch mit der zu testenden Person. Dann können Sie davon ausgehen, dass Sie über den kinesiologischen Test ganz klare Aussagen bekommen.

Leben ist Bewegung – und Bewegung ist Leben. Bewegung bedeutet hier weniger, dass Sie außer Atem geraten müssen, damit Sie wieder vital sind. Bewegung kann am Körper erfolgen, indem Sie Energiepunkte aktivieren. Sie kann im Körper in Gang kommen, indem Sie meditieren und visualisieren. Und schließlich kann sie im Geist stattfinden, wenn Sie Ihr Bewusstsein ganz weit werden lassen.

Die Energieübungen, die Sie vor dem kinesiologischen Testen machen, bewirken, dass Sie zentriert sind und in Ihre Mitte kommen, dass in Ihrem Körper oben und unten, hinten und vorn, rechts und links gut verbunden sind, dass Ihre beiden Gehirnhälften eingeschaltet sind, dass Ihr Herz vital ist, dass Sie mit beiden Augen sehen und mit beiden Ohren hören. Dazu ist es auch erforderlich, dass Sie immer genügend Wasser trinken.

Seien Sie in Ihrer Energie!

Energiedefizite beheben

Mit folgenden einfachen Maßnahmen können Sie Energiedefizite sehr leicht beheben:

- Stress bringt Sie aus Ihrer Mitte. Sie können ihn spontan abbauen, indem Sie mit den Fingerspitzen solange einen leichten Druck auf beide Stirnbeinhöcker ausüben, bis Sie ein sanftes Pochen unter den Fingerbeeren spüren.
- Entspannend ist es auch, wenn Sie Stirn und Hinterkopf mit beiden Händen gleichzeitig eine Weile halten.
- Wasser ist eines der wirkungsvollsten Antistressmittel. Ihr Körper braucht Wasser, um Energien und Informationen in jede Zelle Ihres Körpers zu leiten und den Müll aus den Zellen zu transportieren. Wenn Sie zu wenig Wasser im Körper haben, sind Sie leicht reizbar und gestresst. Ich bin jedoch kein Freund von den üblichen Empfehlungen, jeden Tag mehrere Liter Wasser zu trinken. Allzu starre Regeln erzeugen nur unnötigen Druck und ein schlechtes Gewissen, wenn Sie Ihr Pensum einmal nicht erfüllen. Stellen Sie sich ein Glas Wasser ans Bett und trinken Sie ein paar Schlucke beim Zubettgehen und gleich nach dem Aufwachen. Tagsüber können Sie dafür sorgen, dass immer ein volles Glas Wasser in erreichbarer Nähe steht, und sobald Ihr Auge darauf fällt, trinken Sie ein paar Schlucke. Das gilt auch für Kinder. Vor allem Schulkinder sollten immer ein Glas Wasser griffbereit dort stehen haben, wo sie ihre Hausaufgaben machen. So bleibt das Denken gut im Fluss. Wie die Erde selbst, ist auch das Wasser ein Lebewesen. Das Wasser aus der Gegend, in der Sie leben, ist das beste für Sie. Es kommt über die Leitung zu Ihnen ins Haus. Würdigen Sie dies, indem Sie Leitungswasser trinken. Wenn Sie Angst haben, Ihr Leitungswasser könnte zu sehr durch Schadstoffe belastet sein, dann segnen Sie das Wasser, das Sie gerade trinken.

Die Worte »Ich segne« sind ein schöpferischer Akt, und was Sie segnen, wird Ihnen nicht schaden. Auf diese Weise können Sie alles segnen, was Sie umgibt, damit es im Guten für Sie da ist.

- Kommen Sie durch Zentrierung, Erdung und Ausgleich Ihrer Körperpolarität in Ihre Mitte. Dazu rubbeln Sie mit zwei Fingern die beiden Energiepunkte zwischen Oberlippe und Nase, sowie zwischen Unterlippe und Kinn, und dann die beiden Grübchen, die sich direkt unter dem rechten und linken Schlüsselbein in Brustmitte befinden. Sie liegen etwa zwei bis drei Fingerbreit auseinander. Das Rubbeln bringt die rechte, männliche Körperseite mit der linken, weiblichen Körperseite in Ausgleich.
- Atmen Sie immer und immer wieder ganz tief aus. Ausatmen bedeutet Loslassen. Atmen Sie alles aus, was Sie nicht mehr brauchen, und fühlen Sie sich mit jedem Ausatmen leichter und freier. So wird Loslassen ganz einfach.

Es ist also alles ganz einfach. Kinesiologie-Coaching ist ein einfühlsames und effektives Seelencoaching, das Ihnen gute neue Lebensimpulse für Ihren Weg gibt. Hier noch einmal die wesentlichen Inhalte des Kinesiologie-Coaching:

- Ausgangspunkt für das Auffinden eines unerlösten seelischen Konfliktes ist ein aktueller Anlass, ein Problem, das zwischenmenschlicher, gesundheitlicher, existenzieller oder auch spiritueller Natur sein kann und immer eine gravierende Störung im Lebensfluss mit sich bringt. Ausgehend von diesem aktuellen Problem wird dann der Faden bis zur Ursprungsgeschichte verfolgt.
- Der Ursachenkonflikt hat immer mit verletzten Gefühlen zu tun. Wir leben und erleben Gefühle. Gefühle erschaffen und vernichten. Gefühle veranlassen uns, das Größte zu leisten, aufgrund von Gefühlen vernichten wir Leben. Ein unerlöster

seelischer Konflikt besteht aus vielen verletzten Gefühlen. Es hat schmerzhafte emotionale Verletzungen gegeben, die wir nicht bewältigen konnten, weil sie über unsere emotionalen Kräfte gingen. Da gab es nur eine Lösung, um überleben zu können: Verdrängung in ein gesichertes Abseits.

- Wenn sich der Ursachenkonflikt später durch ein aktuelles Lebensproblem in Erinnerung bringt, heißt das nichts anderes, als dass der Betreffende nun die Kraft hat, damit umzugehen und sich von einer blockierenden emotionalen Last zu befreien. Jetzt ist der beste Zeitpunkt gekommen, um das Ursachenthema aufzulösen. Wenn verletzte Gefühle im Zusammenhang mit der Ursprungsgeschichte wieder bewusst gemacht werden, kann Heilung stattfinden.

Alles, wovon ich mich befreie, macht mich freier, leichter, beschwingter, lebensfroher und optimistischer. Dann geht es mir gut. Gut kommt von Gott. Wenn es mir gut geht, bin ich Gott und damit meiner Herkunft und meinem Ziel wieder ganz nah. Doch was ist das, meine Herkunft, mein Lebenssinn und mein Ziel?

3

Wer bin ich eigentlich?

Die Seele hat ihre Herkunft, der Körper hat seine Herkunft, und der Geist vereint beide. Wenn früher jemand zu mir sagte, er sei eine ganz alte Seele, hat sich immer etwas in mir gesträubt. Alte Seele, junge Seele, gibt es das? Sind Seelen nicht alle gleich alt? Haben wir nicht alle einen Ursprung? Oder geht es um die entwickelte Seele?

Was aber ist mit der evolutionären Entwicklung vom Mineral über die Pflanze zum Tier und dann zum Menschen? Was hat es mit beseelten Pflanzen, der Gruppenseele von Tieren, Seelenanteilen und Dualseelen auf sich? Wenn sich die Seele entwickeln muss, kann dieses individuelle »Ich bin« noch nicht die göttliche Vollkommenheit sein.

Diese Gedanken habe ich erst, seit ich mich mit dem Geist beschäftige, jenem Geist, den Gott uns Menschen eingehaucht hat, nachdem er uns nach seinem Ebenbild erschaffen hatte. Der Geist ist das rein Göttliche. Mit dem Geist ziehen wir alle an einem Strang. Mit der Seele leben wir uns in sämtlichen Inkarnationen und Daseinsformen aus. Und der Körper ermöglicht uns diese spezielle Inkarnation, das Leben auf der Erde.

Beim Akt der Befruchtung, in dem Moment, in dem die Samenzelle des Vaters mit der Eizelle der Mutter verschmilzt, entsteht mein Körper. Ich, Seele, tauche ein in die Materie, fasse Fuß auf dieser Erde.

Schauplatz Bahnhof Erde: Der Zug hat angehalten – und wird irgendwann weiterfahren. Dazwischen liegt der Aufenthalt auf der Erde. Alles verläuft nach dem großen Plan. Auf dem Bahnhof herrscht reges Treiben. Viele Seelen sind angekommen und haben viel Gepäck mitgebracht. Sie wurden erwartet, werden abgeholt, untergebracht, bewirtet und bekommen alle möglichen Aufgaben zu erledigen.

Auch ich bin angekommen, mit meinem ganz persönlichen Gepäck, habe meine ganz persönliche Adresse. Und hier, in meiner neuen kleinen Wohnung wartet noch mehr auf mich, nämlich alles, was für meinen ganz individuellen Entwicklungsweg vorgesehen ist. Mit der Inkarnation, der Fleischwerdung, der Materialisierung und dem Eintauchen in die niedere, schwere Schwingung der Erde, unterwerfe ich mich auch den irdischen Gesetzmäßigkeiten.

Ich finde mich in einer Sippe wieder, meiner irdischen Herkunftsfamilie. Diese Herkunft meines Körpers wirkt prägend auf mich und macht mich gewissermaßen zum Produkt der Lebenserfahrung und Lebensgestaltung meines Vaters und meiner Mutter sowie beider Vorfahren, meiner Ahnen. Wo einzelne Vorfahren ihr Leben verwirkt oder nicht erfüllt haben, warten unerledigte Aufgaben auf mich. Was in der Sippe nicht geklärt oder ausgelebt wurde, was unrecht war oder unter den Teppich gekehrt wurde, möchte innerhalb der Sippe einen Ausgleich erfahren.

All dies wird mir zusätzlich zur Klärung angetragen. So eine Sippe ist wie eine Suppe. Alles, was darin herumschwimmt, gehört zusammen, bildet die Sippschaft. Wer dazu gehört, ist mit dem Gesamtschicksal verwoben, ist mitverantwortlich, unterliegt der Sippenhaftung. Wenn es also bei den Vorfahren dunkle Geheimnisse und Opfer gab, wird der Ruf nach Aufdeckung und Ausgleich laut, und jeder Neuankömmling in der Sippe hört ihn und fühlt diese Verpflichtung.

Und was bringe ich selbst als Seele mit? Eigene Wesensanteile, Anteile früherer Verkörperungen und früher erworbener Intelligenz, Erfahrungen aus Vorleben und anderen Existenzen. Dazu viel Unerledigtes und neue Aufgaben für dieses Leben.

Das sind oft große Lasten, die den Start in ein irdisches Leben nicht gerade leicht machen. Aber warum sind wir hier? Was ist der Sinn dieses irdischen Lebens?

Die amerikanische Psychologin Helen Wambach hat Ende der siebziger Jahre des zwanzigsten Jahrhunderts mehrere hundert Studenten in Hypnose versetzt, um zu erfahren, was die Seele einst veranlasst hatte, sich zu verkörpern. Die Ergebnisse dieser Studie bestätigen größtenteils Erkenntnisse, die ich auch beim Kinesiologie-Coaching mit Klienten gewonnen habe. Ich werde also zu bestimmten Themen Zitate aus Helen Wambachs Buch *Leben vor dem Leben* (Heyne, München, 1980) anführen. Hier einige der Aussagen zum Dasein auf der Erde:

»Ich hatte das heftige Verlangen, zum Spielen hierher zu kommen, obwohl mich jemand warnte und zurückhalten wollte. Doch sobald ich im Körper war, spürte ich, dass es sehr hart war. Die Atmosphäre war rau hier unten auf der Erde. Ich hatte erwartet spielen zu können, aber es war ein Wirrwarr und ich wünschte, ich wäre wieder zurück im Raum, wo alles Licht war.«

»Ja, ich entschied mich dafür, geboren zu werden. Ich fühlte, dass mein Seelengefährte, der in diesem Leben mein Mann ist, mir bei der Entscheidung half. Ich hatte das Gefühl, dass ich in das irdische Leben zurückkehren musste, aber ich verspürte dabei eine Anwandlung von Trauer.«

»Irgendjemand hat mich in dieses Leben gedrängt und versprochen, mir zu folgen. Ich wollte nicht geboren werden.«

»Ich entschloss mich nur widerstrebend. Andere halfen mir bei der Entscheidung, sagten, dass es notwendig sei. Ich fühlte mich hineingedrängt.«

»Es gab eine ganze Gruppe und wir planten, zusammen zu gehen. Ich fühlte Bedauern, den Ort zu verlassen, an dem ich mich befand.«

»Vor meiner Geburt wurde eine Diskussion mit mir geführt, was mein Lebenszweck sei. Aber als ich hier war, durfte ich nichts mehr über Freunde aus dem vergangenen Leben oder über den Zweck dieses Lebens wissen.«

Die Schwelle des Vergessens, über die jedes neue Erdenwesen mit der Verkörperung gegangen ist, bietet zunächst Schutz und verhindert, dass die Altlasten den neuen Weg zu sehr verbauen. Als neu verkörpertes Wesen bin ich erst einmal klein und hilflos und erwarte Sicherheit, Liebe und Geborgenheit durch meine Eltern. Ich bin also da, ein Funke der göttlichen Einheit, als ich selbst, als Individuum, als verkörperte Seele. Und ich habe die Geburtsgeschenke All-Liebe, All-Sicherheit, Urvertrauen, Unsterblichkeit, Entscheidungsfreiheit, Willensfreiheit, Reichtumsbewusstsein, Schöpferkraft und Göttlichkeit mitbekommen. Wahrlich, ein Leben in Fülle läge vor mir, wenn dieses Bewusstsein nicht auch auf der Schwelle des Vergessens oder durch frühe negative Erfahrungen verloren ginge.

Wo komme ich her, wo will ich hin? Und was ist das Ziel meines Weges durch viele Leben und viele verschiedene Bewusstseinsebenen?

Am Anfang steht Gott als die Einheit. Aus dieser Einheit hat Gott irgendwann Viele gemacht, und so gab es dann viele Teile von Gott, Seelen der Urseele, die auf die Reise gingen, Seelen mit allen Anteilen der göttlichen Allmacht, die nun eigene Erfahrungen machen durften.

Doch bald bildeten sich auch Grüppchen, Interessensgemeinschaften. Es gab Führer und Anführer und dann auch Verführer. Einer wollte sogar selbst Gott sein, und viele unterstützten ihn. Da setzte Gott ein Zeichen und schickte ihn zusammen mit den Aufständischen und deren Mitläufern in die ewige Verdammnis. Neben dem Lichtreich gab es nun auch das Schattenreich, neben dem Himmel auch die Hölle. Alle Seelen, die durch die Inkarnation diesen irdischen Weg gehen müssen, gehören zu den in Ungnade gefallenen Seelen.

Christus als Herrscher des Lichtreiches hat in seiner All-Liebe durch das persönliche Opfer, das er in seiner Verkörperung auf Erden brachte, eine Begnadigung der gefallenen Seelen bei Gott erwirkt. Seither steht den aus der Einheit gefallenen Seelen der Weg zur Einheit wieder offen.

Das ist unsere Entwicklung, Schritt für Schritt, Stufe für Stufe. Das Ziel der Menschenseele ist die Einheit, und jeder Mensch trägt diese Sehnsucht nach dem Zuhause, nach dem All-Eins-Sein in sich.

Das ist mein Bild von Gott und der Welt, meine Lebensphilosophie. Sie muss nicht mit der Ihren übereinstimmen. Wichtig sind Ihr Bild, Ihre Einstellung dazu und Ihr stimmiges Empfinden dafür. Es ist auch nicht wichtig, was Sie glauben, sondern dass Sie glauben.

Die Erde mit ihrer niederen materiellen Schwingung ist ein Planet der Reinigung. Sie ist eine der untersten Sprossen auf der Leiter, die wieder auf den Weg zum Ur, zur Ru(h), in die Einheit, nach Hause führt. Hier wird mir die Möglichkeit für meine Entwicklung gegeben. Es ist übrigens ein göttliches Gesetz, dass diese Entwicklung nur in einem Körper möglich ist, in der Begrenzung des Körpers, in der Zwangsjacke Körper, wo ich so klein und hilflos und belastet anfangen muss. Als körperlose Seele habe ich den großen Überblick. Ich sehe das Erledigte und das Unerledigte, sehe die Hürden, die ich auf meinem Weg der Selbstklärung noch nehmen muss, und wähle mir dann ganz bewusst das Umfeld, den Schwierigkeitsgrad, das Milieu und damit auch die Eltern und die Sippe, die mir die Möglichkeiten für meine Entwicklung geben, zum Beispiel diesen schwierigen Vater, diese lieblose Mutter, die erschreckende Armut oder auch meine körperliche Behinderung.

Hier auf der Erde habe ich die Möglichkeit, meinen Rucksack zu entrümpeln, Altes loszulassen und mich irgendwann leichten Schrittes wieder zu verabschieden. Das Thema des Erdenlebens heißt also zunächst: sich selbst erkennen, Altlasten loslassen und frei werden für die eigentlichen Lernaufgaben. Auf diesem Weg hat die Mitmenschlichkeit einen besonderen Stellenwert. Wer als Einzelner vorprescht und nur an sein eigenes Seelenheil denkt, wird bald im Abseits stehen. Wir können nur gemeinsam ankommen.

Es gibt jedoch kein Muss im Leben! Bei jedem Problem, das mir angeboten wird, habe ich die Freiheit der Entscheidung, ob und wie ich handle. Nehme ich die Herausforderung an und gehe in meiner Entwicklung einen Schritt weiter? Oder drücke ich mich und falle einen Schritt zurück? Keiner zwingt mich. Am Ende bleibt immer nur die Aufrechnung der Fortschritte und Rückschritte. Doch ich weiß: Wenn ich mich entwickle, kann ich mich auch irgendwann entfalten, meine Flügel ausbreiten und wegfliegen. Entwickeln kann ich mich nur in einem Körper auf der Erde. Wegfliegen kann ich, wenn ich keinen Körper und keine weitere Verkörperung auf dieser Erde mehr brauche, wenn der Bahnhof Erde nicht mehr auf meinem Fahrplan steht.

Abhängig davon, ob und wie ich mich in meinem Leben entscheide, mache ich also Erfahrungen. Diese Erfahrungen kennzeichnen meinen Weg und bestimmen, wie er weitergeht. Erfahrungen können freudig oder schmerzhaft sein. Wenn die Erfahrung freudig ist, darf ich durch Erkenntnis Neues lernen. Ist die Erfahrung schmerzhaft, so soll ich durch Leid lernen. Der Schmerz oder das Leid will mir klarmachen, dass ich durch mein Handeln oder Nichthandeln irgendwo aus der Ordnung gefallen bin. Wenn ich dies rechtzeitig erkenne und im Sinne der höheren Ordnung handle, muss die Lektion gar nicht erst wehtun.

Das Erdenleben ist voller Angebote an mich. Viele Lehrer und Helfer sind unterwegs, die es alle gut mit mir meinen. Doch es gibt auch die Opposition, die Gegenspieler, jene von der Schattenseite, die mich auch gern bei sich haben möchten. Solange wir hier auf der Erde leben, leben wir in der Polarität, in einer Welt der Gegensätze, die uns immer wieder Prüfungen auferlegt und Entscheidungen abfordert. Wofür entscheide ich mich? Auf welcher Seite stehe ich? Und sobald ich mich entschieden habe, wartet schon die nächste Herausforderung auf mich.

Wenn ich dieses Spiel durchschaue, ist das Leben spannend und interessant, macht neugierig und optimistisch. Wenn ich allerdings nicht erkenne, was hier gespielt wird, wenn ich nicht durchblicke, stehe ich im Nebel statt im Leben und brauche ein paar kräftige Tritte, um aufzuwachen. Anfangs bekomme ich noch ganz liebevolle Hinweise und ganz kleine Stupser, aber wenn ich sie nicht beachte, zeigt mir das Leben die gelbe Karte und die Probleme werden deutlicher. Aber vielleicht erkenne ich immer noch nicht, was sie mir sagen wollen. Dann wird mir die rote Karte gezeigt: Stopp! Was jetzt passiert, kann ich nicht mehr übersehen, denn es bedeutet einen drastischen Einschnitt in mein Leben: ein Unfall zum Beispiel. Ich soll endlich erkennen, dass mein jetziger Weg oder meine beabsichtigte Handlung nicht förderlich für mich ist.

Wenn ich nun immer noch nichts kapiert habe, werde ich schließlich ganz aus dem Verkehr gezogen, habe eine Krankheit, die mich vielleicht monatelang ins Bett zwingt. Jetzt habe ich die Chance, endlich zur Besinnung zu kommen. Ich bekomme Zeit – Zeit zum Nachdenken über mich selbst, mein Leben, mein Handeln, meinen Weg, meine Absichten und meine Zukunft. Ich kann mich neu entscheiden. Das ist ein Angebot. Ich muss es nicht annehmen, ich kann mich frei entscheiden, aber es ist ein Angebot des Lebens an mich. Das Leben meint es immer gut mit mir. Was immer ich in Problemsituationen erkenne und umsetze, wird in jeder Hinsicht heilsam für mich sein.

Es muss also nicht erst zur Krankheit kommen. Wenn ich die Botschaft der Lebensprobleme rechtzeitig erkenne, kann ich in den entsprechenden Lebenssituationen umdenken und anders handeln. Die kinesiologische Sitzung gibt mir die nötige Klarheit dafür, durch die Zwiesprache, die ich über den Körper mit der Seele halte, durch den Dialog mit dem Unterbewusstsein. Hier sind alle Informationen verfügbar, die uns der Verstand nie geben könnte.

In meiner Praxis erfahre ich oft, dass gerade der Zeitpunkt, zu dem die Seele in den Körper eintaucht, besondere Probleme verursachen kann. Es ist die Zeit kurz nach der Empfängnis und Befruchtung. Die Seele mit ihrer spirituellen Herkunft erkennt nun ihr künftiges irdisches Lebensmilieu, den Vater, die Mutter, die Sippe, die ganze Herkunft des Körpers. Dieses Erkennen ist manchmal so belastend, dass sie am liebsten kehrt machen und aufgeben würde. Doch der Sog in den vorbestimmten Körper ist stark, und es gibt so leicht kein Zurück.

Der vierzigjährige Josef ist in meine Praxis gekommen, weil sein Körper scheinbar ohne ersichtlichen Grund auf vielen Ebenen rebelliert. Er hat Kreislaufprobleme, Schwindel, Kopfschmerzen, Beklemmungen in der Brust und weitere störende vegetative Symptome. Seine Leiden bestimmen seinen Alltag, dabei hätte er so große berufliche Ziele. Zu mir ist er gekommen, weil er die medizinischen Möglichkeiten weitgehend ausgeschöpft hat und nun die Antwort in seiner Seele sucht.

In der kinesiologischen Vorabklärung wird deutlich, dass es gar nicht so sehr um seine unterschiedlichen Beschwerden geht. Vielmehr schreit sein ganzer Körper nach Annahme und Führung. Und weil dieser Körper offensichtlich ein Eigenleben führt und völlig außer Kontrolle geraten ist, finden wir den Zielsatz: »Ich bin der Chef in meinem Körper.«

Der kinesiologische Dialog mit Josefs Unterbewusstsein führt uns zum Zeitpunkt des ursächlichen Konflikts, zum Zeitpunkt seiner Zeugung: Bei der Zeugung vereinigen sich Vater und Mutter. Samenzelle und Eizelle befruchten sich, und ein neuer Körper entsteht, Josefs Körper. Die Seele beobachtet diesen Vorgang. Stellen Sie sich einfach vor, dass die Seele auf der Fensterbank wartet, bis die Befruchtung stattgefunden hat und sie sich ihren Körper nehmen kann. Und während sie da wartet, nimmt die Seele den Vater und die Mutter wahr, die beiden Personen, die ihr von jetzt an Sicherheit, Geborgenheit und Liebe, also die optimale Nestwärme geben sollen. Der Vater steht für die ganz große Sicherheit. Doch wenn der Vater selbst keine Sicherheit hat, kann er auch keine Sicherheit geben.

Im Kinesiologie-Coaching wird klar, dass Josefs Vater zu dem Zeitpunkt, als Josef gezeugt wurde, Angst um seine materielle Existenz hatte. Er war Angestellter bei einer Bank und sah keine beruflichen Entwicklungsmöglichkeiten, weil sein Chef ihn nicht mochte und auch seine Leistungen nicht anerkannte. Ein Mitarbeiter kann fachlich noch so gut sein, wenn er das Wohlwollen seines Vorgesetzten nicht hat, hilft ihm das alles nicht. Josefs Vater war es so ergangen. Er hatte keinerlei Karrierechancen.

Für Josefs Seele, die kurz davor war, in den Körper einzuziehen, bedeutete dies: Ich habe keine Sicherheit, weil mein künftiger Vater mir keine Sicherheit geben kann. Er hat ja selber keine. Ich habe Angst, dass ich auf eigenen Füßen stehen und für mich selber sorgen muss. Das kann ich aber nicht, ich bin doch klein und hilflos und völlig auf die Sicherheit angewiesen, die mein Vater mir gibt. Ich spüre eine übergroße Last auf mich zukommen. Sie ist so groß, dass ich am liebsten gar nicht in diesen Körper gehen würde. Dort bin ich eingeengt, hilflos und diesen unsicheren Lebensumständen auf Gedeih und Verderb ausgeliefert. Damit ist ein nicht lösbarer seelischer Konflikt für Josef entstanden, denn es gab kein Zurück mehr, auch wenn er seinen Körper noch so sehr ablehnte. Alle gesundheitlichen Störungen, die Josef heute hat, sind ein einziger Hilfeschrei seines Körpers, der endlich von ihm angenommen werden will.

Nachdem das Ursprungsproblem bewusst gemacht ist, wird die gestaute emotionale Energie durch eine rhythmische Klopfakupressur an Josefs Kopf abgelöst. Gleichzeitig spreche ich über die aufgedeckte Geschichte. Während der Ablösung des Ursachenkonfliktes frage ich Josef, welche Farbe ihm spontan einfällt. Jede Farbe hat eine ganz besondere Schwingung. Die Farbe, die er wahrnimmt, hat die Schwingung, die er zur Heilung braucht. Wir arbeiten mit der Farbe Rot für die emotionale Reinigung und anschließend mit der Farbe Blau für eine neue Ordnung und Struktur in seinem Körper, in dem er in Zukunft wieder selbst die Führung übernimmt.

Dabei wird Josef mit meiner Hilfe bewusst: »Mein Körper ist ein Universum aus zweihundert Billionen Zellen. Jede Zelle ist ein Sonnensystem für sich. Damit enthält der Körper mehr Sonnensysteme, als je im Kosmos entdeckt wurden. In meinem Universum Körper bin ich Gott. Mein Körper wurde geschaffen, um mir zu dienen. Ich bin der Chef in meinem Unternehmen Körper. Alle Zellen sind meine Mitarbeiter, die von mir Struktur, Betreuung und Führung erwarten. Wenn ich keine klaren Anweisungen gebe, wurschtelt in meiner Firma jeder vor sich hin. Das gibt Durcheinander und Chaos. Energie verbindet alles, und wenn diese Energie keine Ausrichtung hat, wenn da keine Führung und keine Leitung da sind, gerät alles durcheinander. Dann spinnt der Körper. Dann zwackt es hier und zwickt dort. Mein Körper braucht also eine klare Führung, und die kann nur von mir kommen. Mit meinem Bewusstsein und meiner mentalen Kraft erreiche ich jede Zelle meines Körpers, und alle hören auf mich. Ich sage: Magenzellen, macht eure Arbeit; Leberzellen, macht eure Arbeit; Darmzellen, macht eure Arbeit. Macht eure Arbeit gut. Ihr wisst am besten, wie das geht, aber ich unterstütze euch mit meinem Bewusstsein. Ich bin immer für euch da. Meldet euch, wenn es Probleme gibt. Ich höre euch, ich spüre hin. Ich werde versuchen, das zu klären. Ich habe immer ein offenes Ohr für euch. Wir sind eine ganz große Einheit, und gemeinsam sind wir stark. So stimmt diese Energie. Das Leben kann kommen. Ich und mein Körper, wir sind ganz neugierig darauf.

Ich bin nicht mein Körper. Er wurde mir zur Verfügung gestellt – als Fahrzeug für dieses Leben, damit ich gut vorankomme. Ohne diesen Körper, ohne dieses Fahrzeug könnte meine Seele auf dieser Erde nicht existieren. Die Erde besteht aus Materie, hat eine grobstoffliche Struktur, eine niedere schwere Schwingung. Meine Seele aber ist etwas Feinstoffliches mit einer ganz hohen Schwingung. Damit ich auf der Erde, in dieser materiellen Welt leben kann, brauche ich diesen Körper, den ich nur geliehen habe und den ich wieder abgebe, wenn ich diese Erde eines Tages verlasse. Aber im Moment nehme ich meinen Körper dankbar an. Er ist für mich da, er hilft mir. Und wenn er gestört ist und vor Schmerzen laut schreit, habe ich etwas Wichtiges übersehen und seine sanfteren Hinweise nicht beachtet. Das will ich von jetzt an tun.

Ich achte meinen Vater als meinen Vater. Ohne ihn gäbe es mich nicht. Dass er sich damals selbst nicht sicher fühlte, ist sein Thema. Damit habe ich nichts zu tun und das lasse ich auch bei ihm. Ich verzeihe mir selbst, dass mein Start damals so belastet war. Ich erinnere mich wieder an mich selbst. Es ist mein Geburtsrecht, mich sicher und geliebt zu fühlen. So habe ich alle Sicherheit in mir und kann mich immer an mich selbst erinnern, an meine eigene Sicherheit. Jetzt bin ich bereit für neue Erfahrungen. Es ist schön, dass es mich gibt, und es ist schön, dass es meinen Körper für mich gibt. Mein Körper und ich, wir sind ein starkes Team.«

Nun ist nicht mehr wichtig, was früher war. Josef ist groß und kann sein Leben selbst in die Hand nehmen. Er kann ohne die Last von früher leben. Seine vegetativen Störungen spielen nun keine Rolle mehr. Sein Körper muss nicht mehr schreien. Josef hat seine Hilferufe gehört und alles über deren Ursache erfahren. Nachdem diese Ursache bewusst gemacht und erlöst wurde, kann lange blockierte Energie wieder fließen. Josef kann sein Leben wieder neugierig und voller Energie angehen.

Ähnlich erging es Klaus, der als Embryo gerade drei Tage alt war und da seine Eltern kennen lernte.

Klaus ist Rechtsanwalt. Er ist mit Leib und Seele Anwalt und liebt seinen Beruf. Zum Teil verbringt er sogar die Wochenenden in seiner Kanzlei, so sehr fühlt er sich mit seinen Akten und Fällen verbunden. Trotzdem hat er Stress auf seinen Beruf, als ich sein Unterbewusstsein danach frage.

Doch das ist nicht das wichtigste Thema unserer heutigen Sitzung. Priorität haben die Konflikte mit seiner Ehefrau Karin. Da gibt es so viele Reibereien, dass er deswegen noch öfter in seiner Kanzlei Zuflucht sucht. Besonders mit den Schuldzuweisungen seiner Frau kommt er nicht zurecht. Sie treffen ihn immer wieder empfindlich. Die Beziehung ist also arg belastet. Da Klaus dies gerne ändern möchte, finden wir den passenden Zielsatz: »Ich bin mit meiner Frau in Harmonie.«

Als Grundthema melden sich Schuldgefühle, das Leben wird als Herausforderung gesehen. Als Ursachenalter für die Entstehung des Konfliktes meldet sich der dritte Tag nach der Zeugung.

Klaus ist das erste Kind seiner Eltern. Die Eltern sind zu dieser Zeit verheiratet und stehen beide voll im Berufsleben. Der Vater ist Lehrer, die Mutter Lehrerin. Beide haben also mit Kindern zu tun, und darin liegt nun auch das Problem. Mutter wie Vater sind genervt von den Schulkindern. Sie sehen es oft als Bestrafung an, dass sie der Willkür ihrer Schulkinder so ausgesetzt sind. Beide stöhnen bei dem Gedanken, dass sie einmal eigene Kinder haben könnten: Bloß nicht! Der Gedanke, selbst ein Kind zu bekommen, demoralisiert die Mutter. Sie hat Angst vor einer ungewollten Schwangerschaft.

Klaus aber ist schon da. Ganze drei Tage ist er schon im Bauch seiner Mutter und erlebt dies alles mit. Wie es ihm dabei geht, ist nicht schwer zu erraten. Er ist enttäuscht von seinen Eltern, spürt, dass sie nie für ihn da sein werden, fühlt sich schutzlos und allein gelassen und hat Angst, dass er so in dieser Welt nicht bestehen kann. Er will gar nicht mehr in dieses Leben. Die anonymen Vorwürfe seiner Eltern belasten ihn sehr und er hat schwere Schuldgefühle, weil er sich ohne besondere Einladung bei seinen Eltern eingenistet hat.

Diese Schuldgefühle, weil es ihn überhaupt gibt, sind dann auch die Ursache für die unschönen Auseinandersetzungen mit seiner Frau, in denen es immer wieder um irgendwelche Schuldzuweisungen geht. Wir finden den zu seinem Lebensthema passenden Lösungssatz: »Ich bin zu Recht hier.« Nach der Ablöse zeigt sich keine Stressreaktion mehr auf das Thema Beziehung und seinen Beruf als Rechtsanwalt.

In seinem Beruf kämpft Klaus um das Recht – verbissen, fast Tag und Nacht. Und eigentlich hat er immer nur um sein Recht gekämpft, um das Recht, hier auf dieser Erde zu sein. Wie anstrengend sein Leben doch bis heute war. Jetzt ist die Ursache bewusst gemacht. Jetzt ist diese gestaute Urenergie freigesetzt. Der Kosmos hat seine Frau mit ihren Schuldzuweisungen erfolgreich als Entwicklungshelferin für ihn eingesetzt, damit das Thema Schuld endlich eine Resonanz in ihm finden konnte. Jetzt weiß er, warum er Rechtsanwalt werden musste.

Nun kann sich Klaus entspannt zurücklehnen und von Herzen Anwalt sein. Er steht nicht mehr unter dem inneren Druck, sich selbst das Recht für sein Dasein geben zu müssen. Die Schuldzuweisungen seiner Frau braucht er nun nicht mehr. Da darf wirklich Harmonie einkehren.

Alles im Leben ist wohlgeordnet und hat seinen Sinn. Als Menschen haben wir die Herausforderung Erdenleben angenommen: Menschsein durch Körper, Seele und Geist. Der Körper ermöglicht uns, überhaupt auf der Erde zu sein, und der Schutzmantel für den Körper ist die Haut.

Die Seele ist das Ich, das Individuum. Der Schutzmantel für die Seele ist die Psyche. Die Seele ist aus Seelenanteilen entstanden und wächst mit dem Bewusstsein. Reife Seelen wiederum vereinen sich zu höherem und noch höherem Bewusstsein, bis sie endlich wieder in der Einheit aufgehen. Wir alle tragen diese Sehnsucht nach der Einheit in uns, und manchmal spüren wir sie als kurzen Glücksmoment oder in der partnerschaftlichen Liebe. Liebende kennen den in gewissen Augenblicken auftauchenden Wunsch, ganz im anderen aufzugehen und mit ihm zu verschmelzen. Das eigene Ich hat an Bedeutung verloren, in der Gemeinsamkeit liegt die Erfüllung. Wir spüren die Sehnsucht nach dem Einswerden und ahnen gleichzeitig, dass es auf dieser Erde nicht möglich sein kann.

Der Geist ist das Göttliche, das Ganze, die Urkraft hinter allem. »Nur die, die reinen Geistes sind, werden in das Himmelreich eingehen.« Das heißt: nur die, welche Gott erkennen. Auf der menschlichen Seite steht der Verstand für den Geist. Als größtes Geburtsgeschenk hat Gott uns den freien Willen für eigene Entscheidungen gegeben. Dieser freie Wille stellt aber auch die größte Herausforderung auf unserem Weg dar.

Gott hat uns nach seinem Ebenbild geschaffen. Unsere Seele ist göttlicher Herkunft und der Geist ist der göttliche Funke in uns. Unsere Schutzmäntel Haut, Psyche und Verstand schützen uns, wenn wir in der Ordnung sind. Sie können jedoch zum Problem werden, wenn unser Denken, Fühlen und Handeln gegen die Ordnung gerichtet ist. Dann spiegelt die Haut den kranken Körper, die Psyche das Leid der Seele und der Verstand den verwirrten Geist.

Schon in vielen Sitzungen mit Klienten hat sich die Psyche mit eigener Stimme gemeldet. In fast allen Fällen, in denen sich die Psyche in dieser Form äußerte, gab es einen inneren Pakt zwischen dem Klienten und seiner Psyche: Die Psyche hatte versprochen, dafür zu sorgen, dass es im Leben des Klienten zu keinen allzu großen Herausforderungen kommt. Und dies ließ sich am besten durch Ängste bewerkstelligen. Die Psyche hat also immer rechtzeitig Angst erzeugt, denn wenn ich Angst habe, darf ich in Deckung bleiben und muss mich dem Leben nicht stellen.

Ein Beispiel dafür ist die Geschichte von Ethel. Sie war nach dem Schulabschluss voller Pläne für ihren beruflichen Start. Doch der Gedanke, jetzt voll für sich selbst verantwortlich durchs Leben gehen zu müssen, machte ihr Angst.

Zum Auffinden persönlicher Defizite nehme ich manchmal das Horoskop des jeweiligen Klienten zur Hilfe. Nun lasse ich Ethel auf ihr Geburtsbild schauen und teste sie dabei. Über den kinesiologischen Test kann ganz einfach und klar festgestellt werden, welche Themen sie schon bei der Geburt in dieses Leben mitgebracht hat und welches wichtige Lebensthema gerade zur Klärung ansteht. Ethel hat einen unerlösten seelischen Konflikt bezüglich ihres Lebenswegs. Daher ihre Angst.

Wir finden den Zielsatz: »Ich habe Vertrauen in meine Potenziale.« Als Ursachenalter meldet sich die Zeit kurz vor der Zeugung, also noch vor der Menschwerdung. Die Seele hat die Nachricht bekommen, dass ihr ein Körper zur Verfügung gestellt wird, und wartet nun auf die Entstehung ihres Körpers. In dieser Phase lernt

Ethel ihren künftigen Vater und ihre künftige Mutter kennen. Alles, was sie hier wahrnimmt und was ihr Angst macht, nimmt sie schon jetzt als Angst mit in ihren künftigen Körper.

Ethel bekommt als Seele sehr genau mit, was sich bei Vater und Mutter in spe nonverbal abspielt. Der Vater hat Schuldgefühle, weil er seinen Beitrag zu einem Kind bis heute nicht geleistet hat, und die Mutter will unbedingt ein Kind. Sie ist egoistisch. Sie will das Kind nicht um seiner selbst willen, sondern aus ihrem Ego heraus, und sie hat ihrem Mann deswegen schon viele Vorhaltungen und Vorwürfe gemacht. Sie wird älter und älter und befürchtet, dass sie bald zu alt für ein Kind sein könnte. Sie findet es ungerecht von ihrem Mann, dass er sich nicht mehr Mühe gibt und dass ihm dies alles nicht so wichtig zu sein scheint. Und sie ist demoralisiert, weil sie immer noch nicht schwanger ist.

All das bekommt auch Ethel mit. Die Einstellung der Mutter macht ihr Angst. Ethel merkt, dass hier kein liebevolles Nest auf sie wartet. Eher wartet eine Mutter auf ihren Besitz, für den es langsam Zeit wird. Ethel ist demoralisiert über diese für sie vorgesehene Mutter und will nicht mehr ins Leben. Sie will nicht in diesen Körper, sieht sich als Opfer. Doch es gibt kein Zurück. Da schließt sie in ihrer Verzweiflung einen Pakt mit ihrer Psyche. Die Psyche als Bodyguard. Sie soll sich auflehnen gegen das Leben, soll aus Ethels Schutzbedürfnis heraus Ängste erzeugen und vor allem die Auseinandersetzung mit allem Neuen und Unbekannten verhindern.

Ethels Lebenskarren ist festgefahren, der Schritt aus der Schule hinaus ins Leben ist blockiert, und das Ganze wird sichtbar gemacht durch ihre Ängste und die Blockierung auf den Lebensweg im Horoskop. Im weiteren Dialog mit ihrem Unterbewusstsein finden wir den positiven Lösungssatz: »Ich bin sicher und ich habe Sicherheit.« Nun, nach der Ablöse spürt Ethel die Unterstützung aus ihrem Inneren und erkennt, dass sie alles, was sie braucht, in sich hat. Neues, das vor ihr liegt, macht ihr keine Angst mehr. Ethel ist motiviert für ihren Weg ins selbständige Leben.

Dörthe ist eine Frau im fortgeschrittenen Lebensalter. Sie hat schon viele Lebensprüfungen hinter sich und geht mit körperlichen Problemen ihren eigenen Leidensweg. Dörthe ist bei mir, weil ihr bewusst wurde, dass sie total negativ ist und sich als minderwertigste Seele fühlt.

Sie will leiden, sich selbst bestrafen und mit dieser Opferhaltung erreichen, dass Gott sie wieder liebt. Gleichzeitig hat sie Angst, Gott vor die Augen zu treten.

Wir finden den Zielsatz: »Mein Leben hat einen tieferen Sinn.« Für den Hintergrund der Geschichte meldet sich als Grundthema die Sinnlosigkeit des Lebens und eine fehlende spirituelle Reife. Aufgrund ihrer Angst vor Gott spürt Dörthe, dass sie keinen Schutz in diesem Leben hat, und will nun überhaupt nichts mehr mit Gott zu tun haben. Sie verschließt die Augen vor ihrem Schöpfer und hat damit keinen spirituellen Halt. In ihrer negativen inneren Haltung teilt sie ihrer Psyche mit, sie brauche ihre Seele nicht zu schützen, weil das ganze Leben sowieso sinnlos sei.

Dörthe hat während dieser Sitzung erkannt, dass sie von Gott getrennt war. Nach der Konfliktablöse kann es jetzt – mit Gott – gut weiter gehen.

Die Seinsfrage ist fundamental. Wenn wir Gott nicht erkennen, kann unser Leben keinen Sinn haben. Dann tun wir uns schwer mit allem, sind unsicher, haben Ängste und später sogar größere Probleme in Form von Krankheiten, weil uns das Leben ja zeigen möchte, dass etwas Wesentliches, nämlich die Grundlage unseres Seins, nicht stimmig ist. Gerlinde, von der die nächste Fallgeschichte handelt, musste fast sechzig Jahre alt werden, um endlich das Wesentliche in ihrem Leben zu erkennen. Wenn wir nicht erkennen können oder wollen, wird ein gewisser Leidensdruck immer größer. Das Ziel ist immer, dass wir uns mit uns selbst beschäftigen und erkennen, worum es in unserem Leben wirklich geht, nämlich um unsere eigene Entwicklung.

Gerlinde war Lehrerin und hat vor sieben Jahren ihren Beruf aufgegeben, weil ihre gesundheitlichen Probleme immer stärker in den Vordergrund traten. Aha! Wenn der Körper schreit, hat er eine Botschaft für uns. Dann will er, dass ein Problem der Psyche hinter dem Kranksein erkannt wird. Gerlinde hat das zwar nicht erkannt, aber sie hat gut auf ihre Ärzte gehört. Und die haben gesagt, dass sie unbedingt täglich ihren Blutdruck messen muss, um eine Kontrolle über ihren Gesundheitszustand zu haben. Und genau da werden jetzt deutliche Hinweise spürbar. Jedes Mal, wenn sie ihren Blutdruck messen will und dieses Gerät anlegt, gerät sie in Panik. Dies erlebt sie nun leidvoll seit sieben Jahren. Wie gut, dass sie sich entschieden hat, auf der Seelenebene nachzusehen.

Ich spüre, dass diese Lebenseinschränkung mit Gerlindes spirituellem Entwicklungsweg zu tun hat, und zwar vor allem mit ihrem Verhältnis zu Gott. Ich teste ihr Gottvertrauen und erkenne eine Blockierung des Gottvertrauens oder Urvertrauens, was für mich ein und dasselbe ist. Wenn wir kein Urvertrauen haben, können wir unseren Lebensweg nicht unbeschwert gehen und werden von Ängsten und Unsicherheiten geplagt. Mit dem nötigen Vertrauen sind wir hingegen bestens aufgehoben. Das Vertrauen in eine liebevolle höhere Macht lässt uns inneren Frieden finden und gibt Raum für Optimismus. Was kann uns denn schon passieren? Wir können nicht sterben. Die Seele und der Geist sind unsterblich. Und der Körper? Wenn wir uns von hier verabschieden, lassen wir ihn zurück und wenn wir wieder auf die Erde kommen, bekommen wir auch einen neuen Körper. In dieser wunderbaren höheren Ordnung ist doch alles gut geregelt. Aber eben nur, wenn ich auch dieses Vertrauen und den entsprechenden Glauben habe.

Im Dialog mit Gerlindes Unterbewusstsein zeigt sich, dass ihr fehlendes Gottvertrauen das wichtigste Thema ist, das zur Klärung ansteht. Ich spreche sie darauf an und erfahre, dass gerade hier größter Widerstand besteht. Sie lässt kein Empfinden zu, behandelt das Thema nur vom Kopf her und möchte erst einmal Beweise, dass es Gott überhaupt gibt. Dies unterstreicht, wie sehr sie vom Höheren getrennt ist. Schließlich erklärt sie sich bereit, sich auf das Experiment einer Sitzung einzulassen. Wir arbeiten mit dem abgewandelten Zielsatz: »Ich habe Vertrauen in eine höhere Liebe.«

Ursachenalter ist der zweite Schwangerschaftsmonat, also die Zeit, in der Gerlinde ein etwa zwei Monate alter Embryo im Bauch ihrer Mutter war. Dies ist gewöhnlich auch der Zeitpunkt, zu dem eine Mutter sich sicher sein kann, dass sie schwanger ist. Gerlinde ist das zweite Kind. Es gibt bereits eine Schwester, die zu der Zeit zwei Jahre alt ist. Für die Eltern war das Thema Kinderkriegen mit diesem ersten Kind abgeschlossen, und für die Mutter wie auch für den Vater ist es eine bittere Pille, dass sich jetzt noch ein Kind angemeldet hat. Beide fühlen sich minderwertig und benutzt. Sie können dieses Geschenk nicht würdigen. Das kleine Wesen im Bauch der Mutter aber hat Schuldgefühle, weil es den Eltern offenbar zur Last fällt. Ein Kind fühlt sich gerufen und von den Eltern eingeladen, sonst wäre es doch nicht hier. Und die Zeit zwischen der Entstehung und der Entdeckung ist sehr aufregend für das kleine Wesen. Diese Vorfreude. Meine Eltern haben mich doch gerufen, und jetzt bin ich schon ganz aufgeregt, wann sie mich wohl entdecken und sich so richtig freuen werden. Und dann diese Enttäuschung. Ich bin ja gar nicht eingeladen worden. Ich habe mich aufgedrängt. Ich bin ein ungebetener und unerwünschter Gast. Daher die Schuldgefühle. Aber dieses kleine Wesen kann allein gar nicht existieren. Es braucht die Sicherheit des großen, starken Vaters und die Liebe und Geborgenheit der Mutter. Gerlinde, dieses kleine, hilflose Wesen, hat keinen Halt und keine Sicherheit. Sie fühlt sich ausgeschlossen und möchte am liebsten nicht mehr hier sein. Aber wo soll sie hin? Es gibt kein Zurück. Alles ist plötzlich so sinnlos. Und wo ist Gott?

An dieser Stelle mache ich einen Zwischentest und frage kinesiologisch nach, ob Gerlinde gern auf der Welt ist. Die Antwort ist ein klares Nein.

Ich möchte nun wissen, wie es für Gerlinde am besten weitergeht, und frage nach einem positiven Hinweis. Der Lösungssatz lautet: »Ich gebe meinem Leben einen Sinn.« Mit dem Ablöseritual, der Entkoppelung dieses Ursachenkonfliktes in Gerlindes tieferen Gehirnschichten, löst sich gestaute Energie und blockierte Energie kommt wieder in Fluss. Damit ist Gottvertrauen oder Vertrauen in eine höhere Liebe wieder möglich. Mit diesem Vertrauen bekommt auch das Leben wieder einen Sinn. Gerlinde erzählt mir, dass sie schon als kleines Mädchen ihrem Leben ein Ende setzen wollte und vor einen Lastwagen lief. Jetzt ist ihr auch klar, warum.

Der Nachtest bestätigt die Bereinigung: Sie ist nun gern auf der Welt, hat Gottvertrauen und Vertrauen in eine höhere Liebe, und auf das Thema Blutdruckmessen zeigt sich keine Stressreaktion mehr. Wichtig ist, dass Gerlinde ihrem künftigen Leben nun auch wirklich einen Sinn gibt. Immerhin ist ihr Interesse an Gott und dem Höheren nun geweckt, und in Zukunft wird sie sich bestimmt auch mit dem tieferen Sinn ihres Daseins sowie mit dem Sinn von Problemen, Schwierigkeiten und Krankheiten auseinander setzen.

Wenn wir Einblick in solche tieferen Zusammenhänge bekommen und erkannt haben, welcher Sinn hinter allem steht, können wir uns entwickeln. Dann sind wir bewusste Menschen auf einem klaren Weg. Und wenn der Weg, den wir zurückgelegt haben, so klar geworden ist, können wir auch Vertrauen haben in das nächste Stück des Weges, das vor uns liegt. Wir sind immer auf dem besten Weg. Es gibt keinen schnelleren und keinen kürzeren Weg, und Umwege gibt es auch nicht. Der Weg, den wir gerade gehen, ist immer der beste Weg, weil wir auf diesem Weg genau die Erfahrungen machen, die wir für unsere Entwicklung gerade brauchen.

In Bayern grüßen sich die Menschen mit »Grüß Gott«. Das ist ein schöner Gruß, heißt er doch: »Es grüßt dich Gott« oder »Gott grüßt dich auf deinem Weg.« Und dies wiederum heißt: Gott ist mit dir. Er ist immer und überall bei dir und für dich da. Mit diesem Gottvertrauen sind wir mutig und stark. Gott ist mächtig, und daher sind auch wir mächtig. In den Star Wars-Filmen begrüßen sich die Sternenkrieger immer mit den Worten: »Die Macht sei mit dir.« Welch eine Übereinstimmung mit dem Gruß der Bayern. Wir sind gut aufgehoben. Es wird Zeit, dass wir von unserer Schöpferkraft Gebrauch machen, unsere Potenziale leben und unsere Geburtsgeschenke, die Talente auch zum Ausdruck bringen.

Vertrauen wir auf das Schicksal. »Sal« kommt von *salus*, Gesundsein, Wohlsein. Mit Schicksal wird uns also etwas geschickt, das uns zum Wohle dient. Probleme sind für uns da. Gott ist mit uns. Unser kosmischer Begleitservice wacht über unseren ganz persönlichen Lebensplan und gibt die Reiseroute vor.

Wohlan, die Reise gilt. Es kann nur gut gehen! Und dabei dürfen wir es leicht haben.

4
Den Rucksack entrümpeln

Könnte ich mein Dasein auf dieser Welt aus der Vogelperspektive betrachten, würde ich mich und Sie und die vielen anderen da unten ihren Weg gehen sehen – alle bepackt mit einem Rucksack voller Altlasten. Manche Rucksäcke sind übergroß und schwer. Andere sind zwar voll gepackt, aber leicht zu tragen. Und einige sind schon fast leer und belasten kaum noch.

Mein Rucksack ist mir wie auf den Leib geschneidert. Ich kann nicht einfach vor ihm weglaufen. Er bleibt getreulich bei mir. Wenn ich stehen bleibe, wird er spürbar schwerer. Wenn ich unterwegs mutlos werde, wenn ich umkehren und zurückgehen will, wird die Last in meinem Rucksack unerträglich schwer. Das zeigt ganz deutlich, dass uns Stillstand oder gar Zurückgehen nicht weiterbringt. Optimistisches, mutiges Voranschreiten hingegen motiviert, gibt Energie und sorgt so dafür, dass die Last im Rucksack leichter wird.

Nun ist es aber nicht der Sinn unseres Daseins, diesen Rucksack mehr recht als schlecht durchs Leben zu hieven. Es geht vielmehr darum, das mitgebrachte Gepäck zu sichten, auszusortieren und letztlich zu entrümpeln. Altlasten müssen mich nicht für immer belasten. Je mehr ich davon loslasse, desto mehr Platz habe ich in meinem Rucksack, um Neues hineinzupacken, zum Beispiel die Erfahrungen, die ich auf meinem Lebensweg mache. Das ist dann der wirkliche Reichtum, den ich einst mitnehme, wenn ich mich von dieser Erde verabschiede.

Mit welchen Altlasten ist der Rucksack denn gefüllt? Da gibt es beispielsweise *Unerledigtes aus früheren Leben*, das die Seele mitgebracht hat. Es kann sein, dass ich in einem früheren Leben in einer Täterrolle war, dass ich anderen Menschen Leid zugefügt habe und mein Thema in diesem Leben die Angst vor Bestrafung ist. Oder ich habe mir damals aus großem Leidensdruck heraus selbst das Leben genommen und soll nun beweisen, dass ich Lebenskrisen bewältigen kann. Wenn ich in jenem Leben ein Opfer war und vielleicht vergewaltigt oder missbraucht wurde, wenn ich einen geliebten Menschen verloren oder ein großes Unglück erlebt habe, soll ich in diesem Leben vielleicht wieder Vertrauen zu Gott und den Menschen finden können.

Dann gibt es *Unerledigtes aus der Sippe*, eine Last, die mit der Herkunft meines Körpers zu tun hat. Was fällt in diese Kategorie? Es kann zum Beispiel sein, dass einer meiner Vorfahren unehrenhaft gelebt hat und nie dafür zur Rechenschaft gezogen wurde. Oder dass es totgeschwiegene Familienmitglieder gibt, die endlich bemerkt und anerkannt werden möchten. Solche Dinge lasten auf jedem einzelnen Mitglied einer Sippe.

Weiterhin gibt es *Lasten, die sich im vorgeburtlichen Leben*, also in der Zeit zwischen Zeugung und Geburt *angehäuft haben*. Sie wiegen am schwersten und nehmen den meisten Platz in meinem Rucksack ein. Als Embryo war ich klein und hilflos, mein Körper entwickelte sich noch und ich war auf die Nestwärme angewiesen, die nur meine Eltern mir geben konnten. Alles, was dieses geschützte Nest bedrohte, bedeutete eine Gefahr für mein Überleben. Wann immer Sicherheit und Liebe fehlten, entstand ein unüberwindbarer seelischer Konflikt, weil die Grundvoraussetzungen für eine gesunde, ganzheitliche Entwicklung nicht mehr gegeben waren. Für ein Ungeborenes im Bauch der Mutter gibt es viele lebensbedrohliche Ereignisse. Hier ein paar Beispiele:

- Während die Mutter überall im Freundeskreis erzählt, dass sie nie Kinder haben möchte, ist sie schon schwanger, sie weiß es nur noch nicht. Das Kind hat Schuldgefühle, dass es sich aufgedrängt hat.

- Die Mutter benutzt die Schwangerschaft, um den Vater zu bekommen oder zu halten. Es geht also gar nicht um das Kind. Das Kind wird für eine Intrige benutzt.
- Die Mutter ist entsetzt, als sie plötzlich bemerkt, dass sie schwanger ist, und sieht nur noch die Schwierigkeiten, in die sie das bringen wird. Das ungeborene Kind hat Schuldgefühle und vermisst die Liebe seiner Mutter.
- Die Mutter verheimlicht ihre Schwangerschaft und versucht das Kind abzutreiben. Das Kind erfährt, dass es nichts wert ist.
- Der Vater denkt nur an die Kosten, die dieses Kind verursachen wird. Das Kind spürt, dass es zur Last fällt.
- Der Vater hat eine außereheliche Beziehung. Als die Freundin von der Schwangerschaft seiner Frau erfährt, hasst sie das Kind, weil es ihre Beziehung gefährdet.
- Der Vater ist brutal und rücksichtslos in der Sexualität. Das Kind leidet darunter und verliert das Vertrauen zum Vater.
- Der Vater verliert seine Arbeitsstelle, seine Existenz ist nicht mehr sicher. Das Kind erkennt, dass ihm der Vater keine Sicherheit geben kann, weil er selbst keine hat.
- Die Eltern freuen sich während der ganzen Schwangerschaft auf einen Jungen. Das Kind ist aber ein Mädchen.
- Die Eltern teilen dem schon vorhandenen Kind mit, dass es bald ein Geschwisterchen bekommen wird. Das ältere Kind hasst den Neuankömmling, weil es die Liebe der Eltern nicht teilen will.
- Vater und Mutter haben keine Gefühle füreinander und keine Gefühle für das Kind. Das Kind wächst in einer Gefühlskälte heran.

Dies sind ursächliche Verletzungen, wie sie immer wieder auftreten. Sie schlummern im Unterbewusstsein des Ungeborenen und warten nur darauf, sich irgendwann zeigen zu können und erlöst zu werden. Probleme während der Geburt, nach der Geburt und im späteren Leben, weisen auf solche unerlösten Konflikte hin.

Im Kinesiologie-Coaching wird der Armmuskeltest eingesetzt, um diese Informationen im Dialog mit dem Unterbewusstsein aus dem Körpergedächtnis zu erhalten, und zwar vorwiegend aus der Schmerzdatenbank des Unterbewusstseins.

Bewusstsein befindet sich in jeder der zweihundert Billionen Zellen Ihres Körpers. Und da Sie in Ihrem Körper herrschen, wird das, was Sie in Ihr Bewusstsein nehmen, Ihren Körper und Ihre Lebensumstände verändern. Sie können sich gesund, aber auch krank denken. Alles, was Sie je erlebt haben, ist in jeder Zelle Ihres Körpers gespeichert und kann wieder erinnert werden: die ganze Geschichte mit Bildern, Gefühlen, Geräuschen, Gerüchen, Geschmack, mit allen Umständen und allen beteiligten Personen. Mit Kinesiologie-Coaching ist dies möglich. Ziel einer jeden Sitzung ist es, frühe emotionale Verletzungen, an die sich Ihr Tagesbewusstsein nicht mehr erinnern kann, erneut bewusst zu machen, die schmerzhafte Erinnerung im Zellkern zu löschen und die neue Information des Heilseins dort zu verankern. Eine alte Last wird weggenommen, und der Weg für ein neues Bewusstsein ist frei.

Grundlage des Kinesiologie-Coaching ist die Psychokinesiologie des Arztes Dr. Dietrich Klinghardt. Klinghardt beschreibt den elektrophysiologischen Zusammenhang zwischen einem seelischen Konflikt und einer Organerkrankung so:

»Nach den Erkenntnissen der modernen Gehirnphysiologie besteht ein direkter Zusammenhang zwischen unerlöstem seelischen Konflikt und einer Organerkrankung. Die Gesundheit eines Organs wird hauptsächlich durch den Faktor bestimmt, wie viel arterielles Blut diesem Organ zugestellt wird. Ist die Blutzufuhr offen, ist das Organ gesund; ist die Blutzufuhr bleibend gedrosselt, tendiert das Organ dazu, krank zu werden. Es fließt ein messbarer Nervenstrom von der Gehirngegend, wo der unerlöste seelische Konflikt gespeichert ist, zu den Kernarealen im Hypothalamus. Vom Limbischen

System, dem inneren Teil des Frontalhirns, aus werden Areale im Hypothalamus erregt und es kommt zur Drosselung der Blutzufuhr in den zugeordneten Körperorganen. So entsteht ein krankmachender Effekt auf ein bestimmtes Organ. Solange der Konflikt nicht erlöst ist, baut sich die elektrische Energie im Konfliktareal immer wieder auf. Es kommt zur chronischen Reizung der entsprechenden Hypothalamuskerne und damit zur chronischen Funktionsbeeinträchtigung der Zielorgane. Dies ist im Allgemeinen der Hauptmechanismus und Kausalfaktor aller chronischen Erkrankungen. Wenn die drei Komponenten eines Konfliktes bewusst werden – Zeitpunkt, Umstände, Emotion mit gleichzeitiger Entkoppelungstechnik – bildet sich eine neue Nervenverbindung direkt vom Konfliktareal des Limbischen Systems zum bewussten Teil der Großhirnrinde. Die Konfliktenergie kann jetzt über den bewussten Teil des Gehirns abfließen.« *(Mitschrift aus einem Seminar bei Dr. Klinghardt)*

Körperliche Leiden haben immer eine Chance auf Linderung und Heilung, wenn hemmende Lebensthemen erkannt und bearbeitet werden. Denn wie ich schon erwähnte, ist Krankheit immer der letzte und lauteste Hilfeschrei der Seele.

Dazu zwei Beispiele aus meiner Praxis:

Helga, zweiundfünfzig Jahre alt, hat Multiple Sklerose und war seit Jahren nicht mehr in der Lage, allein zu gehen. Ein Rollstuhl blieb ihr nur deshalb erspart, weil ihre Schwester immer zur Stelle war und sich liebevoll um sie kümmerte. Helga hatte sich anscheinend mit der Krankheit abgefunden und wollte in den Sitzungen eher an ihrer Vergesslichkeit und an ihrer mangelnden Konzentrationsfähigkeit arbeiten. Doch irgendwann brach es aus ihr heraus: »Mein größter Wunsch wäre, von meinem Stuhl hier bis zur Wand ganz allein laufen zu können – und wieder zurück!« Dieser Wunsch war dann unser Sitzungsthema. Zwei Wochen später rief sie mich ganz begeistert an und berichtete, sie sei ein ganzes Stück querfeldein gelaufen – und wieder zurück, ganz allein. Nach fünf

Jahren der totalen Abhängigkeit war das ein ganz neues Lebensgefühl für sie. Sie kam noch viele Monate lang zu mir – und ging immer ohne Hilfe.

Bei Hans wurden im Rahmen einer Routineuntersuchung Gallensteine festgestellt, ein ganzes Gebirge, das auf mehreren Ultraschallfotos deutlich zu erkennen war. Mit natürlichen Methoden sei hier nichts mehr zu machen, sagte der Arzt, eine Operation sei unumgänglich und in sechs Wochen sei ein Termin dafür frei. Hans war einverstanden, aber er nutzte die Zeit, um den psychosomatischen Hintergrund seiner Erkrankung mit Hilfe des Kinesiologie-Coaching zu ergründen. In den Sitzungen lernte er, die Botschaft seiner Gallensteine zu verstehen. Er wurde sich seiner verhärteten Gefühle bewusst, und bald sah er in der bevorstehenden Operation nur noch eine Gelegenheit zur Beseitigung dessen, was von seiner inneren Festung übrig geblieben war. Doch bei der Eingangsuntersuchung im Krankenhaus wurden keine Gallensteine mehr festgestellt. Einen ganzen Tag lang wurde Hans nach allen Regeln der ärztlichen Kunst durchgecheckt – ohne Ergebnis. Die Gallensteine waren nicht mehr da. Auch bei den jährlichen Routineuntersuchungen danach wurden keine Gallensteine mehr festgestellt.

So viel zu Konflikten, die bereits zu körperlichen Störungen geführt haben. Was über die Krankheit zum Ausdruck kommt, ist derselbe Ursachenkonflikt, der schon vorher öfter, erst leise und dann immer lauter anklopfte, Hallo sagte und bemerkt werden wollte. Wenn diese Störungen schon früh entdeckt und aufgelöst werden, muss es gar nicht erst zur Krankheit kommen. Daher ist es ein Anliegen dieses Buches, Ihnen an Fallbeispielen deutlich zu machen, wie vielfältig die Probleme sein können, die alle auf seelische Verletzungen hinweisen, und wie ebenso vielfältig diese seelischen Verletzungen sind.

In kinesiologischen Einzelsitzungen ist das Vorgespräch sehr wichtig, und darin vor allem das Erkennen des Themas, das in der jeweiligen Sitzung Priorität hat. Wir alle schleppen einen ganzen Rucksack voller Probleme mit uns herum, die gelöst werden wollen, weil die darin festgehaltene Energie unser Leben belastet. Die Weisheit des Körpers aber entscheidet, welche dieser Verletzungen hier und heute am wichtigsten ist und gelöst werden soll. Die Lösung bringt dann meist eine sofort spürbare Erleichterung und führt schrittweise zu mehr Lebensfreude. Aktuell belastende Lebenssituationen haben oft einen tieferen Sinn: Sie wollen bewirken, dass unerlöste seelische Konflikte erinnert und befreit werden. Wenn Sie einem gewissen Lebensdruck nicht standhalten können, kommt das vielleicht daher, dass es in Ihrem früheren Leben eine ähnliche Situation gab, die Sie nicht bewältigen konnten, weil Sie damals noch klein und hilflos waren. Dann braucht später nur etwas zu geschehen, was irgendwie an diese frühere traumatische Situation erinnert, und schon kommt das ganze alte Leid wieder an die Oberfläche. Sie empfinden sich wieder als klein und hilflos und die zu bewältigende Last als übergroß.

Der fünfjährige Markus, ein sehr fröhliches, aufgewecktes Kind, hatte von einem Tag auf den anderen plötzlich so große Angstzustände, dass er sich tagelang nicht mehr aus dem Haus wagte, nicht einmal quer über die Straße zum Haus der Oma. In der kinesiologischen Sitzung stellte sich heraus, dass diese Symptome aufgetreten waren, nachdem Markus den Film *König der Löwen* gesehen hatte. Eine gewisse Szene in dem Film hatte ihn unbewusst an eine eigene lebensbedrohliche Situation erinnert, der er im vierten Schwangerschaftsmonat ausgesetzt gewesen war. Nachdem dieser alte Konflikt in der Sitzung bereinigt werden konnte, verschwanden auch die Ängste. Markus' Unterbewusstsein hatte sich eine Filmszene gewählt, um auf einen alten, noch störenden Konflikt aufmerksam zu machen.

Ein weiteres Beispiel: Der achtjährige Daniel war schon seit Jahren sehr verschlossen, sprach mit keinem Menschen, konnte niemandem ins Gesicht sehen und ging nur mit gesenktem Kopf herum. Die kinesiologische Sitzung ergab, dass sein Inneres über dieses äußere Verhalten auf ein mangelndes Selbstbewusstsein aufmerksam machen wollte. Nachdem für Daniel in zwei Sitzungen belastende Themen bezüglich seines Selbstbewusstseins und seiner Selbstsicherheit geklärt werden konnten, änderte sich sein persönliches Auftreten schlagartig. Einen Tag nach der letzten Sitzung rief seine Mutter ganz aufgeregt bei mir an: »Stellen Sie sich vor, die Nachbarn klingeln bei mir und fragen, was mit dem Daniel los ist. Er grüßt plötzlich jeden im Treppenhaus!«

Wie der folgende Fall zeigt, geben auch Unfälle oft ganz deutliche Hinweise auf seelische Konflikte. Drei Wochen nach seinem zwölften Geburtstag brach sich mein Sohn Berni den rechten Schneidezahn ab, als er auf einem Volksfest mit dem Autoscooter fuhr. Da er sich schon immer für meine Arbeit interessiert hatte, wusste er um die Zusammenhänge zwischen Unfällen und seelischem Geschehen und wollte nun wissen, warum er diesen Unfall gehabt hatte. In der kinesiologischen Sitzung ergab die Altersrückführung als Zeitpunkt des Ursachenkonflikts einen Tag nach seinem zwölften Geburtstag. Ich fragte ihn, was denn an diesem Tag Besonderes gewesen war, und Berni erzählte, da habe er eine Glückwunschkarte von seinem großen Bruder bekommen, auf der dieser ihm zum dreizehnten Geburtstag gratulierte. »Aber ich bin doch erst zwölf!«, hatte Berni spontan gerufen. Und das war dann auch die Ursache seines kleinen Unfalls: Berni wollte noch nicht so erwachsen sein, und vor allem wollte er noch nicht so viel Verantwortung für sich selbst tragen. Er wollte sich noch nicht durchbeißen müssen. Also suchte sein Unterbewusstsein nach einer Möglichkeit, ihn davor zu bewahren, und er brach sich den rechten Schneidezahn ab. Die gesamte rechte Körperseite steht auch für die Durchsetzung im Leben. Die Sitzung zu diesem Thema tat Bernis ganzer jungen Persönlichkeit gut.

Die Weisheit des Körpers lässt uns aber oft noch mehr erkennen, zum Beispiel, dass der Körper ein gewisses Leiden so lange festhält, bis wichtige persönliche Blockaden aufgelöst sind.

Ein Jungunternehmer kam zu mir, weil er seinen Tinnitus, diese lästigen Ohrgeräusche, loswerden wollte. Im Kinesiologie-Coaching bin ich nicht auf das Krankheitsbild fixiert, denn es ist ja nur die Adresse für eine emotionale Blockade. Mit Hilfe des einfachen kinesiologischen Tests kann ich feststellen, ob die Ursache der Ohrgeräusche psychischer Natur ist. Das war hier der Fall. Am Ende der Sitzung war zwar keine Stressreaktion auf den Tinnitus mehr festzustellen, aber die Ohrgeräusche waren immer noch da. Also klärte ich in weiteren Sitzungen die Lebenssituation des Klienten ab und behandelte seine größeren hemmenden Lebensthemen. Er hatte emotionale Blockaden in Bezug auf seine Persönlichkeit, die von mangelndem Selbstbewusstsein, fehlender Selbstsicherheit, einem sehr geringen Selbstwertgefühl und sehr wenig Selbstvertrauen gekennzeichnet war. Er kam weder mit seiner Ehefrau noch mit seiner Familie zurecht, hatte Schwierigkeiten mit seinen Angestellten und Geschäftspartnern sowie ein gestörtes Verhältnis zum Geld. Wie sich herausstellte, war er ein uneheliches Kind und schleppte auch deswegen unverarbeitete Vater- und Mutter-Konflikte mit sich herum. Nachdem die ursächlichen Blockaden all dieser persönlichen Barrieren gelöst waren, verschwanden auch die Ohrgeräusche. Sein Körper hatte das schmerzhafte Signal so lange festgehalten, bis sein Rucksack im Groben entrümpelt war von Belastungen, die er seit seiner vorgeburtlichen Phase als Embryo mit sich herumschleppte.

Das Klären der Persönlichkeit, von der inneren Ausgewogenheit bis hin zum selbstbewussten Auftreten, ist für Menschen, die verantwortlich im Außen wirken, besonders wichtig. Wie oft erlebe ich, dass solche Personen, die oft verantwortungsvolle Positionen innehaben, nicht fest mit beiden Beinen auf dem Boden stehen. Und damit meine ich diese vier wichtigen Standbeine: Selbstbewusstsein, Selbstsicherheit, Selbstwertgefühl und Selbstvertrauen. Vielen Menschen in leitenden Positionen mangelt es an solchen Stärken, weil sie seelische Blockaden haben. Solche Defizite lassen sich nicht einfach durch entsprechende Führungsseminare ausgleichen – äußerlich vielleicht schon, aber im Inneren bleiben oft Schwächegefühle und Versagensängste. Magenprobleme, Schlaflosigkeit, Ängste, Nikotinsucht und Alkoholmissbrauch sind dann oft die Folge.

Dietrich ist Teamleiter für neue Entwicklungen in einer Computerfirma. Mit den Mitarbeitern seines Teams kommt er bestens klar, aber mit zwei anderen Teamleitern hat er Schwierigkeiten. Sie führen Intrigen gegen ihn und verhindern, dass seine Arbeitsergebnisse Anerkennung finden. Er findet auf der Führungsebene unter seinen Kollegen keine Akzeptanz. Innerlich fühlt er sich diesen Kollegen ausgeliefert, hilflos und handlungsunfähig. Tagsüber hat er deswegen Magenschmerzen, nachts Schlafstörungen. Nun steht auch noch die Vorstandssitzung bevor, wo er ein neues Projekt vorstellen soll. Mit diesem Problem ist Dietrich bei mir, und noch während er darüber spricht, bekommt er Schweißausbrüche.

Im kinesiologischen Test finden wir den Zielsatz: »Ich bin überzeugend.« Für die Aufdeckung des seelischen Konflikts meldet sich statt einem Ursachenzeitpunkt ein persönliches Grundmuster, also eine Art Charaktereigenschaft, die Dietrich schon mit in dieses Leben gebracht hat. Der kinesiologische Dialog mit Dietrichs Unterbewusstsein offenbart Einzelheiten dazu. Dietrich ist falsch gepolt. Statt aktiv zu sein, sieht er sich auf die Gnade anderer angewiesen und empfindet sein irdisches Dasein als sinnlos. Um dennoch existieren zu können, hat er einen Teil von sich selbst, seine Angst, damit beauftragt, ihn vor der Konfrontation mit der Unbill des Lebens zu schützen. Und so erzeugte diese Angst getreulich Willenlosigkeit, einen Mangel an Mut und die Unfähigkeit, auf eigenen Beinen zu stehen. Als kleiner Angestellter hätte ihn das alles vielleicht nicht so sehr gestört, aber jetzt, in leitender Position spürt

Dietrich, dass er solchen Herausforderungen nicht gewachsen ist. Die innere Barriere ist ihm nicht bewusst. Bewusst wäre er gern eine starke Führungspersönlichkeit. Doch bisher hat die innere, unbewusste Blockade dies nicht zugelassen. Jetzt, wo diese Hintergründe erkannt sind, finden wir den Lösungssatz »Ich zeige Engagement.« Zur Ablöse führen wir die übliche Klopfbehandlung durch. Danach strahlt Dietrich und freut sich schon auf die Präsentation seines Projektes in der morgigen Vorstandssitzung. Wie er mir später berichtete, hatte er nachts gut geschlafen und sein persönlicher Auftritt war ein voller Erfolg.

Seelische Verletzungen können sehr subtiler Art sein, wie die folgende Klientengeschichte zeigt: Michaela ist schon seit vielen Jahren verheiratet. Seit langem merkt sie, dass mit ihrer Sexualität etwas nicht stimmt, sie kann sich nicht ganz hingeben. Dies führte zu Problemen mit ihrem Mann, der mit seinen Forderungen zu direkt ist und auf ihre Empfindsamkeit nicht eingehen kann. Also verzichtet Michaela lieber von vornherein auf jeden erotischen Kontakt und verschließt sich. Das belastet ihre Ehe, und Michaela möchte etwas ändern.

Wir arbeiten mit dem Zielsatz: »Ich öffne mich total.« In der kinesiologischen Altersrückführung meldet sich eine Zeit, zu der es Michaela noch gar nicht gab. Michaela ist das zweite Kind ihrer Eltern. Vorher, also noch vor dem ersten Kind, hatte Michaelas Mutter eine Schwangerschaft mit einem Abgang. Nun meldet sich genau die Zeit dieses Abgangs und die entsprechende Hintergrundgeschichte: Während dieser ersten Schwangerschaft der Mutter hat Michaelas Vater eine Geliebte. Aus diesem Grund ist es ihm gar nicht recht, dass gerade jetzt ein Kind kommt und ihn an eine entstehende Familie binden möchte. Er lehnt dieses Kind innerlich ab. Die Mutter ist demoralisiert gegenüber dem Vater und will das Kind nun ebenfalls nicht. Das ungeliebte Kind ist enttäuscht über die zwischenmenschliche Untreue und empfindet Abscheu gegenüber dem Vater. Es will nicht mehr bleiben und geht.

Der nächste Ursachenzeitpunkt betrifft Michaela im zweiten Schwangerschaftsmonat im Bauch ihrer Mutter. Es ist die dritte Schwangerschaft ihrer Mutter, doch Michaela bekommt den ganzen Schmerz ihres ersten Geschwisters ab, das damals wieder ging. Unter dem Einfluss dieses Traumas ist Michaela schon jetzt enttäuscht vom Leben und sieht sich als künftiges Opfer erwarteter Gefühlsverletzungen. Sie will aber keine schmerzhaften Gefühle erleben. Also entscheidet sie sich, ihre Gefühle abzuschalten, um sich so selbst zu schützen.

Der Lösungssatz lautet: »Ich öffne mich für Gefühle.« Nach der Ablösung dieses Konflikts geht Michaela befreit und optimistisch weg. Sie berichtete mir später, dass ihre Sexualität eine ganz neue Qualität bekommen hat, und auch das Zusammenleben mit ihrem Mann sei jetzt viel harmonischer. Er hat sich über ihren Gefühlswandel gewundert, aber sie hat ihm nichts von unserer Sitzung erzählt. Sie meinte, solche Sitzungen seien jetzt ihre Geheimwaffe.

Wenn eine Mutter einen Abgang, eine Totgeburt oder ein Kind mit Missbildungen hatte, bringt die folgende Schwangerschaft für das neue Baby meist besonders große Belastungen mit sich. Die Ängste der Mutter und auch des Vaters, dass sich so etwas Schreckliches wiederholen könnte, nehmen dem kleinen, hilflosen und schutzbedürftigen Wesen die so wichtige Nestsicherheit. Und ohne diese Sicherheit kann es nicht überleben. Dabei hat die Seele doch darauf vertraut, dass sie bei diesen Eltern, in diesem Körper sicher ist. In einem solchen Fall sichert nur das Einfrieren dieser Angstenergie das Überleben. Ermessen Sie selbst, was es bedeutet,

- wenn ein Vater erst zu seinem Kind steht, nachdem ein Bluttest keine andere Möglichkeit mehr zulässt,
- wenn eine Mutter bereits in der Schwangerschaft alle Vorkehrungen trifft, um das Kind nach der Geburt zur Adoption freizugeben,

- wenn sich eine Mutter um einen Abtreibungstermin bemüht, aber nicht angenommen wird, weil das Baby schon zu groß ist,
- wenn ein Abtreibungsversuch misslingt und die Mutter während der Schwangerschaft täglich dreißigmal vom Hocker springt in der Hoffnung, dass das Kind doch noch abgeht,
- wenn eine Mutter ihr Baby hasst, weil sie seinen Vater hasst.

Viele Beispiele aus meiner Praxis zeigen, dass die Möglichkeiten seelischer Verletzungen während der Schwangerschaft sehr weit gespannt sind. Ich empfand es als Hohn, als ich in einer Buchhandlung ein aktuelles Schwangerschaftsbuch aus dem Regal nahm, es aufschlug und in Fettdruck lesen musste, dass ein Baby im Mutterleib noch keine Empfindungen hat. Die vielfältigen Lebensprobleme und körperlichen Leiden unserer Mitmenschen bezeugen das Gegenteil. In meiner langjährigen Praxis konnte ich die Erfahrung machen, dass die meisten Ursachenkonflikte in die Zeit vor der Geburt zurückgehen, vor allem in die Zeit zwischen der Zeugung und dem sechsten Schwangerschaftsmonat.

Daher wende ich mich an dieser Stelle speziell an die werdenden Mütter und Väter unter meinen Lesern. Sie wissen nun, dass das heranwachsende Kind im Mutterleib vorrangig die Liebe der Eltern braucht, die Geborgenheit der Mutter und die Sicherheit des Vaters. Die Erfüllung dieser Bedürfnisse ist für das kleine Wesen überlebenswichtig, und es nimmt alles, was lebensbedrohlich sein könnte, besonders empfindsam wahr. Der Vater könnte tausende von Kilometern weit weg sein und seine Existenz verlieren, das Ungeborene würde spüren, dass es keine Sicherheit mehr hat. Hier wirken morphogenetische Felder, Informationsfelder, die zusammengehörige Personen verbinden. In solchen Feldern ist jede Information sofort verfügbar. Wenn der Vater eine Geliebte hat, »weiß« das kleine Baby im Bauch der Mutter darüber Bescheid und bangt um die Familienharmonie, weil nur diese ihm Sicherheit gibt. Wenn der Vater unter einer Krankheit leidet, ist er nicht mehr der große starke Vater, und das Ungeborene hat Angst, dass es nun allein auf eigenen Füßen stehen muss. Wie soll es das schaffen? Ein einmal abgelehntes Kind braucht später immer wieder die Bestätigung, dass es geliebt wird, erst von den Eltern, dann in der Partnerschaft und schließlich von allen Menschen. Dies kann für alle Beteiligten sehr anstrengend sein. Es ist wie eine Sucht, die so lange anhält, bis der seelische Ursachenkonflikt dahinter gelöst wurde.

Nun wissen Sie, worauf es ankommt, wenn Sie ein Baby erwarten. Natürlich scheint in keiner Beziehung immer nur die Sonne. Partnerschaft bringt auch Auseinandersetzungen mit sich. Aber dennoch können Sie dem Kind im Bauch immer sagen: »Du, deine Eltern haben jetzt etwas zu klären. Das hat nichts mit dir zu tun. Du bist sicher und geliebt, wir sind immer für dich da – und es ist schön, dass es dich gibt.« Das ist Balsam für das kleine Wesen. So ein Satz, in Krisensituationen gesprochen, kann spätere jahrelange Therapien ersetzen.

Die Geburt selbst ist eine neue große Herausforderung, denn mit ihr erfolgt der Schritt aus der Geborgenheit des Mutterleibs hinaus in die Realität. Und dieser Schritt ist erst einmal bedrohlich, der Weg durch den engen Geburtskanal, allein und den Gefahren des Steckenbleibens und Erstickens ausgesetzt. Hier braucht das Baby die Sicherheit: »Meine Mutter ist ja dabei und diese Fachfrau Hebamme, die nur dafür da ist, dass ich sicher auf die Welt komme.« Aber genau daran mangelt es oft. Viele emotionale Blockaden entstehen dadurch, dass die Hebamme selbst unsicher ist, Angst hat, Komplikationen erwartet und all das mit einer gewissen Sachlichkeit überspielt. Lockere Sprüche und wenig einfühlsame Bemerkungen wirken nicht gerade Vertrauen erweckend auf das Baby, das sich aufgefangen fühlen möchte. Das Unterbewusstsein durchleuchtet jeden Menschen, der auf unserem Lebensweg wichtig ist. Ihm bleibt nichts verborgen. Und Hebammen spielen eine ganz besondere Rolle. Sie können so viel zu einem gelungenen Start beitragen.

Besonders schmerzhafte Erfahrungen, wie zum Beispiel sexueller Missbrauch, lassen sich meist erst nach mehreren Sitzungen aufdecken. Oft hat die betreffende Person keine bewusste Erinnerung an den eigentlichen Vorfall (es gibt diese so genannten blinden Flecken im Gehirn), aber der Konflikt kann sich über gewisse besondere Merkmale bemerkbar machen. Dies kann eine gestörte Sexualität sein, Männerhass, Berührungsängste, aber auch auffälliges Dicksein unterhalb der Taille.

Klienten ahnen oft, dass so ein Thema ansteht, wollen aber nicht darüber sprechen. Simone kam zur Sitzung mit der Bemerkung: »Ich weiß genau, welche Geschichte heute kommt, aber ich sage kein Wort.« – »Gut«, sagte ich, »machen wir eine schweigende Sitzung.« Und so geschah es dann auch. Simones Unterbewusstsein hat ein sexuelles Missbrauchserlebnis preisgegeben mit dem entsprechenden Alter, der beteiligten Person und den Umständen, die dazu geführt haben. Simone ahnte bereits, dass es in ihrer Kindheit ein Missbrauchserlebnis gegeben hatte, sprach dies aber mit keinem Wort an. Der Dialog mit dem Unterbewusstsein braucht keine Worte. Dennoch stellt das kinesiologische Testen mentaler Fragen in meiner Praxis die absolute Ausnahme dar, denn normalerweise ist es mir sehr wichtig, dass der Klient jedes Detail einer Sitzung bewusst miterlebt. Nur so hat er die Gewissheit, dass die Geschichte wirklich aus ihm selbst kommt.

Klienten, die einen Sitzungstermin bei mir haben, erleben oft, dass sich kurz vorher ein wichtiges Thema in Erinnerung bringt, zum Beispiel in Form eines belastenden Gefühls, eines bestimmten Vorfalls oder der Erinnerung an eine längst vergessene Geschichte. Das Unterbewusstsein nutzt also die Chance, jetzt etwas ganz Wichtiges klären zu lassen. Bei Rosa konnte eine Missbrauchsgeschichte durch einen Traum aufgedeckt werden, den sie in der Nacht vor unserer Sitzung hatte.

In diesem Traum sitzt Rosa als kleines Mädchen, nur mit einem Hemdchen bekleidet, in ihrem Bett. Auf der Bettkante sitzt ihr Vater und will gerade mit der Hand unter ihr Hemdchen greifen. In diesem Moment geht die Tür auf, jemand kommt herein und der Traum ist beendet. Rosa hat jetzt das unsichere Gefühl, sie könnte in ihrer Kindheit missbraucht worden sein. Die Sitzung brachte zutage, dass Rosa als kleines Mädchen im Alter von vier Jahren tatsächlich von ihrem Vater sexuell missbraucht worden war. Ihr Unterbewusstsein hatte durch diesen Traum signalisiert, dass die Zeit reif war für die Klärung dieses Themas. Auf diese Weise war eine lange verschlossene Tür geöffnet worden und diese seelische Belastung konnte in der Sitzung erkannt und aufgelöst werden.

Wenn das Unterbewusstsein sexuellen Missbrauch aufdecken möchte, meldet sich als Ursachenalter manchmal auch ein früheres Leben. Das schlimme Erlebnis liegt dann vielleicht tausend Jahre zurück und hat sich in einem fernen Land abgespielt, weswegen es den Klienten nicht so hautnah trifft. Hier darf ganz behutsam ins Bewusstsein gelangen, dass so etwas Schlimmes schon einmal passiert ist. Wenn ich dann frage, ob es in diesem Leben ein ähnliches Erlebnis gab, kommt meist ein zaghaftes Nicken. Und schon ist ein Thema aktuell geworden, über das der Klient sonst vielleicht nie gesprochen hätte.

Jeder Mensch ist etwas ganz Besonderes. Ein bewährter Zielsatz in meinen Sitzungen zur Persönlichkeitsklärung lautet: »Ich bin der wichtigste Mensch in meinem Leben.« Gern führe ich dazu auch einen Spiegeltest durch: Der Klient betrachtet sich im Spiegel und wird gleichzeitig kinesiologisch getestet. Stresst ihn sein eigenes Spiegelbild? Stresst es ihn, wenn er sich selbst begegnet? Sie können diesen Test gern einmal in Ihrem Freundeskreis machen. Er ist sehr aufschlussreich.

Schon das noch ungeborene Kind im Bauch der Mutter möchte wichtig genommen werden. Dazu das folgende Fallbeispiel zum Thema »mangelndes Selbstwertgefühl«, von dem ich nur die Ursachengeschichte erwähne: Die im sechsten Monat schwangere Mutter (des Klienten) hat beim Frauenarzt einen Termin für eine Routineuntersuchung. Das Baby im Bauch (der Klient) freut sich. Endlich kann seine Mutter erfahren, dass es ihm gut geht und alles in bester Ordnung ist. Doch die Mutter erkennt in dem Arzt einen alten Studienfreund wieder. Sie haben sich jahrelang nicht gesehen und sprechen jetzt nur über die alten Zeiten. Für die Untersuchung bleibt keine Zeit mehr. Das Baby muss erfahren, dass es nicht wichtig ist. Damit ging das Selbstwertgefühl des Klienten verloren.

Nehmen auch Sie sich wichtig, räumen Sie auf in Ihrem Innern und finden Sie sich wieder neu. Dabei kann Ihnen die nachfolgende Übung helfen.

Atem-, Licht- und Lächeln-Meditation zur Harmonisierung von Körper, Seele und Geist

Diese meditative Übung zentriert Sie und bringt Sie in innere Harmonie. Den größten Nutzen ziehen Sie daraus, wenn Sie den folgenden Text auf eine Tonkassette sprechen und ihn immer dann anhören, wenn Sie mit sich in die Stille gehen möchten. Vielleicht erschrecken Sie zunächst über den Klang Ihrer eigenen Stimme, aber Sie werden sich schnell daran gewöhnen, und bald werden Sie sich selber sehr vertraut sein. Wie schön ist es dann, sich selbst zu begegnen und Zwiesprache mit sich selbst zu führen. Dies ist auch der Grund, weshalb ich Ihnen nicht empfehle, den Text von einer anderen Person sprechen zu lassen. Sie können diese Übung im Sitzen oder im Liegen machen. Wählen Sie die Position, in der Sie völlig entspannt sein können.

Mache es dir ganz bequem, so bequem, dass du Entspannung in jedem Teil deines Körpers fühlen kannst. Rücke dich überall da zurecht, wo du noch eine kleine Verspannung, eine Blockierung wahrnimmst. Spüre, wie gut es tut, diesen schweren Körper Stück für Stück loszulassen.

Und jetzt schließe die Augen und atme tief aus. Ganz tief ausatmen. Ausatmen ist die beste Art des Loslassens. Atme alles aus, was du nicht mehr brauchst. Atme alles aus, was du an Schwerem, an Belastungen in dir spürst. Alles, was du von gestern mit in diesen Tag gebracht hast; alles, was von letzter Woche noch an dir hängt – einfach ausatmen. Spüre die Sorgen in dir, die Ängste, die Unsicherheiten – einfach ausatmen. Personen, mit denen du Ärger hattest, Handlungen, mit denen du nicht zufrieden warst – einfach tief ausatmen. Und atme auch aus, was heute wichtig, dringend und hektisch war, was dich davon abgehalten hat, zufrieden, ausgeglichen und friedvoll zu sein. Lass Menschen los, die dich festhalten oder die du festhältst – einfach ausatmen. Lass einfach los, einfach nur sein – es gibt nichts zu tun.

Jetzt atme tiefer. Schicke deinen Atem in den Brustraum und begleite ihn mit deiner Aufmerksamkeit. Fülle den ganzen Brustraum mit Atem – und spüre, wie dein Atem deinen Brustraum ausfüllt. Mein Atem – mein Körper.

Jetzt atme tiefer – in den Bauch. Spüre, wie dein Atem in deinen Bauch fließt. Spüre, ob hier etwas drückt oder zwickt. Schicke deinen Atem dort hin und atme einfach aus, was stört. Völlig frei fließt der Atem durch den Brustraum und den Bauch.

Nun atme noch tiefer. Atme in den Beckenbereich und fülle den ganzen Beckenbereich mit deinem Atem aus. Spüre, wie gut es tut, wenn dein Atem deinen Körper belebt. Und spüre auch: Es atmet mich. Nicht ich atme – es atmet mich. Erkenne das Große dahinter, das dich atmet, das dich leben lässt.

Atme tiefer – in die Oberschenkel – die Beine hinunter. Atme tiefer bis in die Fußspitzen. Bis in die Fußspitzen fließt dein Atem. Erkenne, dass du bis in die Zehenspitzen atmen kannst. Dein ganzer Körper atmet. Spüre, wie gut das tut, wenn der ganze Körper atmet. Du bist ruhig und ausgeglichen – und dein Körper atmet. Es gibt nichts zu tun.

Und jetzt lass Licht in deinen Körper fließen. Fülle deinen ganzen Körper mit hellem weißem Licht. Licht ist eine starke, reinigende Energie. Im Licht können sich Blockaden nicht halten. So entsteht Harmonie im Körper. Und so lässt du das Licht fließen: aus dem Kosmos in das Scheitelchakra und durch den ganzen Körper, durch den Kopf, die Arme, den Brustraum, den Bauchraum, das Becken, die Oberschenkel, die Beine hinunter bis in die Fußspitzen. Deine Aufmerksamkeit folgt dem Licht. Alles ist hell und licht. Wenn du irgendwo noch Schatten und dunkle Stellen entdeckst, dann schicke das Licht dorthin und atme dieses Dunkle einfach aus. Dein ganzer Körper ist hell und licht. Dein ganzer Körper strahlt in hellem Licht. Nun lass das Licht auch um deinen Körper herum fließen und sieh dich eingebettet in dieses Licht. Spüre, dass du getragen wirst von diesem Licht, und fühle die Leichtigkeit deines Seins. Alles ist gut, so wie es ist.

Und nun schicke ein Lächeln in deinen Körper. Schicke ein Lächeln in jede Zelle deines Körpers – und sieh, wie alle zweihundert Billionen Zellen dir zulächeln. Dein ganzer Körper lächelt. Dein Körper ist ein Universum für sich. Und jede Zelle ist ein Universum für sich. Jede deiner Zellen lächelt dir zu. Erkenne deine Größe. Dein Körper ist lieb zu dir, er ist für dich da. Jede deiner Zellen ist für dich da. Jede deiner Zellen ist wie ein verantwortungsvoller Mitarbeiter, der nur wirklich gut sein kann, wenn du als Chef deines Körpers bereit bist, selbst die Führung zu übernehmen. Du musst das nicht tun, du hast deinen freien Willen, aber du sollst wissen, dass du es kannst. Wenn du willst, kannst du, und wenn du kannst, kannst du auch tun. Erst durch das Tun verändert sich etwas in deinem Leben. Und du kannst etwas tun. Sieh deine zweihundert Billionen Zellen. Sieh, wie sie dir zulächeln. Spüre dich in dieser Harmonie, in dieser Einheit mit dir selbst. Und nun lächle. Deine innere Harmonie zeigt sich auf deinem Gesicht: Du lächelst.

Lächle deinem Leben zu. Lächeln ist die stärkste Energie. Lächle, wenn du dir selbst begegnest – morgens im Spiegel. Lächle, wenn du anderen Menschen begegnest. Und lächle zurück, wenn dir ein Lächeln geschenkt wird. Es ist schön, dass es dich gibt.

Und nun öffnest du die Augen und sagst zu dir selbst: »Es ist schön, dass es mich gibt. Es ist so schön, dass es mich gibt!«

Doch wie lange gibt es mich denn schon? War ich schon oft auf dieser Erde? Und warum bin ich jetzt wieder hier? Der Blick zurück gibt Aufschluss.

5

Altlasten aus früheren Leben

Wir haben alle unsere Vorgeschichten. Und nicht selten liegt die Ursache für eine aktuelle Lebensproblematik in einem früheren Leben. Frühere Leben sind Leben vor diesem Leben auf der Erde. An frühere Leben glaubt man oder man glaubt nicht daran. Beides ist in Ordnung. Jeder Mensch hat seine eigene Lebensphilosophie, und jeder Mensch darf sich über sein Woher, Weshalb und Wohin seine eigenen Gedanken machen.

Nichtbewältigtes und Unerledigtes aus Vorleben ist meist heftig, traumatisch, beinhaltet oft den gewaltsamen Tod – Mord oder Suizid – oder ein anderes schweres persönliches Schicksal, zum Beispiel den Ausschluss aus der Familie im Kindesalter wegen geistiger oder körperlicher Behinderung oder wegen einer ansteckenden Krankheit. Alles, was in einem Erdenleben nicht geklärt werden kann, wird zur Klärung in ein nächstes Erdenleben mitgebracht. Es ist das Karma, das Unerledigte aus einem früheren Erdenleben, das in diesem Leben zur Klärung ansteht. Dieses Unerledigte kann ein nicht bewältigtes Opferschicksal sein oder auch eine ungesühnte Tat.

Karma ist das kosmische Gesetz von Ursache und Wirkung. Gott wertet nicht, Gott straft nicht und Gott sagt auch nicht: Du bist böse. Aber Gott sagt: Für alles, was du tust, was du veranlasst und wofür du verantwortlich bist, musst du auch gerade stehen. Wo du eine Ursache setzt, erfährst du auch eine Wirkung, in diesem Leben, im nächsten oder in einem anderen. Gott sagt auch: Das und das solltest du nicht tun. Er hat uns Gebote gegeben, Orientierungshilfen. Er sagt aber nicht: Das und das darfst du nicht tun. Es gibt keine Verbote. Gott hat uns ein großartiges Geschenk mit auf den Weg gegeben, unseren freien Willen. Wir dürfen alles tun, aber wir tragen die Verantwortung für die Folgen unseres Tuns. Das Gesetz von Ursache und Wirkung wacht über unsere Gedanken und Taten.

Es ist möglich, dass ein Leiden oder eine besondere Auffälligkeit eine karmische Ursache hat. Dann darf der Klient erkennen, wo sein früheres Handeln Opfer gefordert hat, welchen Bezug dies zu seinem jetzigen Leben hat und ob es in dieser Sitzung erlaubt ist, Karma aufzulösen. Vielleicht war es ja nur wichtig, dass der Klient einen karmischen Zusammenhang erkennt. Ich erlebe auch Klienten, die in mehreren Vorleben mit ihren Rollen als Täter konfrontiert werden. Das stimmt nachdenklich, und in der Tat schauen sich solche Klienten ihr Verhalten im jetzigen Leben aus einem besonderen Blickwinkel an.

Eine Sitzung, bei welcher der Ursachenzeitpunkt in einem früheren Leben ausfindig gemacht wird, kommt einer Rückführung gleich – einer Rückführung, die bei vollem Bewusstsein durchgeführt wird, einfach im kinesiologischen Dialog mit dem Unterbewusstsein. Das Unterbewusstsein weiß nicht nur alles über dieses Leben, es ist auch in der Lage, Verbindung zu früheren Erfahrungen aufzunehmen. Nicht der Therapeut oder Coach beschließt, mal in einem Vorleben nachzuschauen, sondern das Unterbewusstsein des Klienten gibt den Hinweis, dass die Ursache des Konfliktes in einem früheren Leben zu finden sein könnte.

In so einer Sitzung werden grundsätzliche Fragen gestellt, die das frühere Leben zunächst einmal orten, und das Unterbewusstsein gibt bereitwillig Auskunft:

- Was ist das Grundthema des Konfliktes?
- Welchen Lebensbereich betrifft es?
- Wann war es? Vor Christi Geburt, nach Christi Geburt? In welchem Jahr?
- Und wo? Auf welchem Kontinent? In welchem Land?

- War der Klient erwachsen? Ein Mann oder eine Frau?
- War er ein Kind? Wie alt? Ein Junge oder ein Mädchen?
- Welchen besonderen Hinweis zur damaligen Lebenssituation des Klienten gibt es?

Dann wird die Geschichte hinterfragt wie in jeder anderen Sitzung auch:

- Welche Gefühle waren vorherrschend?
- Welche Personen waren beteiligt?
- Wie waren die Lebensumstände und welches besondere Schicksal lag zugrunde?

In der Praxis kommen Geschichten aus früheren Leben recht häufig vor. Hier einige Beispiele:

Rita ist um die dreißig Jahre alt und sehnt sich nach einer festen Beziehung mit einem Mann. Als Single führt sie ein sehr zurückgezogenes Leben in einer Welt aus Büchern und Musik. Besonders keltische Musik hat es ihr angetan und sie liest gern Bücher über Kelten, Schamanen und Schottland. Sie möchte unbedingt einmal nach Schottland reisen, und wenn sie in romantischen Stunden von einem Mann träumt, dann ist er ein Schotte.

Schon von Geburt an hat Rita viele Muttermale, die sie gelegentlich auch medizinisch abklären lässt. Glücklicherweise hat sich bisher keines dieser Male als bösartig erwiesen. Dennoch stört sie eines davon besonders. Es befindet sich rechts neben ihrem Kinn und tritt deutlicher hervor als die anderen. Besonders störend ist, dass aus diesem Mal Haare wachsen, die sich Rita täglich abrasiert. Beim Küssen, meint Rita, sei es für einen Mann nicht gerade erbaulich, wenn er kratzige Stoppeln im Gesicht einer Frau spürt. Rita möchte diesen Zustand nun beenden und hat bereits einen Termin für das Entfernen dieses Mals vereinbart. Im Gespräch mit mir erkennt Rita, dass es vor der Operation wichtig ist, die so genannte

Botschaft hinter diesem Mal zu klären, das wie ein Ausrufezeichen mitten in ihrem Gesicht steht. Der kinesiologische Test hat einen unerlösten Ursachenkonflikt angezeigt, auf den das Muttermal aufmerksam machen will.

Da dieses Muttermal Ritas hübsches Gesicht ein wenig entstellt, ist der Zielsatz für die Sitzung: »Ich habe ein schönes Gesicht.« Es meldet sich spontan ein früheres Leben mit den Schlüsselwörtern »Ritual« und »Schuld« im Jahre 1423 nach Christi Geburt. Rita ist ein Mann von siebenunddreißig Jahren und lebt in Schottland. Dieser Mann ist Anhänger einer religiösen Gruppe, die blutige Rituale an Menschen vollzieht. Für so ein religiöses Ritual hat der Mann seine Geliebte benutzt. Er hat das Vertrauen ihrer arglosen Zuneigung missbraucht und ihren Körper in blutigen Ritualen verletzt und malträtiert. In seinem religiösen Wahn ist er besessen davon, ihr Blut und damit ihre Energie in sich aufzunehmen. Die Geliebte stirbt daran und er taucht unter, spürt die Schuld, die er auf sich geladen hat.

Die Schuld konnte damals nicht mehr gesühnt werden. Also taucht er in diesem Leben als Rita wieder auf, gezeichnet mit diesem männlichen Mal. Seine männliche Herkunft zeigt das Mal nicht nur dadurch, dass es auf der rechten Seite des Gesichts steht, sondern auch durch die Behaarung. Haare, die aus einem solchen Mal sprießen, werden auch als Hexenhaare bezeichnet und die Male als Hexenmale. Sie weisen meistens auf frühere schwarzmagische Praktiken hin. Ritas Vorliebe für die Kelten und Schottland, aber auch ihre Beziehungsbarriere findet durch diese karmische Schuld aus einem früheren Lebens eine sinnvolle Erklärung.

Das Muttermal hat seine Aufgabe erfüllt, Rita hat die Botschaft verstanden, und wir arbeiten in der Ablöse mit dem Lösungssatz: »Ich vergebe mir selbst.« Rita benutzt die Farbe Rot für die Reinigung von ihrer Schuld und dann die Farbe Grün für den harmonischen Ausgleich im Hier und Jetzt.

Das auffällige Muttermal wird nun nicht mehr benötigt. Die bevorstehende Operation hat also beste Erfolgsaussichten. Irgendwie erinnert dieses blutige Herausschneiden, das sie über sich ergehen lassen muss, an die blutige Tat, die sie vor vielen hundert Jahren in einem anderen Leben selbst vollzogen hat.

In unserem Seelendasein geht nichts verloren. Energien, die wir einmal in die Welt gesetzt haben, wirken weiter. Sie können nicht vernichtet, wohl aber umgewandelt werden, und zwar durch Liebe, Sühne, Verständnis und Verzeihen. So ist jeder immer wieder aufs Neue Gestalter seines Lebens. Auch wer in all seinen Vorleben nur Opfer war, hat in seiner aktuellen Lebenssituation die Chance zu überprüfen, ob er heute als schöpferische Persönlichkeit lebt oder wieder nur von anderen oder von den Umständen gelebt wird.

Karma hat auch mit der Lebensaufgabe zu tun, mit der Aufgabe also, die ich mir als Seele für diese Inkarnation gestellt habe. Warum inkarnieren Seelen? Warum kommen sie in diese Zwangsjacke Körper, in diese niedere und schwere Schwingung, die uns so unbeweglich macht? Warum kommen sie auf die Erde, wo es doch andere Dimensionen gibt, in denen alles viel leichter und freier ist? Sie kommen, weil für einen bestimmten Teil unserer Entwicklung dieser Planet Erde vorgesehen ist.

Wer nicht gern auf der Erde ist, wird sich ein Leben lang schwer tun mit der Realität des Lebens und des Alltags. Dies macht sich besonders dann bemerkbar, wenn Veränderungen anstehen, weil Veränderungen für solche Menschen immer auch Verunsicherungen bedeuten.

Gunnar steht kurz vor dem Abitur, und das ist für ihn mit ungeahntem Stress verbunden, den er sich gar nicht erklären kann. Im Vorgespräch und im kinesiologischen Test zu diesem Thema erkennen wir, dass dahinter eine große Angst vor dem Leben steckt, das nach dem Abitur auf ihn zukommt. Diese unbewusste Angst ist so groß, dass Gunnar sich am liebsten vor dem Abitur drücken würde, obwohl all seine schulischen Leistungen sehr gut sind. Wir entdecken einen unerlösten seelischen Konflikt als Ursache und finden im Dialog mit Gunnars Unterbewusstsein den Zielsatz: »Ich entscheide mich für mein Leben.« Als Grundthema für diesen Konflikt meldet sich die Angst, dass er im Leben auf eigenen Füßen stehen muss. Dahinter steht eine Situation aus einem früheren Leben, die Gunnar erfahren ließ, dass es keinen Schutz für ihn gibt, dass er nicht behütet ist.

Die entsprechende Erfahrung geht zurück in das Jahr 333 nach Christi Geburt. Gunnar war ein dreijähriger Junge und lebte irgendwo im Gebiet des heutigen Deutschland. Sein siebenjähriger Bruder sollte damals auf ihn aufpassen, tat dies aber nicht. So fiel Gunnar einem fremden Mann in die Hände, der ihn längere Zeit einsperrte und sexuell missbrauchte. Gunnar war hilflos und als kleiner Junge in dieser Situation völlig überfordert. Er hat sich von da an nur noch zurückgezogen und wollte mit seiner Lebensrealität nichts mehr zu tun haben.

Diese Einstellung hat Gunnar in sein jetziges Leben mitgebracht. Alles Neue macht ihm Angst. Nach dem Abitur wird etwas ganz Neues auf ihn zukommen, er wird ins Leben hinausgehen müssen, wo er auf die Geborgenheit seines Elternhauses verzichten muss. So hat ihn das bevorstehende Abitur an eine sehr alte, schmerzhafte Geschichte erinnert, die ihn tief in seinem Inneren noch belastet. Klar, dass sein Unterbewusstsein aufgrund dieser leidvollen Erfahrung alles versucht, um ihn von einem Alleingang abzuhalten.

Nachdem dies alles bewusst gemacht wurde, kann die Ablöse erfolgen. Wir finden den positiven Lösungssatz: »Ich gehe meinen Weg.« Damit entlässt Gunnar sein Unterbewusstsein aus der Schutzverpflichtung und gibt ihm den neuen Auftrag: Unterstütze mich auf meinem Weg ins Leben, denn jetzt will ich das! Gunnar sieht seinem Abitur nun locker und gelöst entgegen.

Viele Menschen empfinden das Erdendasein als Last, als etwas Schweres und Drückendes. Da müssen sie durch, dieses Joch müssen sie tragen. Bekannte Bibelsprüche wie: »Im Schweiße deines

Angesichts sollst du dein Brot verdienen« bestätigen dies noch. Da ist mir das Bild von der Erde als große Waschmaschine, in der die Seelen gereinigt werden, schon lieber. Hier werden die dunklen Stellen geschrubbt und die Grauschleier gelichtet. Es ist somit ganz normal, dass der Erdenweg holperig ist. Die Kunst besteht darin, diesen Weg gut zu gehen. Und das heißt, sich an den Unebenheiten des Lebens, an seinen Höhen und Tiefen zu reiben und zu reinigen, wie das Wasser eines Flusses sich an jeder Biegung reinigt und dadurch immer neue Energie bekommt. Stehende Gewässer können irgendwann umkippen und sterben. Und wenn wir stehen bleiben, wenn wir uns weigern weiterzugehen, weil wir der Unbill des Lebens nicht begegnen wollen, erstarren wir ebenfalls. Was erstarrt, stirbt. Wenn unser Lebenswille stirbt, findet keine Weiterentwicklung statt. Und wenn wir uns nicht weiterentwickeln, können wir unseren Seinsauftrag nicht erfüllen.

Doch was ist unser Seinsauftrag? Hier gibt die Hypnosestudie von Helen Wambach einige deutliche Hinweise. Teilnehmer berichteten unter anderem:

»Ich habe mich selbst entschlossen, geboren zu werden. Aber als ich nach dem Sinn dieses Lebens fragte, erhielt ich nur zur Antwort, dass ich auf etwas warten müsse.«

»Meine Aufgabe ist es, die Geister der Menschen aufzuklären, zu heilen und zu erweitern. Diese Lebenszeit hat für mich eine sehr gute und positive Bedeutung.«

»Meine Bestimmung ist es, die Furcht zu überwinden.«

»Meine Bestimmung ist es, frei vom Materialismus zu werden und das Negative zu bekämpfen. Außerdem soll ich männliche und weibliche Emotionen kombinieren, um zu Beherrschung, Liebe und Kraft zu gelangen.«

»Ich wusste, dass es einen Grund gab, weshalb ich hier bin, aber ich konnte mich nicht mehr an ihn erinnern.«

»Im vorigen Leben war ich als Mönch in Asien Teil einer Massengesellschaft. Niemand sah oder hörte mich. In diesem Leben geht es für mich darum, mein Ego zu entwickeln.«

»Mein Ziel ist einfach, weiterzukommen und zu vollenden, so gut ich kann – nur zu leben und zu erfahren.«

»Ich wollte noch einmal die physische Realität erfahren, um dabei etwas zu lernen.«

»Ich habe mich mit anderen, die ich kannte, verabredet, geboren zu werden, um die liegen gebliebenen Fäden meines unmittelbar zurückliegenden Lebens wieder aufzunehmen.«

»Bei der Aussicht auf das kommende Leben hatte ich ein Gefühl der Öde sowie des Heimwehs nach dem Ort, den ich verließ. Ich beschloss, es diesmal ein für allemal richtig zu machen. Man hatte mir Möglichkeiten gegeben aufzuhören, wenn ich es müde war, aber die habe ich abgelehnt, um endlich fertig zu werden.«

»Bei der Aussicht auf die kommende Lebenszeit fühlte ich, dass ich mich für sie entschied, weil es darum ging, einen wichtigen Teil meiner Existenz zu vollenden.«

»Ich musste die Arbeit meines letzten Lebens fortsetzen und korrigieren.«

»Ich wartete ungeduldig darauf, etwas zu vollenden, was ich begonnen hatte.«

»Ich entschloss mich, geboren zu werden, in der Hoffnung, nun ein ganz anderes Leben zu führen als zuvor, wo ich eine ziemlich unangenehme Person war.«

»Wir waren eine Gruppe von Seelen und wir planten, alle wieder zusammenzukommen.«

Die folgenden Beispiele aus meiner eigenen Praxis geben weitere Einblicke in die Realität früherer Leben und ihren Bezug zu heutigen Lebensthemen.

Selma, vierundvierzig Jahre alt und Single, ist bei mir, weil sie Probleme mit ihrer Weiblichkeit hat. Die Tatsache, dass sie eine Frau ist, stresst sie. Sie spürt einen inneren Widerstand gegen ihren weiblichen Körper. Sie hat auch Angst, nur als Objekt gesehen zu werden. Hinter all diesen Themen zeigt sich ein unerlöster seelischer Konflikt, der erkannt und gelöst sein möchte. Im kinesiologischen

Dialog mit ihrem Unterbewusstsein finden wir den dafür besten Zielsatz: »Ich bin als Frau in meinem Körper.«

Als Ursachenalter meldet sich das Jahr 2657 vor Christi Geburt. Die heutige Selma lebte als zwölfjähriges Mädchen in Ägypten. Damals gab es einen religiösen Kult, in dem einer gewissen Gottheit Jungfrauen geopfert wurden. Im angezeigten Jahr betraf dieses Ritual Selma. Sie wurde der Gottheit geopfert. Selma hatte keine Chance. Sie ging aus dem Leben mit den Gefühlen: Ich darf nicht ich selbst sein. Ich habe keine Hoffnung auf Leben und alles ist ungerecht. Ihre Weiblichkeit, ihre Rolle als Frau hat sie das Leben gekostet.

Dieses unerlöste Trauma hat Selma in ihr jetziges Leben mitgebracht. Nun ist sie wieder eine Frau. Von Geburt an trägt sie diesen Konflikt in sich. Ein Leben lang hat sie versucht, ihre Weiblichkeit zu unterdrücken. Sie kennen das ja: Mädchen, die sich wie Jungen gebärden, auf Bäume kraxeln, nur in Hosen herumlaufen und alles Mögliche versuchen, um gewisse weibliche Attribute zu unterdrücken. Besonders störend wirkt sich dies dann bei der Partnersuche und in Beziehungen aus. Männer lieben nun mal ganz natürlich das Weibliche. Jetzt, nach der Ablöse hat Selma die Chance, wirklich als weibliches Wesen wahrgenommen zu werden.

Sehr viele meiner Klientinnen und überhaupt sehr viele Frauen haben solche Ursachenprobleme mit ihrem Frausein. Die vielen Beziehungskrisen, sexuelle Probleme, gewisse Frauenleiden, Brustkrebs oder auch nur der Stress, den es bedeutet, einen kurzen Rock zu tragen, zeugen davon. Natürlich sind nicht immer Erlebnisse in früheren Leben dafür verantwortlich. Oft steckt auch ein Missbrauchserlebnis in der Kindheit dahinter oder eine Mutter, von der die Tochter das Frausein nicht lernen konnte.

Ich freue mich ganz besonders, wenn ich das Thema Weiblichkeit schon im Kindesalter oder wenigstens in der Pubertät klären darf und dann sehe, wie dieses Mädchen oder die junge Frau ihren Lebensweg ganz anders geht. Der Vollständigkeit halber muss ich hier sagen, dass es genauso viele Männer gibt, die Probleme mit ihrem Mannsein haben. Aber auch diese Probleme sind in einer kinesiologischen Sitzung leicht zu lösen.

Da wir im Leben immer Spiegel für unsere zu lösenden Konflikte brauchen, wird eine Frau, die Probleme mit ihrer Weiblichkeit hat, immer einen Mann anziehen, der Probleme mit seiner Männlichkeit hat. Das sind dann die schwierigen Beziehungen, weil jeder dem anderen seine Unzulänglichkeit spiegelt. Wenn ich mich mit meiner gewählten Geschlechterrolle gut identifizieren kann und diese Energie ausstrahle, ziehe ich auch eine ebenso klare andersgeschlechtliche Energie an. Trifft also eine geklärte Frau auf einen ebenso geklärten Mann, und umgekehrt, kann sich eine ideale Partnerschaft entwickeln.

Holger ist knapp dreißig und Single. Er ist zu mir gekommen, weil er sich wegen seiner starken Körperbehaarung schämt. Überall, auf seiner Brust, auf dem Rücken, an Armen und Beinen wachsen dichte, kräftige Haare. Holger hat sie schon rasiert und mit Wachs entfernt, aber sie wachsen sofort wieder nach. Holger meint, dass der Bewuchs nach jedem Versuch ihn zu entfernen sogar noch stärker wird.

Wie die lange Haarpracht der Frau ein Ausdruck ihrer Weiblichkeit ist, so ist die Körperbehaarung beim Mann ein Ausdruck seiner Männlichkeit. Wenn diese Körperbehaarung aber so unnatürlich stark ist wie bei Holger, weist sie auf eine belastete Männlichkeit hin. Holgers Männlichkeit setzt also starke Signale, um ihn auf ein Defizit in seiner Männlichkeit hinzuweisen. Wir finden den Zielsatz: »Ich bin stolz auf meine Männlichkeit.«

Zu Beginn melden sich die Schlüsselwörter »Mangel an Mut, Wertigkeit« und als Ursachenalter ein früheres Leben. Dieses frühere Leben geht in das Jahr 2413 vor Christi Geburt zurück. Zu der Zeit ist Holger ein junger Mann von dreiundzwanzig Jahren und lebt in Asien. Hier muss er miterleben, wie sein älterer Bruder das Interesse des Landesherrschers auf sich zieht. Dieser Herrscher ist schwul und weil er die Macht hat, muss Holgers Bruder sich verpflichten, ihm erotisch stets zu Diensten zu sein. Holger hat nun Angst, weil auch er ein Mann ist. Er fühlt sich schutzlos, will nicht mehr Mann sein, kann aber nicht aus seiner Haut heraus. Er verleugnet sein Mannsein vor sich selbst, hasst sich als Mann und schämt sich, weil er Mann ist.

Diesen tiefen Konflikt hat er zur Klärung in sein jetziges Leben mitgebracht. Seine massive Körperbehaarung sollte ihn an die Blockierung seiner Männlichkeit erinnern, was ja auch gelungen ist und nun gelöst werden konnte. Wir finden abschließend den positiven Lösungssatz: »Ich bin gern Mann.« Mit der energetischen Ablöse war dieses Thema dann erledigt. Es gab keinen Stress mehr auf die Köperbehaarung und auf das Mannsein.

Neben den Bereichen unseres realen Daseins auf der Erde und unserer früheren Leben auf dieser Erde gibt es spirituelle Bereiche unseres Seins, fernab vom Erdendasein. Dies sind zum einen Zwischenreiche, in denen sich die Seele zwischen zwei Inkarnationen aufhält, und zum anderen höhere Bewusstseinsebenen, zu denen die Seele aufsteigt, wenn sie alle erforderlichen Entwicklungsstationen auf der Erde durchlaufen hat. Praxisbeispiele geben auch hier Einblick.

Anni ist um die vierzig Jahre alt. Ihre letzte richtige Beziehung liegt schon zwanzig Jahre zurück. Diese Verbindung mit ihrem ersten Freund hatte einige Zeit gehalten, aber seitdem ist beziehungsmäßig nichts mehr gelaufen. Seltsamerweise hat Anni dieser Tage von diesem Freund geträumt. Außerdem hörte sie, wie eine Stimme in ihrer Wohnung sagte: »Du gehörst nicht hierher.«

Der kinesiologische Test zeigt für das Thema Beziehungslosigkeit, den Traum und die ominöse Stimme jeweils einen unerlösten seelischen Konflikt. Die Sache mit der Stimme hat Priorität. Hier liegt offenbar die wichtigste Geschichte verborgen, der Schlüssel für alle drei Themen. Wir finden den Zielsatz: »Ich bestimme über mich selbst.« Als Handlungsebene meldet sich ein metaphysischer

Bereich, und zwar der, den ich in meinen diesbezüglichen Forschungen als Bereich der Seelenspaltung identifizieren konnte.

Im Dialog mit ihrem Unterbewusstsein zeigt sich, dass Anni das Ganzsein fehlt. Sie ist getrennt, getrennt von ihrer Ergänzungshälfte. Da Anni sehr unter dieser Trennung leidet, reagiert ihre Ergänzungshälfte jetzt mit Vorwürfen: Es sei doch besprochen und entschieden worden, dass beide Seelen gleichzeitig Erfahrungen auf verschiedenen Ebenen machen. Während Annis Seelenhälfte den irdischen Zyklus durchläuft, macht ihre Ergänzungshälfte entsprechende Erfahrungen in der achten Dimension. Eine andere, höhere Wesenheit der gleichen Dimension bestätigt diese Trennung mit Nachdruck und unterstreicht auch ganz klar, dass diese zunächst einmal unabänderlich ist, weil die Erfahrungen in der achten Dimension für die Seelenentwicklung wichtig seien.

Anni musste also ihre Ergänzungshälfte loslassen, erlebte Trennung und litt unter dieser Trennung. Keine irdische Beziehung konnte ihr geben, was sie vermisste. Es waren alles nur klägliche Versuche auf der Suche nach dem Einssein. Nachdem sie sich der Unabänderlichkeit ihres Erdenweges bewusst geworden ist, macht Anni nun mit dem Zielsatz »Ich bestimme über mich selbst« das Beste aus ihrem spirituellen Getrenntsein, sieht sich in ihrer Unvollkommenheit als autark an und ist in ihrem Erdenleben gefestigt. Aus dieser Perspektive gesehen ist eine erfüllende irdische Beziehung wieder möglich.

Hinweise aus der spirituellen Welt besagen, dass es tausende von Inkarnationen auf der Erde geben kann. Eine Seele inkarniert so oft, bis ihr Bewusstsein gereift ist und der neu erreichte Energielevel ausreicht, um in den höheren Sphären bestehen zu können. Der Suchende wird viele Hinweise und viel Literatur zum Leben auf anderen Bewusstseinsebenen finden. Ich möchte hier nur die Informationen weitergeben, die sich in vielen Einzelsitzungen mit Klienten ergeben haben und die mit meinen eigenen Forschungen zu den metaphysischen Bereichen übereinstimmen.

Wenn sich bei einem Klienten eine Vorgeschichte aus einer anderen Existenz als der irdischen meldet, so bedeutet dies, dass er bereits in anderen Bewusstseinssphären war und von dort wieder auf die Erde zurückgekehrt ist. Meist konnte er dort nicht bestehen und brauchte eine erneute irdische Erfahrung. Da diese höheren Sphären einen Fortschritt in der geistigen Entwicklung bedeuten, ist die Rückkehr zur Erde ein Rückschritt, ein Nachsitzen, eine Ehrenrunde, eine neue Bewährungsprobe. Manche Seelen empfinden sie auch als Strafversetzung. In jedem Fall ist dieses Erdenleben eine neue Chance und sollte auch als solche gesehen werden.

Auch hier entscheidet das Unterbewusstsein des Klienten selbst, ob zur Problemlösung eine Existenz aus den metaphysischen Bereichen ansteht. Während irdische Schicksale, auch aus früheren Leben, zeitlich eingeordnet werden können, sind nichtirdische Existenzen zeitlos. In den metaphysischen Bereichen gibt es die irdische Zeit nicht.

Wie es im Erdenleben um die Erfüllung von Lebensaufgaben geht, gibt es auch in den höheren Sphären Aufgaben zu erledigen. Eine Rückversetzung zur Erde weist immer drauf hin, dass die in den höheren Sphären gestellte Aufgabe nicht zur Zufriedenheit erledigt wurde oder dass ich dort gar versagt habe. Versagensgründe waren meist Egoismus, Profilierungssucht, Rücksichtslosigkeit, Falschheit und ähnlich niedere Charaktereigenschaften. Auf diesen höheren Ebenen geht es um die fortgesetzte Erfüllung jener Werte, die uns auch in diesem Leben förderlich sind.

In Klientensitzungen habe ich immer wieder erfahren, dass die Aufgabenstellung in den höheren Sphären primär mit dem Wirken im Teamgeist zu tun hat. Es geht darum, sich für die noch weniger Entwickelten einzusetzen, um partnerschaftliches Verhalten unter Gleichgestellten und Loyalität gegenüber den höheren Wesenheiten. Hier werden Selbstlosigkeit und Einswerden geübt. Egodenken bedeutet die sichere Rückbeorderung zur Erde.

Die jenseitige Welt ist hierarchisch aufgebaut und über allem steht die Ordnung. So wie das Wort Kosmos bezeichnenderweise

Ordnung bedeutet, sind Entwicklung und Wachstum nur möglich, solange ich mich in dieser Ordnung bewege. Nach oben hin werden die Disziplinen immer strenger, Aufstieg und Fall liegen viel näher beieinander. Doch auch hier gilt: Fallen ist keine Schande, Liegenbleiben schon. Wenn ich also durch einen Fall aus der Höhe gelernt habe und das Erdendasein nun als neue Chance sehen kann, bin ich wieder auf dem besten Weg nach oben.

Unsere Erde hat eine sehr dichte, grobmaterielle Schwingung und unsere Wahrnehmung ist auf diese dichte Stofflichkeit beschränkt. Damit ist eine natürliche Trennung zur feinstofflichen Welt gegeben, die sich unserer Wahrnehmung weitgehend entzieht.

Zwischen den materiellen Welten liegen große Distanzen. Die Erde beispielsweise ist Lichtjahre von anderen sichtbaren Sternen entfernt. In den geistigen Welten gibt es diese Entfernungen nicht. Sie sind miteinander verwoben. Eine geistige Dimension ist nur einen Gedanken von einer anderen entfernt, und wenn wir von der einen in die andere wechseln, ist es, als würden wir von einem Raum in einen anderen treten. Das Problem ist lediglich unsere grobstoffliche Schwingung. Wären wir in der Lage, unsere Schwingungszustände spontan zu verändern, könnten wir Wanderer zwischen den Sphären sein.

Für unsere Entwicklung, unsere Seelenreifung oder unser Heilwerden durchlaufen wir verschiedene Daseinsformen. Jetzt ist das Erdenleben unsere Reifeprüfung. Unsere Seele scheint in diesem Erdenleben nicht komplett zu sein. Sicher kennen Sie den Begriff Dualseele. Er besagt, dass ein Seelenteil hier auf der Erde die Erfahrungen macht, die er braucht, während sich der andere in irgendeiner anderen Dimension befindet. Dies erklärt auch, warum viele Menschen diese unbestimmte Sehnsucht nach Ergänzung oder Einheit haben. Letztlich ist es die Suche nach dem fehlenden Seelenteil und die Sehnsucht nach Verschmelzung. Die Bestätigung dafür fand ich in vielen Sitzungen, wo ein Problem mit dem Dasein auf der Erde damit zu tun hatte, dass dieses Erdenleben Trennung bedeutete. In solchen Sitzungen zeigte sich auch, dass eine Seele nicht nur aus zwei Seelenteilen besteht, es können auch drei, fünf oder mehr sein. Meistens sammeln die einzelnen Seelenteile gleichzeitig in unterschiedlichen Dimensionen oder Welten Erfahrungen, die alle der Entwicklung und Reifung der Seele dienen.

Ein Beispiel für so eine Seelentrennung ist Christinas Geschichte. Bei Christina schreit der Körper nach Hilfe. Ihr Kopf fühlt sich pelzig an und so, als sei er voller Ameisen. Sie kann sich auch nichts mehr merken, ist vergesslich und müde. Dabei hat sie Schweißausbrüche und laut Aussagen einer Therapeutin, die sie behandelt, auch etwas mit der Leber. Die Leber steht emotional für Wut, doch hinter der Wut liegt Trauer. Christina hat auch das Gefühl, dass sie innerlich an etwas festhält. Daher mache ich ein kleines Spiel mit ihr: »Schließe deine Augen. Stell dir ein Schild auf deiner Stirn vor. Darauf steht ›Festhalten‹. Zieh die Folie mit der Schrift ab und schau, was darunter steht?«

»Verzeihen.«

»Zieh jetzt auch diese Folie ab. Was steht nun darunter?«

»Liebe.«

Dies ist unsere erste Bestandsaufnahme. Ich teste all diese Merkmale kinesiologisch, und zu jedem meldet sich ein unerlöster seelischer Konflikt. Priorität hat das pelzige Gefühl im Kopf. Da steigen wir ein.

Wenn der Kopf rebelliert, heißt das immer, dass er zu wichtig genommen wird. Und der Kopf wird immer dann zu wichtig genommen, wenn die Bereitschaft fehlt, die eigenen Gefühle zu leben. Mit dem Kopf wird das verhindert. Da es aber wichtig ist, Gefühle wahrzunehmen, die da sind, setzt unser Inneres Zeichen und lässt den Kopf schmerzen, damit wir diese Barriere erkennen. Der Zielsatz für Christinas Sitzung lautet also: »Ich lasse meinen Kopf los.«

Als Grundthema der Geschichte meldet sich unerfüllte Liebe und als Zeitpunkt der Augenblick der Befruchtung, die Zeit also, wo durch das Aufeinandertreffen von Samenzelle und Eizelle Christinas irdischer Körper entstand. Und das Problem? Christinas Seele wollte nicht in einen Körper. Sie wollte sich nicht auf der Erde manifestieren. Sie sah dies alles als sinnlos an, weil mit dieser Verkörperung ihre Trennung von ihrer Dualseele, von ihrer Ergänzungshälfte vollzogen würde. Diese Liebe würde getrennt werden. Vor dieser Realität wollte sie flüchten. Darüber hinaus spürte sie, dass ihre künftige Mutter gar nicht schwanger werden wollte.

Jetzt, in dieser Sitzung, meldet sich ihre Dualseele zu Wort: »Ich bin für dich da. Ich schütze dich. Ich liebe dich bedingungslos. Ich gebe dir alle Sicherheit, die du brauchst. Du bekommst alle Hilfe, die du auf deinem Weg benötigst.«

Für den Seelenanteil Christina war die irdische Erfahrung der Trennung wichtig. Es war ja auch vorher abgesprochen, dass es so laufen müsse, und Christina war ja zunächst auch bereit dazu gewesen. Nur, die Realität erschien dann eben so hart, dass Christina ihre verletzlichen Gefühle irgendwie schützen musste. Jetzt weiß sie, dass sie nie alleingelassen und getrennt ist und dass sie sich auf der Erde vorwagen darf. Es ist sogar so, dass ein irdisches Erleben erst möglich wird, wenn sie sich für ihre Gefühle öffnet. Der positive Lösungssatz ist: »Ich habe Schutz.« Und auch die folgenden Sätze testen stark: »Ich liebe meinen Körper« und »Ich bin bereit zu fühlen.« Jetzt darf die Party »Erde« so richtig abgehen!

Kliententhemen können während einer Sitzung aus einer aktuellen Geschichte heraus schrittweise zu einem Ursachenzeitpunkt in einem früheren Leben zurückgehen. Dies war bei Ottmar der Fall.

Ottmar hatte gerade sein Abitur mit einer guten Durchschnittsnote bestanden. Nun hat er etwas Zeit bis zum Beginn seines Studiums und möchte diese auch sinnvoll mit Geldverdienen nutzen. Ein Ferienjob wäre also das Richtige. Ottmar hat aber eine ganz besondere Eigenart. Immer wenn es darum geht, irgendwie nach außen zu gehen, gerät er fürchterlich in Stress. Auch Feiern meidet er wie die Pest. Selbst die anstehende Abiturfeier ist ein Horror für ihn. Keine Partys, keine Feiern, kein Konzert- oder Kinobesuch.

Ottmar ist ein echter Stubenhocker. Daran ändert auch das viele Zureden seiner Mutter nichts.

Die Sache mit dem Ferienjob käme Ottmar zwar gelegen, doch die Initiative dazu musste seine Mutter ergreifen, Ottmar hätte sich nicht bewegt. Und heute ist er in meiner Praxis, weil vor einigen Tagen die Zusage der Firma kam: Er könne demnächst anfangen zu arbeiten. Ottmar ist gestresst, das Wasser läuft ihm aus allen Poren. Er fühlt sich unsicher und hat plötzlich Angst, dass er dort vielleicht versagt. Dabei ist Ottmar alles andere als ein unsicheres, hilfloses Knäblein. Er ist groß und stark, praktisch veranlagt, intellektuell und ideenreich. Jeder Gedanke, er könne im Leben versagen, scheint absurd. Nun, Kinesiologie-Coaching wird es an den Tag bringen.

Der kinesiologische Test zeigt, dass hier ein tiefes seelisches Problem zugrunde liegt, das mit Ottmar selbst zu tun hat. Wir finden den Zielsatz: »Ich bin gut.« Als aktuelles Grundthema meldet sich die Angst, auf eigenen Füßen stehen und für sich selbst eintreten zu müssen. Ottmar sieht sein Leben als Herausforderung, der er sich nicht stellen will. Jetzt auf das Leben zugehen zu müssen, bringt ihn in innere Not. Er hat nicht die geringste Motivation. Um sich selbst zu schützen, überträgt er seiner Psyche, dem Schutzmantel seines Seelen-Ichs, verschiedene Aufgaben: Angst zu haben, richtungslos zu sein, mutlos zu sein und alles als sinnlos anzusehen. Diese unbewusste Maßnahme schützt ihn davor, nach außen gehen zu müssen.

Ein weiterer Stresszeitpunkt für diese Geschichte meldet sich im dritten Schwangerschaftsmonat, wo er noch ein Embryo im Bauch seiner Mutter war. Schon zu diesem Zeitpunkt wollte er nicht in dieses Leben. Er hatte Schuldgefühle aus einem anderen Leben mitgebracht. Daher beschäftigen wir uns auch noch mit der Grundursache aus einem seiner früheren Leben.

Es meldet sich das Jahr 1166 nach Christi Geburt. Der heutige Ottmar war damals ein erwachsener Mann in Südamerika. Er war getrieben von materieller Gier, sah andere Menschen als zweitrangig und minderwertig an und hat sich an ihnen bereichert. Er hat zwar nicht getötet, aber er hat töten lassen, und zwar im großen Stil. Er war Räuber, Mörder und Brandschatzer. Es gab viele, viele Opfer.

Was uns meistens an frühere Gräueltaten bindet, sind Schuldgefühle und die Energie der nicht gesühnten Opfer. In weiteren Erdenleben macht sich diese negative Energie immer wieder bemerkbar, solange sie keinen Ausgleich gefunden hat. So auch bei Ottmar. Jetzt bekommt auch sein Zielsatz für diese Sitzung (»Ich bin gut.«) noch einen ganz anderen Sinn. Opfer wollen als Opfer geachtet werden. Dann ist der Ausgleich möglich. Als ich nach dem positiven Hinweis für Ottmar frage, dem Satz, der bewirkt, dass es in seinem Leben gut weitergehen kann, kommt: »Ich achte die Opfer.«

In der Ablöse söhnt sich Ottmar in inneren Bildern mit den Opfern aus und ist nun frei von dieser Last aus einem früheren Leben. Eine alte Geschichte wollte endlich bereinigt sein. Die Zeit war reif dafür. Ottmar ist bereit für den Schritt in sein eigenes Leben, und er ist jetzt auch motiviert, diesen Schritt zu tun.

Wenn wir, etwa nach vielen Inkarnationen, keine weitere Erfahrung auf der Erde mehr brauchen, steigen wir auf in andere Dimensionen. Das heißt, es gibt Entwicklungsmöglichkeiten und Bewährungsproben auf höheren Schwingungsebenen. Aber auch auf der Erde verändert sich der Schwingungszustand kontinuierlich, weil immer mehr Menschen über ein erweitertes Bewusstsein verfügen. Oder das Bewusstsein der Menschen ändert sich, weil die Erde in immer neue Schwingungszustände kommt. Wahrscheinlich trifft beides zu. Spirituellen Aussagen zufolge befindet sich die Erde schwingungsmäßig auf dem Weg von der dritten in die vierte Dimension. Unser Blick weitet sich und wir sind immer mehr dafür verantwortlich, wie wir mit unserem neuen Bewusstsein umgehen. Energien außerhalb unserer Erde sind in der Lage, den Schwingungsgrad der Erde anzuheben und damit jene Energien zu fördern, die dafür offen und empfänglich sind. Da die Energie auf der

Erde polaren Kräften unterworfen ist, stärkt dies nicht nur den Einfluss der lichten Mächte, sondern auch den der dunklen. Es heißt also, auf der Hut zu sein und unterscheiden zu lernen. Diese Unterscheidungsfähigkeit bestimmt letztlich Ihren Weg auf der Erde und damit auch, wie oft Sie hier antreten.

Doch wir alle haben unseren freien Willen. Wir müssen uns nicht entwickeln. Wir müssen nichts ändern. Nur, dann geschieht eben auch nichts Bewegendes, außer dass wir mal hier waren. Wir haben uns dann einfach nur umgesehen und können ja beim nächsten Mal richtig loslegen. Es gibt also die bewussten Menschen und die so genannte graue Masse – ohne jede Wertung. Man könnte auch sagen: Es gibt die Erwachten und die, die noch vor sich hindämmern, die dumpf sind. Ein dumpfer Mensch darf dumpf bleiben und ist in Ordnung, wie er ist. Wenn er irgendwann erwacht und Fragen stellt, ist er für Veränderungen oder Wachstum bereit. Bis dahin darf er so sein, wie er ist. Dies sage ich all denen, die so gern missionieren und andere unbedingt verändern wollen. Dumpfe Menschen wollen zunächst einfach nur hier sein. Sie sind meist sehr liebenswerte und mitmenschliche Menschen.

Dies war der Blick zurück in die früheren Erdenleben der Seele. Anders verhält es sich mit dem Körper. Er hat eine ganz klare Herkunft, er kommt aus einer Sippe. Und da liegt oft so manches im Dunkeln.

6

Dunklen Geheimnissen auf der Spur

Ich bin. Doch ich bin nicht von dieser Welt, nur mein Körper ist von dieser Welt. Ich bin nicht mein Körper, ich habe einen Körper. Mein Körper kommt von meinen Eltern, von meinem Vater und von meiner Mutter. Mein Vater und meine Mutter haben wieder Eltern, meine Großeltern. Ich habe Eltern, Großeltern, Urgroßeltern, Ururgroßeltern, eine weit verzweigte Herkunft, meine Ahnen: die Sippe.

Ich bin auf dem Land aufgewachsen und zu meiner Zeit waren die Leute noch bodenständig und die Familienbande waren überschaubar. Wenn mein Vater von den Mitgliedern einer großen Familie sprach, sagte er: »Das ist eine Sippschaft.« Sippen haben einen gemeinsamen Stamm. Noch heute erkennt man die Angehörigen eines Stammes daran, dass sie ein besonderes Brauchtum pflegen. Mehrere Stämme bilden ein Volk, mehrere Völker eine Rasse und alle Rassen zusammen bilden die Menschheit, die Erdenbewohner. Ganz am Anfang des Menschseins steht Adam. Das hebräische Wort für Adam ist *adhamah.* Es bedeutet Lehm oder Erde und bezeichnet damit den Erdling. Mein Körper. Er besitzt die Informationen der ganzen Erde. So wie mein Geist die Informationen des ganzen Kosmos gespeichert hat.

Der Mensch ist also etwas Irdisches. Meinen Klienten versuche ich oft ein Verständnis für ihre eigenen Schwächen und Problemchen zu vermitteln, indem ich sage: »Mensch kommt von Mansche, Mansche aus Lehm und Erde. Etwas Gemanschtes kann noch nicht vollkommen sein. Wir sind erst auf dem Weg dahin. Wenn wir vollkommen wären, wären wir nicht hier auf der Erde, sondern ganz woanders. Wir dürfen also ruhig mal unsere kleinen und großen Schwächen haben, die uns so menschlich machen.« Mit einem Augenzwinkern wird Schweres viel leichter. Das Leben ist nicht immer so ernst gemeint. Wenn wir das Ganze spielerischer angehen, finden wir schneller wieder zurück auf unseren Weg.

Der Körper ist also nicht vollkommen, wohl aber der Geist, der diesen Körper lenkt. Wie sagt doch der Volksmund: Der Geist ist willig, aber das Fleisch ist schwach. Der Geist ist rein, aber der Körper ist eben nur von dieser Welt. Jeder, der die irdische Erfahrung und damit dieses Körperkleid braucht, hat noch einiges zu erledigen auf dem Wege zu seiner Vollkommenheit. Wir alle also. Und derzeit tun wir das eben auf der Erde und in diesem Leben, das uns die Möglichkeiten dazu bietet. Mein Körper ist der momentan erdgebundene Teil meines Ichs. Sein spiritueller Teil ist meine Seele, und die hat eine andere Herkunft. Dahinter steht der alles umfassende Geist.

Die Erde wiederum ist ein winziger Planet im Kosmos, der aus vielen Sternengruppen, Sonnensystemen, Universen und Galaxien besteht. Andere Sterne oder Planeten haben andere Namen, gehören aber auch zur materiellen Welt. Wesen auf solchen Sternen haben auch Körper, unterscheiden sich aber von Stern zu Stern in der Stoffdichte, immer angepasst an die dortige Lebensform.

Im Körper spiegelt sich all das wider. Der Körper ist ein Kosmos für sich, gebildet aus zweihundert Billionen Zellen und jede einzelne dieser Zellen ist ein ganzes Sonnensystem für sich, sodass es im Körper mehr Sonnensysteme gibt, als je im Weltall entdeckt wurden. Und alles ist eins im Geiste. Dieser Geist, dieses Bewusstsein ist in jeder Zelle unseres Körpers und damit enthält jede Zelle das ganze Urwissen der Menschheit, der Erde und des ganzen Kosmos. Unser Körper ist etwas ganz Besonderes. Und so kann über ihn alles Hintergründige erfragt werden.

Bei der Verkörperung vereinigen sich die Erfahrungen der individuellen Seele mit den Erfahrungen, die der Körper aufgrund seiner irdischen Herkunft mitbringt.

Vater und Mutter ließen mich entstehen. Mein Vater bringt seine Herkunft mit, meine Mutter bringt ihre Herkunft mit. Hinter meinem Vater stehen seine Eltern, Großeltern, Urgroßeltern, Ahnen und hinter meiner Mutter ebenso. Eine ganze Armada von Menschen hat dazu beigetragen, dass es diesen Körper für mich gibt und dass es mich in diesem Körper gibt. Oder anders betrachtet: Das weit verzweigte und tief greifende Wurzelwerk meiner Ahnen hat es möglich gemacht, dass ich jetzt als winziger irdischer Keim existiere, der unter anderem die Aufgabe und die Verpflichtung hat, das Dunkle aus dieser Sippe zu bereinigen, das Beste aus dieser Sippe weiterzugeben und neues Großes in dieser Sippe zu schaffen. Welche Verantwortung und welche Bürde, wenn Dunkles und Schweres auf der Sippe lastet. Das ist der Koffer, den der Körper mitbringt und der dem neuen Erdenbürger oft die ganze Lebensfreude nimmt.

Pamela kommt in meine Praxis, weil sie mit ihrer Mutter nicht zurechtkommt. Sie klagt über eiskalte Schenkel, die sie spontan an die eiskalte Ablehnung durch ihre Mutter erinnern. Schon ihr ganzes Leben lang trägt sie die Last dieser Gefühlsbarriere zur Mutter mit sich herum. Das Problem der eiskalten Schenkel weist auf eine tiefer liegende emotionale Blockierung hin. Wir finden den Zielsatz: »Ich habe genug getragen, jetzt lebe ich mich selbst.«

Im kinesiologischen Dialog mit Pamelas Unterbewusstsein meldet sich der systemische Bereich, also die Sippe, und zwar zur Zeit der Befruchtung, also zur Entstehungszeit von Pamelas Körper. Mit der Vereinigung beider Sippen in Pamelas Körper stehen für Pamela bereits Aufgaben aus der Linie der Mutter zur Klärung an. Hier meldet sich Urgroßvater Josef mit einer unerledigten Bürde, die er Pamela überträgt. Dieser Urgroßvater hatte in seinem Leben einige unrühmliche Taten begangen und Opfer hinterlassen. Er hatte sich von Gott getrennt, war haltlos in seinem Handeln gewesen und hatte anderen großes Unrecht zugefügt. Obwohl er seine Gräueltaten gut verheimlichen konnte und trotz seiner Gottlosigkeit wusste er, dass er große Schuld auf sich geladen hatte. Doch zu Lebzeiten hatte ihn keine Gerichtsbarkeit mehr erreicht, also lastete dieser dunkle Fleck jetzt auf seiner Sippe. Jeder Nachfahre wäre verpflichtet gewesen, diese Bürde auf sich zu nehmen. Doch offenbar hatten sich bisher alle erfolgreich davor gedrückt.

Nun soll Pamela diese Last tragen. Kein erbaulicher Willkommensgruß auf dieser Erde. Pamela spürt die Verpflichtung, spürt, sie muss sie übernehmen, fühlt sich ebenfalls als Opfer ihres Urgroßvaters und ist damit völlig überlastet – ohne jeden irdischen Halt.

In der Ablöse erreichen wir, dass Pamela stellvertretend für alle Sippenangehörigen das Schicksal derer achtet, die Opfer ihres Urgroßvaters geworden sind. Damit bereinigt sie eine dunkle Stelle aus ihrer systemischen Herkunft und findet Frieden für ihren eigenen Weg. Der Test auf die eiskalten Oberschenkel und die Gefühlskälte der Mutter zeigen jetzt keine Stressreaktionen mehr an. Der Körper braucht dieses Symptom nun nicht mehr, und auch im Verhältnis zur Mutter ist nun eine Veränderung möglich.

Es dauert unterschiedlich lange, bis solche Veränderungen spürbar sind. Manchmal zeigt sich die Veränderung innerhalb von Tagen, manchmal erst nach mehreren Wochen oder Monaten. Eine Wirkung ist jedoch meistens sofort spürbar: Der Klient fühlt sich erleichtert und befreit, die Symptome – falls sie noch da sind – stören nicht mehr.

Besonders viel Leid und harte Schicksalsschläge hatten das bisherige Leben von Hermine bestimmt: ein Sturz von der Brücke, zwei Autounfälle, Leberleiden, heiße Knoten in der Schilddrüse, Gebärmutterzyste, unruhige Beine, seit zwanzig Jahren Rheuma in Händen, Füßen, Knien und der Wirbelsäule, Metallversteifungen in den Handgelenken. Eine Operation, bei der ein künstliches Kniegelenk eingesetzt werden sollte, steht bevor. Schon der Vater ihrer Mutter hatte starkes Rheuma gehabt. Die Mutter litt an Arthrose, hatte einen Herzfehler und starb ganz plötzlich. Hermines Bruder hatte ebenfalls Rheuma gehabt und war mit vierzig Jahren an einem

Herzfehler gestorben. Einer ihrer Söhne leidet unter Trigeminusneuralgie. Hermine ist in meine Praxis gekommen, weil sie es im Leben etwas leichter haben möchte. Wie sich in den Vortests zeigt, ist es zunächst einmal wichtig, dass sie ihr leidvolles Leben akzeptiert. So finden wir den Zielsatz: »Ich nehme mein Schicksal an.«

Schlüsselwörter für die zugrunde liegende Geschichte sind Aufgeben und Strafe. Die Ursprungsgeschichte geht in Hermines systemische Herkunft zurück und hat mit der Großmutter, der Mutter von Hermines Mutter, zu tun. Hermine weiß ihren Namen nicht, wohl aber, dass diese Großmutter bei der Geburt ihres dritten Kindes im Kindsbett starb. Sie ist bei der Geburt verblutet. Das Kind folgte ihr im Alter von zwei Jahren in den Tod. Im weiteren kinesiologischen Dialog mit Hermines Unterbewusstsein kristallisiert sich als Ursachenzeitpunkt der Tod der Großmutter im Kindsbett heraus. Bei der Hebamme meldet sich Ausweglosigkeit, sie kann der Großmutter nicht helfen. Diese hat das Vertrauen in die Hebamme verloren, sieht sich als Opfer, will nicht mehr leben und gibt sich selbst auf. Ihrem neu geborenen Sohn gegenüber empfindet sie jedoch tiefe Schuldgefühle. Sie verspricht ihm, immer für ihn da zu sein und dafür zu sorgen, dass es ihm im Leben gut gehen wird. Sie bleibt ihrem kleinen Sohn energetisch nah und will unterstützend bei ihm sein, obwohl sie bereits aus dem Leben geschieden ist. Als dieser Sohn im Alter von zwei Jahren stirbt, erkennt sie, dass sie versagt hat. Doch das Versprechen, dass für den kleinen Sohn etwas getan wird, besteht weiterhin. Ein nachfolgender Angehöriger der Sippe hat es einzulösen.

Dann meldet sich ein Zeitpunkt in Hermines Leben: der vierte oder fünfte Monat im Bauch ihrer Mutter. Hermine erkennt zu diesem Zeitpunkt, dass die Sippe ein zu klärendes Schicksal für sie bereithält: Sie soll für den kleinen Sohn ihrer Großmutter leben, denn für den steht noch ein Versprechen offen. Hermine aber ist egoistisch, sie will in diesem Leben an sich denken und nicht die Last anderer tragen. Gleichzeitig hat sie Schuldgefühle, weil sie sich ihrer Verpflichtung der Sippe gegenüber bewusst ist. Die Seele der

Großmutter macht Hermine wegen ihrer abweisenden Haltung Vorwürfe und gibt ihr definitiv den Auftrag, für den seinerzeit allzu früh verstorbenen kleinen Jungen etwas mit in ihr Leben zu tragen. Hermine ist demoralisiert und fühlt sich der Sippe ausgeliefert. Sie verwünscht ihren Körper, den die Sippe zwar für sie bereitgestellt hat, doch mit der Auflage, solche Pflichten zu übernehmen. Sie verweigert ihr Leben in diesem Körper.

Hermine hat in der Sitzung erkannt: Ihr fünfundfünfzig Jahre andauernder Schicksals- und Leidensweg hat etwas damit zu tun, dass sie ihren Körper ablehnte und sogar ihr eigenes Leben verweigerte. Die Krankheiten sind eine Rebellion ihres Körpers, die Bitte dieses Körpers, ihn doch anzunehmen, ein einziger Hilfeschrei. Indem sie sich mit ihrem Körper versöhnt und ein lautes »Ja« zu sich selbst und ihrem Leben sagt, kann sie in ihrem Körper wieder in Harmonie kommen. Doch damit dies alles gut weitergeht, muss sie zunächst Verständnis für das Schicksal der Großmutter aufbringen. Dafür finden wir den Lösungssatz: »Ich achte das Schicksal meiner Großmutter.« Bei der Ablöse findet dies positive Resonanz und im Nachtest zeigen sich keine Stressreaktionen mehr auf Hermines körperliche Beschwerden.

Auch in der nächsten Fallgeschichte steht der Verlust der Mutter in Verbindung mit einem Versprechen, das hier jedoch eine starke positive Kraft hat.

Die siebenjährige Kathi ist mit ihrer Oma zu mir in die Praxis gekommen. Ihr Arzt hat gemeint, hier sei mal was anderes dran als die Medizin, also kam sie zu mir. Kathi hat immer verschiedene körperliche Symptome, besonders Bauchschmerzen, wenn irgendwelche Feste oder Familienfeiern anstehen. Ansonsten wirkt sie ängstlich, ist sehr zurückhaltend und auch noch etwas klein für ihr Alter. In der Schule ist sie gut, da gibt es keine Probleme.

Der kinesiologische Test zeigt keine Stressreaktion auf die körperlichen Symptome, wohl aber in Bezug auf Festlichkeiten und

Familienfeiern. Weitere Stressoren liegen bei ihrem Vater und auf ihrem gesamten Persönlichkeitsbild, sowie auf einem besonderen Vorfall in ihrem ersten Lebensjahr. Die Oma erzählt das Wesentliche: Kathis Mutter ist bei einem Autounfall tödlich verunglückt. Sie saß selbst am Steuer und hatte die kleine Kathi, damals erst sechs Monate alt, mit im Auto. Kathi überlebte, die Mutter war sofort tot. Kathis Vater fand ein Jahr später eine andere Frau und verließ sein Kind dann sehr plötzlich und für immer. Kathi hatte also beide Elternteile verloren. Das wichtigste Thema dieser Sitzung ist jedoch der Verlust der Mutter durch den Unfall.

Ich führe über den kinesiologischen Test ein Vorgespräch mit Kathis Unterbewusstsein um festzustellen, wo der größte Leidensdruck ist. Wir finden den Zielsatz: »Meine Mama ist immer für mich da.« Kathi weiß, dass ihre Mutter tödlich verunglückt ist, und sie weiß auch, dass die Mama jetzt im Himmel ist. Und sie fehlt ihr. Kathi wischt sich eine Träne ab.

In der Sitzung meldet sich als Ursachenalter die Zeit des Unfalls. Kathi ist in großer seelischer Not, weil sie mit gerade sechs Monaten ohne die Geborgenheit der Mutter dem Leben hilflos ausgeliefert ist. Im Gespräch mit ihrem Unterbewusstsein wird Kathi noch einmal mit ihrer eigenen Ausweglosigkeit konfrontiert. Sie sieht sich als Opfer und hat Angst, dass sie nun ganz allein dasteht. Jetzt erfährt sie aber auch die Gefühle der Mutter. Die Mutter spürt, dass sie aufgeben muss, weiß, dass sie stirbt, hat Schuldgefühle und ist demoralisiert, dass sie die kleine Kathi nun allein im Leben lassen muss. Und jetzt kommt dieses für Kathi im Nachhinein so besondere Erlebnis: Während sie stirbt, gibt die Mutter Kathi das Versprechen, dass sie immer für sie da sein wird.

Kathi hat in der Sitzung erfahren, dass die Mutter ihr dieses besondere Versprechen gegeben hat. Während der Ablöse wählt Kathi die Farbe Blau für ihre Heilung und sieht ein blaues Band, das sie mit ihrer Mutter im Himmel verbindet. Und wann immer sie an die Mutter denkt, sieht sie dieses blaue Band und weiß, dass ihre Mutter immer für sie da ist. So geht es für Kathi gut weiter.

Abgetriebene Kinder können sehr viel Unruhe hervorrufen. Wenn ein Kind abgetrieben wird, ohne dass seine Anwesenheit gewürdigt wurde, findet es keine Ruhe. Es war ja schon da, es hatte ja schon einen eigenen Körper, den die Sippe des Vaters und die Sippe der Mutter ermöglicht haben, gehörte also schon zur Familie. Das Gleiche gilt für Fehlgeburten und Totgeburten. Sie waren da, und wenn dies nicht gewürdigt wird, können sie eine sehr störende Wirkung auf ein nachfolgendes Familienmitglied haben.

Karola, vierunddreißig Jahre alt, ist in meine Praxis gekommen, weil sie nervlich total überreizt und äußerst dünnhäutig ist. Schon als Kind war sie ein Zappelphilipp und seit der Kindheit beißt sie auch an den Fingernägeln. All dies ist Ausdruck eines unerlösten seelischen Konfliktes. Wir finden den Zielsatz: »Ich bin ruhig und ausgeglichen.« Die Schlüsselwörter für die Hintergrundgeschichte sind Schuld, Zwang und Herausforderung. Als Ursachenzeitpunkt zeigt sich die Phase, als Karola ein drei bis vier Monate alter Embryo im Bauch ihrer Mutter war. Hier meldet sich lautstark ein abgetriebenes Geschwisterkind.

Karola ist das zweite lebende Kind ihrer Eltern. Sie hat noch einen älteren Bruder und davor hatte ihre Mutter eine Abtreibung. Dieses abgetriebene Kind findet keine Ruhe. Die Mutter wollte das Kind nicht und hat die Schwangerschaft bewusst abgebrochen. Das abgetriebene Kind fühlte sich als Opfer, nicht gewollt und nicht geliebt. Es empfand die Mutter als egoistisch und hat sich selbst das Versprechen gegeben, dass es da bleibt. Mit diesen Vorwürfen meldet es sich beim Neuankömmling Karola, nachdem ihr Bruder, der ja schon vorher da war, in dieser Hinsicht scheinbar nichts auf sich genommen hat. Karola ist nun demoralisiert und hat Schuldgefühle, weil sie lebt und ihr Geschwisterchen nicht am Leben bleiben durfte. Sie spürt die ganze Ungerechtigkeit und dass sie eigentlich kein Recht auf ihr eigenes Leben hat. Das in Wirklichkeit erste Kind wurde von der Mutter verleugnet, und das empfindet Karola als Vertrauensbruch der Mutter.

Im folgenden Ablöseritual holt Karola die Würdigung nach, die längst fällig gewesen wäre. Wir finden den positiven Lösungssatz: »Ich achte mein Geschwisterchen und habe meinen Platz.« Damit legt Karola ihre Schuldgefühle ab und das abgetriebene Kind wird gewürdigt. Es hat nun seinen Platz in der Familie, und so kehrt Ruhe ein. Im Anschluss an die Sitzung sagt Karola, dass sie schon als Kind das Gefühl hatte, immer alles doppelt zu machen und doppelt zu brauchen, als wäre noch jemand beteiligt. Und ihre Mutter habe immer gesagt, sie könne nie genug an Aufmerksamkeit und Zuwendung kriegen.

Abgetriebene Kinder sind Seelen, denen der entstehende Körper gleich wieder genommen wurde. Die Mutter hat sich anders entschieden. Das Recht dazu hat sie. Sie kann dieser Seele sagen: Du, dieser Zeitpunkt passt mir gar nicht, komm doch wieder, wenn es stimmiger ist. Auf der spirituellen Ebene ist dies ganz in Ordnung. Wo Müttern dieses Bewusstsein fehlt, können jedoch tiefe Schuldgefühle entstehen, die oft über Jahre und Jahrzehnte anhalten. In der folgenden Fallgeschichte war klar erkennbar, dass das Kind ohnehin nicht bleiben wollte. Es war der Mutter sogar dankbar, dass es ihm ermöglichte, wieder zu gehen.

Angelika ist ledig und Anfang dreißig. Sie hat eine gute Stellung als Beamtin, hätte aber auch ganz gern Familie und Kinder. Seit ein paar Jahren ist sie mit ihrem Freund zusammen, mal enger, mal auf Distanz. Sie haben auch schon zusammen gewohnt, und dann haben sie es wieder vorgezogen, dass jeder für sich ist. Die Beziehung ist also nicht unproblematisch. Angelika ist bodenständig, hat ein Studium absolviert und jetzt hat sie einen guten Beruf. Ihr Freund ist Ausländer, vorwiegend arbeitslos und wesentlich jünger als sie. Angelika spürt, dass sie in einer Ehe die ganze Last der Verantwortung für beide tragen müsste und dass ihr Urbedürfnis, sich anzulehnen und fallen lassen zu können, in dieser Konstellation niemals erfüllt würde. In dieser chaotischen Beziehungssituation wurde sie schwanger. Als sie sich ihrem Freund mitteilte, kam es zum Streit, weil dieser um nichts auf der Welt für ein Kind verantwortlich sein wollte. Er empfahl ihr abzutreiben. Angelika erkannte die Hoffnungslosigkeit der gesamten Situation, sah keinen anderen Ausweg und ließ ihr Kind im dritten Schwangerschaftsmonat abtreiben.

Das ist nun ein Jahr her. Obwohl Angelika vor der Abtreibung einen liebevollen Dialog mit ihrem Kind geführt und ihm mitgeteilt hat, dass die Umstände jetzt nicht gut wären und es besser sei, wenn es wieder geht, wird sie seither von Schuldgefühlen gegenüber dem abgetriebenen Kind geplagt. Aus diesem Grund ist sie bei mir in der Praxis. Im kinesiologischen Dialog mit ihrem Unterbewusstsein finden wir den Zielsatz: »Ich habe das Beste getan.« Der weitere innere Dialog bringt Angelikas Gefühle zur Zeit der Abtreibung ebenso hoch wie die Gefühle des Kindes, das ja durch die Abtreibung gewaltsam weggeschickt wurde. Bei Angelika melden sich massive Schuldgefühle, die ganze Ausweglosigkeit ihrer partnerschaftlichen Situation und ihre damit verbundene seelische Not, aber auch ihr Zugeständnis an das Kind: Es darf irgendwann später wiederkommen.

Dann meldet sich die Stimme des zehn Wochen alten Embryos. Dieses kleine Wesen teilt mit, dass es darunter leidet, dass es nicht geliebt wird und in diesem Leben keinen Halt, keine Sicherheit und damit keine Überlebenschancen hat. Und es teilt mit, dass es aus diesem Grunde für sich selbst entschieden hat, dieses Dasein aufzugeben und wieder zu gehen. Angelika erkennt, dass ihr Baby aufgrund der ungünstigen Lebenssituation selbst beschlossen hatte wieder zu gehen und dass sie ihrem Baby einen großen Gefallen getan hat, als sie sich für die Abtreibung entschied.

Wir arbeiten in der Konfliktablöse mit der Farbe Rosa, die besonders für Herzensliebe und universelle Liebe steht. Angelika hüllt sich und das Kind in diese Liebe, in dieses Verstehen für sich und die Situation und verzeiht sich selbst alles, was damals geschehen ist. Jetzt darf diese Wunde der Schuld heilen und Angelika ist offen für alles, was kommen soll und kommen kann. Erleichtert geht

Angelika ihren Weg weiter, auf dem es auch eine neue Schwangerschaft in einer dann vielleicht stimmigen Beziehung geben darf. Dieses neue Kind wird sie dann besonders begrüßen, weil sie sich jetzt frei von Schuld fühlt und auf das Kind freuen kann.

»Es gibt nichts Schlimmes, außer man tut es.« Was in unserem Bewusstsein etwas Schlimmes ist, wird auch etwas Schlimmes sein. Was wir aus uns selbst heraus erklären und verantworten können, hat auch für uns selbst seine Ordnung. Und nur das ist wichtig: dass es für uns selbst stimmig ist. Aus diesem Bewusstsein heraus werden wir nie etwas Unrechtes tun.

Die Schwere der Schuld, die auf einer Abtreibung lastet, kann aber auch schwere Schicksalsschläge hervorrufen.

Brigitte ist erschüttert. Vor wenigen Wochen wurde der Sohn ihrer Schwester in einer Nachtbar erschlagen. Er war fünfundzwanzig Jahre alt. Etwa im gleichen Alter war auch ihr Bruder gestorben und ebenso ihr Onkel, der Bruder ihrer Mutter. Da Brigitte aufgrund dieser Indizien ein Familienschicksal vermutet, möchte sie dies bei mir abklären lassen. Sie hat selbst Kinder, die jetzt bald in dieses Alter kommen, und Angst, dass sie das gleiche Schicksal treffen könnte.

Der kinesiologische Test zu diesem Thema bestätigt einen unerlösten seelischen Konflikt. Im Dialog mit Brigittes Unterbewusstsein finden wir den Zielsatz: »Ich achte mein Familienschicksal.«

Das Grundthema der ganzen Geschichte hat mit Anschuldigungen und einer systemischen Bürde zu tun. Es meldet sich Katharina, die Großmutter der Mutter, also Brigittes Urgroßmutter mütterlicherseits. Von ihr ist bekannt, dass sie ein schweres Schicksal hatte. Sie hat siebzehn Kinder geboren und all ihre Söhne kamen im Krieg ums Leben. Katharina hatte sehr unter ihrem herrischen Ehemann zu leiden gehabt. Brigitte erinnert sich, dass erzählt wurde, Katharina habe nach dem Tod des Urgroßvaters bemerkt, ihr Leben finge jetzt erst an.

In unserer Geschichte, die dem aktuellen Familienschicksal zugrunde liegt, geht es darum, dass Brigittes Urgroßmutter von ihrem Mann großes Unrecht erfährt. Sie ist schwanger, doch ihr Mann will das Kind nicht. Er will es weghaben. Da außer den beiden noch niemand von der Schwangerschaft weiß, legt er selbst Hand an, um es aus der Welt zu schaffen. Obwohl es sein Kind ist, achtet er es nicht. Er verabscheut dieses Kind und wendet eine gewaltsame Methode an, um es wieder loszuwerden. Katharina will das nicht, aber sie muss es entwürdigend über sich ergehen lassen. Sie ist ihrem Mann gegenüber so gehemmt, dass sie sich nicht wehren kann. Sie ist ihm hilflos ausgeliefert, kann ihm nur stumme Vorwürfe machen.

Dann meldet sich das abgetriebene Kind zu Wort: Es ist demoralisiert über seinen Vater, fühlt sich minderwertig und leidet darunter, dass es kein Recht hat zu leben. Keiner kann sein Leid hören. Also macht es sich anders bemerkbar. Es will nicht allein sein und holt sich darum ab und zu jemanden aus der Sippe. Es will der Sippe schaden, hat einen Hass auf die Sippe und auf alle, die neu in diese Sippe geboren werden.

Das ist der tragische Hintergrund des Familienschicksals, wie ihn Brigittes Unterbewusstsein offenbart hat. Wir finden abschließend den positiven Lösungssatz: »Ich gebe dem Kind meine Anerkennung.« Außerdem wird Brigitte diesem unbekannten Kind in einem ganz persönlichen Ritual seinen Platz im Familiensystem geben. So kann Ruhe und Frieden einkehren. An erster Stelle steht immer die Achtung und Anerkennung in der Sippe. Wenn diese Würdigung wieder da ist, kann auch wieder Liebe fließen. Dann ist es gut.

In der Sippe sind abgetriebene Kinder, Abgänge, Totgeburten, früh verstorbene oder weggegebene Kinder dann eine Belastung mit oft schwerwiegenden Folgen, wenn diese Kinder in der Familie und für die Nachkommen totgeschwiegen werden. Es sind Kinderschicksale da, aber niemand spricht darüber. Wenn die Sippe einen

Körper zur Verfügung stellt, ist dieser Körper wichtig. Wenn dieser Körper freiwillig oder unfreiwillig wieder aus dem Leben oder aus der Gemeinschaft geht, darf das Andenken daran nicht verloren gehen. Wer einmal hier war, hat Spuren hinterlassen, gehört dazu und hat es verdient, dass ihm die Achtung dieser Zugehörigkeit zuteil wird. Dies gilt nicht nur für Kinder, sondern auch für erwachsene Angehörige. Jeder, der einmal da war, hat seinen Platz in der Familie und Sippe bekommen, und dies haben die Nachfolgenden zu würdigen und zu achten.

Was totgeschwiegen und unter den Teppich gekehrt wird, kann sich derart drastisch melden, dass beispielsweise in jeder nachfolgenden Generation die erste Schwangerschaft misslingt oder das erstgeborene Kind stirbt. Eine Untersuchung der Genogramme von Klienten und Schülern in meinem Ausbildungsinstitut ließ viele solche Zusammenhänge erkennen. Dunkles, Verborgenes, Ungeklärtes begleitet Angehörige einer Sippe oft über viele Generationen. Hier verjährt nichts, und ein Opfer ruft solange nach Sühne, bis es einen Ausgleich gibt. Solche Rufe äußern sich dann in belastenden Vorfällen, Unglücken und Schicksalsschlägen. Es werden Zeichen gesetzt.

Helena hatte in der zehnten Schwangerschaftswoche einen Abgang. Es wäre ihr erstes Kind geworden. Helena ist beunruhigt, weil sie aus Gesprächen und Erzählungen weiß, dass in ihrer Herkunftsfamilie väterlicherseits schon mehrere erstgeborene Kinder sehr bald gestorben waren. Das erste Kind ihres Urgroßvaters starb wenige Tage nach der Geburt, das erste Kind ihres Ururgroßvaters ebenfalls.

Der kinesiologische Test zu Helenas Abgang zeigt einen psychischen Hintergrund. Wir beginnen die Sitzung mit dem Zielsatz: »Mein Kind hat seinen Platz in der Familie.« Als Grundthema für die Geschichte melden sich die Schlüsselwörter Auflehnung und Lösung, als Handlungsebene die systemische Herkunft. Diese Herkunftslinie führt dann zurück bis zu Helenas Ururgroßvater, der im 18. Jahrhundert gelebt hat. Dem Dialog mit Helenas Unterbewusstsein zufolge hatte dieser Vorfahre seinen Nachbarn im Streit umgebracht, dies aber als Unglücksfall hingestellt, sodass er nie dafür bestraft worden war. Doch das Opfer hat ihn verflucht, und so nahm das Schicksal über Generationen hinweg seinen Lauf.

Nun meldet sich auch Helenas abgegangenes Kind zu Wort: Es fühlt sich in dieser Sippe minderwertig, will mit so einer Schande nicht leben und findet es besser, wieder zu gehen.

Wir finden für Helena den positiven Lösungssatz: »Ich würdige das Schicksal des Opfers.« Nach dem Ablöseritual gibt es keine Stressreaktionen mehr auf Helenas Abgang und auch nicht auf ihren Ururgroßvater. Damit ist der Bann gebrochen und für die Sippe kann es gut weitergehen.

Schicksale werden oft erst viele Jahre später aufgedeckt, doch wenn die Kenntnis um einen weiteren Angehörigen offenbar wird, ist es nie zu spät, ihm seinen Platz zu geben und anzuerkennen, dass es ihn gab. Dies kann mit einem Ritual verbunden werden, etwa mit der Widmung eines mächtigen Baumes, eines Felsens oder dem Pflanzen eines Baumes im eigenen Garten. Achtung gegenüber den Vorfahren und Ahnen hat in der Sippe einen hohen Stellenwert. Ich kenne den schönen alten Brauch, in der Wohnung Fotos der Herkunftsfamilie aufzuhängen und so eine Ahnengalerie zu gestalten. Auf diese Weise werden die Vorfahren immer bemerkt, sind im Alltagsleben dabei, schauen liebevoll auf unser Tun und Wirken, und auch die Kinder als jüngste Nachfahren haben schon Kontakt zu ihrer Herkunft.

Erbkrankheiten sind ein immer wiederkehrender mahnender Hinweis auf etwas Unerlöstes, das auf der Sippe lastet. Das können zum Beispiel die Taten so genannter schwarzer Schafe sein, die dem Ansehen der Familie durch ihr Verhalten schwer geschadet haben, indem sie sich unrechtmäßig Güter angeeignet oder andere übervorteilt haben. Auch Erbschleicherei, veruntreutes Erbe, nicht gesühnte Verbrechen, Mord und Totschlag sind hier zu nennen. Die Sippe will sauber sein. Und um die Ethik hoch zu halten hat sie ihre eigenen Gesetze und bereinigenden Maßnahmen. Kinesiologie-Coaching ist eine der sanftesten, wirkungsvollsten und schnellsten Methoden zur ursächlichen und dauerhaften Klärung solcher Themen.

Berthold hat keine bestimmten Hinweise oder Informationen auf Belastungen seiner Sippe, doch hat er sich interessehalber mit familiensystemischen Zusammenhängen befasst und möchte nun einfach wissen, ob er irgendwelche Altlasten mit sich trägt.

Ich habe ihn gebeten, ein Familiengenogramm zu skizzieren, das ähnlich einem Stammbaum die Generationen seiner Vorfahren aufzeigt. Es beginnt mit seinem eigenen Platz in der Geschwisterfolge. Darüber stehen die Eltern und deren Geschwister, wieder darüber die Großeltern väterlicherseits und mütterlicherseits und darüber alle Urgroßelternpaare. Dieses Genogramm ist die Grundlage für den kinesiologischen Test, mit dem wir nach eventuellen systemischen Belastungen suchen.

Ich lasse Berthold auf das Genogrammbild schauen und teste: Sein Arm wird schwach, das Bild stresst also, und beim psychologischen Gegentest wird der Arm wieder stark. Dies ist kurz und bündig der Beweis dafür, dass es für Berthold einen unerlösten seelischen Konflikt gibt, der mit seiner Herkunft zu tun hat. Ich teste jetzt alle Generationen und Familienverbindungen im Einzelnen und finde den Konflikt in seiner mütterlichen Herkunftslinie, speziell beim Großvater seiner Mutter. Damit haben wir die für Berthold belastende Stelle im Genogramm gefunden: Urgroßvater Thomas, auf den sich nun unsere kinesiologische Sitzung konzentriert. Wir finden den passenden Zielsatz: »Ich kläre meine Herkunft.«

Als Schlüsselwörter melden sich Schicksal und Strafe, und die Geschichte betrifft eine Zeit im Leben des Urgroßvaters. Es stellt sich heraus, dass zu dieser Zeit besondere wirtschaftliche Not herrschte und eine Gruppe bedürftiger Menschen versucht hatte, den reichen aber geizigen Gutsherrn Thomas zu bestehlen. Dies misslang und die Bestrafung durch Thomas war so fürchterlich, dass dieser hart gesottene Mensch selbst Schuldgefühle dabei empfand. Sein Handeln war egoistisch, brutal, skrupellos und ungerecht gewesen. Über die aktuelle Bestrafung hinaus hatte er diesen Leuten noch eine Verpflichtung auferlegt, die sie Zeit ihres Lebens unter Druck setzte. Obwohl sich Thomas selbst nicht wohl mit seinem Verhalten fühlte, blieb er uneinsichtig und unnachgiebig. Diese Härte hatte er zu Lebzeiten nicht mehr aufgegeben, und so wirkte die ungute Energie fortan störend und belastend in der Sippe.

Berthold hat nun die Möglichkeit, diese Belastung für die Sippe zu klären. Für die Ablöse finden wir den positiven Satz: »Ich achte meinen Urgroßvater als meinen Vorfahren.« In einer inneren Begegnung mit dem Urgroßvater während der Ablöse achtet er ihn als Person und lässt das unehrenhafte Handeln ganz bewusst beim Urgroßvater, denn damit hat Berthold nichts zu tun. Wohl aber achtet er das Schicksal der Opfer. Mit dieser Geste hat Berthold dem Urgroßvater, der Sippe, sich selbst und seinen Nachkommen einen ganz großen Dienst erwiesen. Berthold geht mit dem guten Gefühl nach Hause, dass seine Ahnen liebevoll auf ihn, seine Familie und seinen weiteren Lebensweg schauen.

Es gibt auch in der eigenen Familie oder Sippe Opfer, die gesühnt werden wollen, weil ihnen großes Unrecht geschehen ist, das nie aufgedeckt wurde. So eine Geschichte liegt bei Johanna vor.

Sie hat seit einer Woche körperliche Zustände, die ihr sehr zu schaffen machen. Kopfdruck, Ohrenpfeifen, Herzklopfen, die Brust ist wie abgeschnürt. Jede Nacht zur gleichen Zeit wird ihr Schlaf unterbrochen. »Da zupft mich jemand wach«, sagt sie. All diese Symptome teste ich kinesiologisch, und überall zeigt sich das Vorhandensein von Fremdenergie, und zwar die körperlose Seele eines Verstorbenen.

Da erzählt mir Johanna vom Schicksal ihres Bruders Benni, der bei einer Autofahrt, die er zusammen mit mehreren Männern unternommen hatte, tödlich verunglückt war. Der offene Geländewagen drohte zu kippen, und alle sprangen ab. Ihr Bruder Benni brach sich dabei das Genick und war sofort tot. Dies ist jetzt fünfunddreißig Jahre her und die genauen Todesumstände wurden von der Familie nie näher hinterfragt.

Aber nun gibt es eigenartige Vorfälle. Ein Familienmitglied erhält in einer Channelingsitzung die Durchsage, Benni sei nicht natürlich gestorben, sondern bei einem Streit aus dem Auto geschubst worden. Dann interessiert sich ein Fremder, der seit zwanzig Jahren täglich an dem Marterl bei der Unglücksstelle vorbeigeht, plötzlich für die Geschichte des verunglückten Benni und nimmt Kontakt zu der ihm völlig fremden Familie auf. Die Familie, die jetzt wieder Interesse an dem damaligen Vorfall hat, muss erfahren, dass es keine Akten über den Hergang des Unglücksfall mehr gibt, an dem doch immerhin mehrere Männer beteiligt waren. Und dann ist plötzlich das Marterl von der Stelle verschwunden, an der es fünfunddreißig Jahre lang gestanden hatte.

Mein kinesiologischer Test bestätigt, dass es sich bei der körperlosen Seele, die Johanna solchen Druck macht, um ihren Bruder Benni handelt. Benni findet keine Ruhe, weil die Umstände seines Todes mit einer Ungerechtigkeit verbunden sind. Seine Familie hatte damals nicht versucht, die genauen Hintergründe des Unglücks zu klären, denn der schmerzhafte Verlust des zwanzigjährigen Sohnes war schon schlimm genug für die Eltern gewesen. Doch in einem komplexen Familiensystem kann nichts einfach unter den Teppich gekehrt werden.

Im kinesiologischen Dialog mit Johannas Unterbewusstsein melden sich im Vorfeld für die Sitzung die Schlüsselwörter Versprechen, Todesumstände und Bereinigung. Ursachenalter ist der Todeszeitpunkt von Benni. Dann die Geschichte im Einzelnen: Benni will nicht, dass seine Todesumstände ungeklärt bleiben. Er fordert von Johanna das Versprechen, sich darum zu kümmern. Dem Seelendialog zufolge ist Benni der Beifahrer im Auto und hat einen Streit mit dem Lenker des Fahrzeuges. Der Fahrer fühlt sich durch

Benni beleidigt, und es kommt zu einem Gerangel, bei dem der Fahrer scheinbar die Kontrolle über den Wagen verliert. Im gleichen Augenblick schubst einer der Männer, die hinten auf dem offenen Auto sitzen, Benni aus dem Auto. Dabei bricht sich Benni das Genick. In der Sitzung beschuldigt Benni den Mann, der ihn aus dem Auto geschubst hat, und fordert Sühne. Für diesen Mann melden sich die Begriffe: brutales Verhalten und Schuldgefühle.

Soweit die Geschichte. Eine Ablöse, wie sie bei der Auflösung seelischer Konflikte nötig ist, ist hier nicht erforderlich. Benni wollte nur da sein und sprechen, damit die Wahrheit ans Licht kommt. Benni war Johannas älterer Bruder, der Erstgeborene. Ich frage noch einmal bei Benni nach, ob er will, dass Johanna den Fall wieder aufrollt. Nein, er will, dass sein Vater das tut, das sei Sache des Vaters.

Benni hat nach diesen vielen Jahren erreicht, was er wollte. Die Wahrheit sollte ans Licht kommen, und bei Johanna sah er die besten Voraussetzungen dafür, dass seine versteckten Hinweise erkannt würden. Johanna kann jetzt mit dem Vater reden und ihn dazu bringen, sich noch einmal um das Schicksal seines Sohnes zu kümmern, und sie kann ihm dabei helfen.

Eine Klärung von systemischen Verstrickungen kann auch durch das Familienstellen in der Gruppe erfolgen. Dabei werden neutrale Personen stellvertretend für die Familienmitglieder in einem Raum aufgestellt. Die Familie oder Sippe wird so in einem genetischen Energiefeld dargestellt. Die aufgestellten Personen teilen nun von ihrem jeweiligen Platz aus mit, was sie wahrnehmen und welche Gefühle und Empfindungen sie dabei haben. Dadurch werden familiäre Verstrickungen und Barrieren sichtbar gemacht und bieten sich zur Lösung an. Solche Lösungen können sowohl in der Aufstellung als auch in der Einzelsitzung bewirkt werden. Beide Verfahren können sich auch gut ergänzen.

Die Erfahrung, die ich in meiner Praxis gemacht habe, zeigt, dass sich das Familienstellen sehr gut eignet, um Verborgenes allgemein aufzudecken, das dann in der kinesiologischen Sitzung im Detail geklärt und bereinigt werden kann.

Marianne war in der Woche vor der Sitzung beim Familienstellen. Seitdem hat sie starke körperliche Beschwerden auf der ganzen rechten Körperseite. Ihre Halswirbel springen immer wieder heraus, obwohl sie in der vergangenen Woche viermal beim Chiropraktiker war. Doch der konnte dieses Problem immer nur vorübergehend lösen. Die Schulter schmerzt, der rechte Arm schmerzt und die rechte Gesichtshälfte ist wie taub. Von der Schulter bis zum Ohr spürt sie einen starken Druck. Die ganze Woche schon musste sie oft weinen, immer wieder fließen die Tränen.

Bereits der kinesiologische Vortest weist auf eine Seelenbesetzung hin. Genaueres Nachfragen ergibt, dass es sich um die Seele ihres vor sieben Jahren verstorbenen Vaters handelt. Die Besetzung selbst war während des Familienstellens aufgetreten, wo sie mehrfach in Stellvertreterrollen und auch in ihrer eigenen Rolle tief gehenden Emotionen ausgesetzt war. Da bei Familienaufstellungen meistens Vater-Mutter-Themen in einer besonderen emotionalen Tiefe berührt werden, ist es nicht verwunderlich, dass die Seele des Vaters diese Möglichkeit nutzte, um noch einmal mit Marianne in Kontakt zu treten.

Die Lösung von Seelenbesetzungen bewirke ich normalerweise in der Tiefenentspannung, wo in einem inneren Raum eine Begegnung zwischen dem Klienten und der anderen Seele herbeigeführt wird. Doch für diese Methode schien mir Marianne emotional zu labil, da sie auch während unserer Sitzung ständig weinte. Ich entschied mich also für den kinesiologischen Dialog mit ihrem Unterbewusstsein, um zu klären, ob die Seele ihres Vaters anwesend war.

Die beiden Schlüsselwörter für die Sitzung waren: Schuldgefühle und Bereinigung. Der Vater kam, um seine Schuldgefühle Marianne gegenüber loszuwerden. Im Leben mochte er sie nicht. Er war egoistisch und demoralisiert, dass es sie gab. Marianne war ja auch sehr unbequem für ihn gewesen, denn sie hatte ihm ein Leben lang Vorwürfe gemacht, wenn er betrunken nach Hause kam. Doch Mariannes Vorwürfe waren ihre seelischen Hilfeschreie gewesen, ihre Schreie nach der Liebe ihres Vaters, die sie nie erfahren hatte. So war sie letztendlich restlos enttäuscht von ihm gewesen und hatte nichts mehr mit ihm zu tun haben wollen. Ihr Vater aber konnte so keinen Seelenfrieden finden. Nun ist er hier. Nun möchte er Marianne sagen, dass ihm dies alles Leid tut. Er ist einsichtig geworden, macht sich Selbstvorwürfe.

Im Ablöseritual verzeiht sich Marianne, dass in ihrem Leben alles so war, wie es war, und gibt ihrem Vater die Achtung, die ihm als Vater gebührt. Zu mehr Gefühlen ist sie im Moment noch nicht fähig, das braucht seine Zeit. Aber für den Vater ist dies in Ordnung. Er kann dorthin gehen, wo jetzt sein Platz ist. Marianne ist wieder frei für ihr eigenes Leben.

Edmund erfuhr beim Familienstellen, dass sein Urgroßvater eine Frau vergewaltigt und dann getötet hatte. Alle Anzeichen sowie die Gefühle der Darsteller ließen auf eine solche Begebenheit schließen. Da diese Aufdeckung Edmund nach dem Familienstellen nicht mehr zur Ruhe kommen ließ, wollte er eine Sitzung dazu. Der kinesiologische Test zeigte emotionalen Stress auf dieses Thema. Im Dialog mit seinem Unterbewusstsein kam dann die wahre Geschichte zutage. Der Urgroßvater hatte sich mit einer Prostituierten vergnügt, weil seine Frau kein sexuelles Interesse hatte. Nun hatte der Urgroßvater aber besondere sexuelle Vorlieben sadistischer Art. In seiner übersteigerten Lust hatte er eine gewisse Grenze überschritten und die Frau war daran gestorben. Ein Unglücksfall mit Todesfolge also, ausgelöst durch die sexuelle Abartigkeit des Urgroßvaters. Da dieser es verstand, seine Person in Zusammenhang mit dem Todesfall geheim zu halten, erfuhr das Opfer keine Sühne. Die Sippe war von da an mit einem dunklen Fleck belastet. In der Sitzung konnte Edmund einerseits klären, dass sein Urgroßvater kein Vergewaltiger und Mörder war, andererseits konnte er das Opfer würdigen und dadurch Dunkles, Belastendes von der Sippe nehmen.

Noch eine Bürde aus dem Ahnenreich wurde beim Familienstellen aufgedeckt und konnte mit Kinesiologie-Coaching geklärt werden.

Helmut hat beim Familienstellen den Hinweis bekommen, dass etwas Unerlöstes aus der Linie seiner mütterlichen Herkunft sein Leben irgendwie belastet. Und in der Tat hat er das dumpfe Gefühl, dass ihn irgendetwas belastet, ohne dass er direkt sagen könnte, was es ist. Er spürt es, als schleppe er eine große Last mit sich herum. Es fühlt sich pelzig an. Er empfindet körperliche und seelische Ausweglosigkeit, fühlt sich unbeweglich, spürt Druck auf seiner linken Körperseite.

Die linke Körperseite ist die weibliche Seite. Das scheint schon einmal zu bestätigen, dass das Ungelöste aus der Linie seiner Mutter kommt. Also testen wir: Großmutter, Urgroßmutter – und hier, bei seiner Urgroßmutter Anni, der Großmutter seiner Mutter, meldet sich das Stressthema. Helmut weiß lediglich, dass man zur Person seiner Urgroßmutter immer nur gewisse Andeutungen machte, die mit verfallener Moral zu tun hatten. Seine Urgroßmutter scheint das gewesen zu sein, was man heute als Luder bezeichnet.

Doch jetzt wollen wir selbst feststellen, welche Last für die Sippe sich hinter der Urgroßmutter verbirgt. Wir finden den passenden Zielsatz: »Ich bringe Licht in das Leben meiner Urgroßmutter.«

Die Geschichte betrifft das Leben von Urgroßmutter Anni. Helmut selbst hat damit nichts zu tun, er deckt die Geschichte nur auf. Es geht bei Anni um sexuelle Gier und Schuld, um ein egoistisches sexuelles Zwangsverhalten. Sie hat viel mit Männern zu tun, die Sex suchen, die sich ausleben wollen und in ihr eine willige Sexpartnerin finden. Es ist keine Sexualität des Geldes wegen, es ist Sexualität um der Sexualität willen. Trotzdem leidet Anni ständig unter unerfüllter Sexualität. Sie ist sexkrank. All dies ist ihr bewusst, aber sie kann es nicht ändern. Sie schämt sich, schämt sich ihrer Haltlosigkeit, will nicht so sein, ist ihrer Sucht jedoch hilflos ausgeliefert.

Die so genannte Schande, mit der sie lebte, nahm sie dann auch mit ins Grab, und so blieb ein dunkler Fleck auf der Sippe, den sich

Helmut nun endlich näher angesehen hat. Für die Ablöse finden wir den Satz: »Ich achte das Schicksal meiner Urgroßmutter.«

Mit dieser Klärung seiner mütterlichen und weiblichen Herkunft hat Helmut Großes für die Sippe geleistet, für sich und seine Gefühlsseite und ganz besonders für seine noch kommenden Kinder, die somit in ihrem Leben eine ausgewogene Mann-Frau-Beziehung erfahren dürfen.

Die Bindungen zwischen Geschwistern sind jene Familienbande, die normalerweise am längsten bestehen. In der Geburtsreihenfolge von Geschwistern gibt es eine eigene Dynamik. Dabei ist wichtig, welchen Platz welches Kind einnimmt. Erstgeborene haben mehr mit dem Vater zu tun, Zweitgeborene mehr mit der Mutter. Das dritte Kind steht für die Eltern, das vierte für die Harmonie in der ganzen Familie. Das fünfte Kind hat wieder eine ähnliche Stellung wie das erste, und so setzt sich das fort. Übernimmt ein Kind die seinem Platz entsprechende Aufgabe nicht, so muss das nächste Kind diese Aufgabe mit übernehmen. Es kommt auch vor, dass sich ein Kind Privilegien anmaßt, die nicht seiner Geschwisterstellung entsprechen. Und manch ein Kind weiß nicht um seinen eigentlichen Platz, weil es vielleicht abgebrochene Schwangerschaften oder verstorbene Geschwister gibt, von denen ihm nichts bekannt ist.

Wenn ein Mensch den Aufgaben seiner Geschwisterrolle nicht gerecht wird, trifft er möglicherweise immer wieder auf Hindernisse in der Partnerschaft, im Beruf und den ganzen Lebenserfolg betreffend. Persönliche Qualitäten und Fähigkeiten können dann nur bedingt ausgelebt werden. Das Wissen um die Geschwisterposition des Klienten ist also eine große Hilfe in der Beratungspraxis.

An dieser Stelle möchte ich auch das Thema Zwillinge ansprechen, und vor allem Zwillinge, von denen nie etwas bekannt wurde, weil sie sich bereits im Mutterleib unerkannt und unbemerkt wieder verabschiedet haben. Viele Schwangerschaften sind zu Beginn Zwillingsschwangerschaften, die nie als solche erkannt werden. Diese unbekannten Zwillinge gehören aber auch zur Familie.

Sie sind auch da, setzen Zeichen und hinterlassen Spuren. Die folgende Geschichte zeigt dies.

Vera ist fünfundvierzig Jahre alt, verheiratet und hat zwei fast erwachsene Söhne. Seit einiger Zeit hat sie plötzlich Milch in ihren Brüsten. Wenn sie die Brüste drückt, fließt die Milch richtig heraus. Ihre Brüste signalisieren also das Ende einer Schwangerschaft. Da Vera leicht Panik vor irgendwelchen schlimmen Krankheiten bekommt, hat sie gleich mehrere Ärzte aufgesucht, die aber nichts Außergewöhnliches feststellen konnten. Schwanger war sie jedenfalls nicht. Vera fand diesen Zustand eklig, und ihre Brüste hatte sie sowieso noch nie gemocht. Wir finden also den Zielsatz: »Ich mag meine Brüste.«

Zur grundsätzlichen Orientierung frage ich mit dem kinesiologischen Test nach Schlüsselwörtern, woraufhin sich als Grundthema Schuld meldet. In der Handlungsebene geht es um einen Verstorbenen und in der Ursachenart um die Erinnerung an etwas Magisches oder Feinstoffliches. In der Geschichte zeigt sich dann sofort, dass es zusammen mit ihrem zweiten Sohn Louis bis zum vierten Schwangerschaftsmonat eine Zwillingsschwester gegeben hat. Diese Zwillingsschwester war aus Enttäuschung wieder gegangen. Sie hatte für sich keine Überlebenschance gesehen. Was war der Grund? In Veras Herkunftsfamilie hatte es öfter Zwillinge gegeben. Aus Angst, vielleicht auch Zwillinge zu bekommen, hatte sie immer wieder lautstark betont, sie wolle keine Zwillinge. Gleichzeitig hatte sie Angst, vielleicht doch welche zu bekommen. Zwillinge waren also ein großes Stressthema für Vera gewesen, obwohl bei den Ultraschallaufnahmen nichts festgestellt wurde, was auf eine Zwillingsschwangerschaft hinwies. Das trotzdem vorhandene Zwillingsmädchen fand ihre Mutter egoistisch und gefühlskalt und hat sich enttäuscht aus dem Leben verabschiedet. Veras Gefühlskälte wog auf der Belastungsskala des Ursachenkonflikts wohl am meisten. Für die Ablöse finden wir in Verbindung mit der Farbe Rosa den positiven Lösungssatz: »Ich kann Gefühle haben.«

Das Gefühlsthema ist ein Lebensthema von Vera. Seit Wochen schon geht sie mit einem BH ins Bett, weil sie nicht berührt werden möchte. Alles was wir verdrängen, blockiert unseren weiteren Weg und bricht irgendwann massiv durch, rebelliert, wie hier die Brüste. Einem kleinen Kind geben die Brüste ein Gefühl der Geborgenheit. Die kleine Zwillingsschwester hat als Fötus nur Ablehnung erfahren und deshalb keine Lebenschance gehabt. Aber sie war bereits da und gehörte damit zur Familie, zur Sippe. Sie möchte als Kind der Eltern und als Schwester geachtet werden. Durch die Milch in den Brüsten der Mutter hat sie sich lautstark gemeldet. Nun ist sie bemerkt worden und kann ihre Ruhe finden, wie Vera selbst, die nun innere Zwiesprache mit dem kleinen Mädchen hält und sich liebevoll von ihm verabschiedet.

Im Kinesiologie-Coaching durfte schon so mancher Klient die segensreiche Erfahrung machen, dass er einen Bruder oder eine Schwester hat, wodurch sich plötzlich viele eigenartige Gefühle, Wahrnehmungen, Begebenheiten, Vermutungen und auch die unbewusste Suche nach einem nahe stehenden Menschen erklären lassen.

Gabriel litt stark unter Kontrollzwängen. Am meisten kontrollierte er die Blickrichtung seiner Augen nach rechts und links, was zwangsläufig mit einer ständigen Unruhe verbunden war. Deshalb arbeiteten wir intensiv mit dem Zielsatz: »Ich habe absolutes Vertrauen in mich.« Im Dialog mit Gabriels Unterbewusstsein meldete sich eine Situation aus dem fünften Schwangerschaftsmonat. Hier zeigte sich ein Zwillingsbruder, der zu dieser Zeit sein irdisches Leben aufgeben musste, weil er keine Lebensenergie mehr hatte. Dieser Zwillingsbruder empfand es als ungerecht, dass Gabriel weiterleben durfte. Gabriel selbst fühlte sich gehasst. Aber als Fötus war er egoistisch, beanspruchte alle Energie für sich und wirkte demoralisierend auf seinen Zwillingsbruder ein, weil er wollte, dass dieser wieder geht.

Nachdem dies in der Sitzung bewusst geworden war, konnte Gabriel in einem Versöhnungsritual seinem bis dahin unbekannten Zwillingsbruder die Hand reichen. Seinen Kontrollzwang braucht Gabriel nun nicht mehr, denn das unsichtbar Belastende ist sichtbar gemacht und zur Lösung gebracht worden. Interessant ist, dass Gabriel zwei Jahre zuvor mit seiner Partnerin eine Zwillingsschwangerschaft erlebte, bei der ein Zwilling irgendwann nicht mehr lebensfähig war. Die Schwangerschaft wurde daraufhin abgebrochen. Auch dies zeigt, dass uns das Leben unaufhörlich auf Ungelöstes, noch zu Klärendes hinweist, das wir noch bereinigen müssen, damit unsere persönliche Entwicklung gut weitergehen kann.

Bei Gregor äußerte sich eine fehlende Zwillingsschwester dadurch, dass er sich selbst minderwertig vorkam.

Gregor ist im besten Mannesalter, hat aber zu wenig Selbstwertgefühl. Mit dem Zielsatz »Ich bin ein wertvoller Mensch« kommen wir auch bei ihm in die Zeit des fünften Schwangerschaftsmonats. Damals hat sich seine im Außen nicht bemerkte Zwillingsschwester von ihm verabschiedet, weil sie nicht weiterleben wollte. Gregor hing sehr an ihr, hatte Angst und Panik, weil sie ihn nun allein ließ, und hätte am liebsten laut um Hilfe geschrieen. Doch keiner hätte ihn hören können. Er war machtlos. Diese Ohnmacht hatte er mit in sein reales Leben gebracht, was sich dann als minderes Selbstwertgefühl bemerkbar gemacht hat. Nach der Ablöse fühlte sich Gregor wie neu geboren. Er sagte, er habe das Gefühl, als würde ein Filter von seinen Augen genommen und alle Farben seien heller geworden. Er habe nun ein ganz tolles Lebensgefühl.

Ganz frühe Zeichen für einen fehlenden Zwilling gab es bei Annemarie. Sie ist heute knapp vierzig Jahre alt und kaut ständig Kaugummi. Das war mir schon während unserer Sitzungen aufgefallen, und auch beim Familienstellen hatte sie in den verschiedenen Stellvertreterrollen stets einen Kaugummi im Mund. Natürlich war ihr das gar nicht bewusst, als ich sie darauf ansprach.

Alles was auffällt, was anderen ins Auge springt, möchte bemerkt sein. Innere Belastungen setzen Zeichen im Außen, damit sie bemerkt werden und eine Entlastung stattfinden kann, nach der wir befreit und leichter weitergehen können. Unser Leben in der Polarität, in der Dualität und auch im sozialen Umfeld gibt uns die Chance, uns in unserer Unvollkommenheit selbst zu erkennen. Allein wären wir betriebsblind. Aber das In-den-Spiegel-Schauen allein bringt uns nicht weiter. Nur wenn wir die Botschaft unseres Gegenübers offen annehmen, wenn unser Ego sich durch persönliche Hinweise und Bemerkungen nicht verletzen lässt und wir dadurch eine klare Sicht für uns selbst bekommen, ist jenes Handeln möglich, das uns wirklich weiter bringt. Bei Annemarie mit ihrem Kaugummi habe ich den Eindruck, dass sie einerseits einen Halt sucht und an etwas Imaginärem festhält, andererseits aber auch auf der Suche nach sich selbst ist. Wir finden den Zielsatz: »Ich erkenne mich selbst.«

Der Ursachenkonflikt, der erkannt werden möchte, geht zurück bis in den vierten Schwangerschaftsmonat. Zu dieser Zeit hat eine im Außen nicht bemerkte Zwillingsschwester von Annemarie ihren Lebensweg beendet. Für Annemarie war das ganz schlimm gewesen. Sie fühlte sich allein gelassen und richtungslos. Ihr ganzes Dasein hatte auf dieser Zweisamkeit basiert. Nun sollte sie die Last des Lebens allein tragen. Dazu war Sie nicht imstande. Sie fühlte sich überlastet und hilflos. Ihre Zwillingsschwester hatte keinen Lebenswillen mehr gehabt. Sie hasste das Leben und war voller Anschuldigungen an die Mutter. Denn die Mutter war der Grund, warum sie gehen musste. Die Mutter mochte keine Zwillinge. Sie wusste zwar nicht, dass sie Zwillinge in sich trug, betonte aber immer, wenn sie auf mögliche Zwillinge angesprochen wurde, dass sie auf keinen Fall Zwillinge wollte. Also sah das Zwillingsschwesterchen keine Lebenschance und ging wieder.

Über den Kaugummi hält Annemarie nun penetrant an ihrer Zwillingsschwester fest. Sie kaut schon, solange sie sich erinnern kann. Ein Kindheitserlebnis ist ihr besonders deutlich in Erinnerung geblieben: Als sie etwa vier Jahre alt war und man ihr den Kaugummi einmal weggenommen hatte, hatte sie sich mit ihrem kleinen Stuhl mitten auf die Straße gesetzt. Erst als sie ihren Kaugummi wieder bekam, war sie bereit gewesen, die gefährliche Straße zu räumen.

Auch die halbwüchsigen Brüder Sven und Gert sind meine Klienten. Sven, der ältere, weiß inzwischen, dass er damals im Bauch seiner Mutter eine Zwillingsschwester hatte. Die konnte nicht überleben, weil die Mutter ebenfalls gegen Zwillinge eingestellt war. Sven ist nun bei mir, weil er das Gefühl hat, er stehe irgendwie unter dem Zwang, seiner geistigen Zwillingsschwester zu gehorchen, und die will nicht, dass es ihm gut geht. Im Dialog mit dem Unterbewusstsein melden sich der familiensystemische Bereich sowie die Oberbegriffe Mitleid und Anerkennung. Die Geschichte zeigt, dass Sven Mitleid und Schuldgefühle hat. Doch das bringt der zurückgebliebenen Zwillingsschwester gar nichts. Sie möchte anerkannt und als Schwester geachtet sein. Sie will bemerkt werden und energetisch dabei sein. Schließlich gehört sie zur Familie, zur Sippe und ist eigentlich das zweite Kind. Also meldet sie sich mit all ihren Seelenqualen. Sie hat Selbstmitleid, fleht um die Gnade dazuzugehören, fühlt sich vom Leben gehasst, ist verbittert. Und jetzt schlägt diese Ohnmacht um: Nun will sie ihren lebenden Bruder beherrschen, ist egoistisch, macht ihm Vorwürfe, will an seinem Leben teilhaben, ist nachtragend und lässt nicht zu, dass es ihm gut geht.

Wir finden den Lösungssatz: »Alles hat seine Ordnung.« Sven wird damit an die systemische Ordnung erinnert, wonach jedes Kind, das einmal da war, zur Familie gehört und diese Anerkennung braucht. Er ist bereit, seine tote Schwester anzuerkennen. Nur so geht sein eigenes Leben gut weiter.

Einen Tag nach der Sitzung mit Sven zog sich sein jüngerer Bruder Gert beim Schulsport einen mehrfachen Bänderriss am rechten Fuß zu. Vorausgegangen waren Leistungseinbrüche in der Schule und Stress in seiner unfreiwilligen Funktion als Klassensprecher.

Hier musste er im Vordergrund stehen, obwohl er dies nicht wollte. Bei all diesen Themen zeigten sich ein unerlöster seelischer Konflikt und eine Seelenbesetzung aus der Familie. Für die Klassensprechersituation fanden wir den Zielsatz: »Ich kann der Erste sein.« Können heißt: Es ist mir möglich, ich kann das, muss es aber nicht tun. Als Eckdaten für die Geschichte meldeten sich die Schlüsselwörter fehlende Geborgenheit, Bindung und Suche nach Anerkennung.

Alles fiel in die Zeit des dritten bis vierten Schwangerschaftsmonats. Hier zeigte sich ein Zwillingsmädchen, die gleiche Seele, die schon zusammen mit seinem Bruder Sven auf die Welt kommen wollte. Ihr Körper machte aber nicht mit, sie blieb unterentwickelt und musste wieder gehen. Nun war sie böse, wollte Gert die Sicherheit nehmen, ihn hilflos und bei seiner Mutter unerwünscht machen. Ihre Abneigung gegen Gert kam daher, dass sie selbst eine Bleibe suchte. Die Mutter bekam von all dem nichts mit. Sie hatte sich aufgrund ihrer aktuellen Lebensumstände bisher wenig mit ihrer Schwangerschaft auseinander gesetzt. Gert fand also keinen emotionalen Halt bei seiner Mutter und war den Angriffen der Zwillingsschwester machtlos und hilflos ausgeliefert. Die Last war viel zu schwer für ihn und er hätte sich nur zu gern an seine Mutter geklammert. Nach der Sitzung bestätigte seine Mutter, dass sie Gert als kleines Kind keinen Augenblick allein lassen konnte und dass er noch heute sehr auf sie fixiert sei, was sie ziemlich unfrei mache.

Wir fanden den positiven Lösungssatz: »Jetzt gehe ich selbst.« Bei der Ablöse kam zunächst die Farbe Braun. Dies war ein Hinweis auf die nötige Erdung, die wir auch gleich in einem Ritual herbeiführten. Danach sorgte die Farbe Gelb dafür, dass Sicherheit Gerts ganzen Körper durchströmte und sich in jeder Zelle seines Körpers manifestierte. Mit dieser Ablöse waren die zuvor als Konflikt erkannten Themen Bänderriss, Leistungsstörungen, Klassensprecherstress und Einfluss von Fremdenergie harmonisch ausgeglichen.

Unfälle und körperliche Leiden haben erfahrungsgemäß fast immer einen unerlösten seelischen Konflikt als Hintergrund. Durch den

Leidensdruck möchte etwas auf sich aufmerksam machen, das bis jetzt keine Chance hatte, auf sanftere Art entdeckt zu werden. Das Schöne dabei ist, dass nach der emotionalen Bereinigung jede Operation, jede ärztliche Hilfeleistung und jede Heilmittelanwendung viel größere Aussicht auf Erfolg hat.

Hilde ist mit ihren vierundsechzig Jahren in einem Alter, wo sie etwas kürzer treten und mehr vom Leben haben möchte. Also hat sie ihr Geschäft aufgegeben. Doch jetzt macht ihr das rechte Knie zu schaffen. Es schmerzt und behindert sie in ihrer Beweglichkeit. Wir arbeiten also mit dem Zielsatz: »Ich bin beweglich.« Dann meldet sich eine im zweiten Schwangerschaftsmonat übertragene Bürde aus der Familienherkunft. Für Hilde kommt im Dialog mit dem Unterbewusstsein nur ein einziger Seufzer: »Ich muss es ertragen, ich muss es tragen.« Und was sie tragen muss, zeigt sich dann auch. Es geht um ihre Großmutter Zenta aus der mütterlichen Linie, also um die Mutter ihrer Mutter, die in der Blüte ihres Lebens an Krebs gestorben war. Ihr Mann, Hildes Großvater, war schon vor der Großmutter gestorben. Diese Großmutter, das wusste Hilde, hatte ein schweres Leben gehabt und sehr schwere Geburten. In dieser Zwiesprache mit dem Unterbewusstsein wird deutlich, dass sie sich als Opfer fühlt, von ihrem Leben enttäuscht und nun an Hildes Leben teilhaben will, um so noch etwas nachzuholen. Hilde hat also ihr Leben lang Großmutter Zenta mit sich herumgeschleppt. Nach der Ablöse spürt sie spontan, wie eine Last von ihr weicht.

Familienverstrickungen können auch einen karmischen Bezug haben, eine Verbindung zu früheren Leben. Menschen, die schon einmal schicksalhaft verbunden waren, finden in diesem Leben oft in vertauschten Rollen wieder zueinander, weil sie gemeinsam noch etwas zu klären haben. In Helen Wambachs Hypnosestudie finden sich hierfür klare Hinweise:

»Ich wusste, dass meine Mutter einmal eine Studienkollegin war und wir hatten eine sehr glückliche Kameradschaft. Mein Vater war einer meiner älteren Brüder, wir haben uns in einem früheren Leben über seine Schwerfälligkeit lustig gemacht.«

»Meine Mutter war in einem früheren Leben meine Mutter, aber sie war in einem anderen Leben auch mein Kind. Ehe ich geboren wurde, sagten mir meine Kinder, dass sie meine Kinder werden wollten. Ich kannte sie nicht nur aus früheren Leben, sondern auch aus der Zeit zwischen den Leben.«

»Ich kannte aus einem früheren Leben meine Mutter, zwei Freunde und meinen jüngsten Bruder. Meine Mutter war mein Dienstbote und mein Vater war in früheren Leben mein Geliebter.«

»Ich kannte meine Mutter und ich wusste, dass ich sie ausgesucht hatte, weil wir etwas noch nicht beendet hatten, was wir miteinander zu erledigen hatten.«

»Ich kannte meine Mutter nicht, aber ich kannte meinen Vater. Es schien mir, als sei ich mit meinem Vater uneins gewesen wegen der Wahl seiner Frau, bis er mir erklärte, wie sehr sie uns brauchte.«

»Ich hatte eine sonderbare Erfahrung. Jemand namens Louis und ich wollten gemeinsam gehen. Dies geschah gegen den Rat der Älteren, aber wir waren beieinander und fühlten uns, als könnten wir die Welt verändern. Louis ist mein Zwillingsbruder, der die Gebärmutter wieder verließ, weil er etwas anderes zu tun hatte. Ich wuchs im Fötus heran und Louis nicht, und ich merkte, dass er mich verließ. Bei meiner physischen Geburt fühlte ich mich allein gelassen in einer Welt von Fremden und verloren ohne Louis.«

»Ich entschied mich für dieses Leben, weil ich zu einer großen Familie zu gehören wünschte. Ich kannte meine Brüder bereits von früher als gute Freunde. Da war noch jemand namens June, mit der ich eng verbunden war. Ich wollte, dass sie mitkomme, aber sie sagte: ›Diesmal nicht.‹ Jemand sagte auch immer: ›Warte auf eine bessere Zeit. Eine kleine Familie hätte mehr Zeit für dich.‹ Aber ich hatte das Gefühl, dass es jetzt sein muss.«

In unseren verschiedenen Leben kommen wir meistens mit den gleichen Personen zusammen, wenn auch in unterschiedlichen Rollen. Wenn sich in den kinesiologischen Sitzungen frühere Leben melden, ist es für das aktuelle Leben jedoch wenig hilfreich zu hinterfragen, ob zum Beispiel meine heutige Mutter auch damals meine Mutter war oder mein Kind oder sonst wer. Es hat schon seinen Sinn, dass eine Schwelle des Vergessens zwischen den verschiedenen Leben liegt.

Um den Entwicklungsweg eines Menschen, seine Eigenart, seine Lebensphilosophie, seinen Lebensumgang und vor allem auch sein Lebensschicksal besser verstehen zu können, ist es gut, um seine Herkunft zu wissen. Wo kommt der Vater her, wo die Mutter? Gibt es unterschiedliche Nationalitäten? Welche Religion haben die Eltern und aus welchem Milieu kommen sie? Welche Schicksale sind aus ihrer Herkunftsfamilie bekannt? Gab es große materielle Verluste, Konkurse? War der Glaube dominant? Waren die Vorfahren eher Selbstständige oder eher Dienende der Gemeinschaft?

Ein Familienhologramm anfertigen

- Zeichnen Sie Ihr Genogramm, Ihren Stammbaum: ein Bild, das Ihnen verdeutlich, wo Ihre irdischen Gene herkommen. Fangen Sie mit sich selbst an. Zeichnen Sie dann Ihre Geschwister in der Reihenfolge ihrer Geburt, damit auch Ihre eigene Stellung in der Geschwisterfolge sichtbar wird. Vergessen Sie nicht, auch eventuelle Verstorbene, Totgeburten, Abgänge und Abtreibungen zu berücksichtigen. Befragen Sie Ihre Mutter zu diesem Thema und lassen Sie erkennen, dass es Ihnen nicht um Schuldzuweisung geht, sondern um echte systemische Klärung. Über sich selbst und Ihre Geschwister zeichnen Sie Vater und Mutter, darüber die Eltern des Vaters und die Eltern der Mutter und darüber noch einmal vier Elternpaare: Ihre Urgroßeltern.

- Forschen Sie bei allen nach Name, Beruf, Herkunft, Geburts- und Sterbedaten sowie Todesursache. Interessieren Sie sich auch für besondere Leiden und Krankheiten sowie für eventuelle Schicksalsschläge. Vermerken Sie alles, was Sie erfahren können, und ergänzen Sie das Bild dann noch durch die Geschwister der Eltern, Großeltern und Urgroßeltern. Stellen Sie auch hier die Geschwisterfolge fest und forschen Sie nach eventuellen Schicksalsschlägen und Krankheiten.
- Schreiben Sie Ihren Familienkrimi und staunen Sie. Fangen Sie dann an, Ihr Leben im Spiegel Ihrer Herkunft zu betrachten. Und erkennen Sie! Welchen Weg gehe ich? Wo befinde ich mich gerade und wie möchte ich mit dieser neuen Erkenntnis weiter gehen? So wird das Familiengenogramm zum Familienhologramm und vielleicht zu Ihrem besten Wegweiser.

Tun Sie alles um sicherzustellen, dass Ihre Ahnen liebevoll auf Sie schauen. Das gibt Ihnen Stärke und Kraft, Bodenständigkeit und Urvertrauen und ist eine Erfolgsgarantie. Viele Menschen, besonders Jugendliche, antworten auf vielfältige Fragen in stereotyper Wiederholung mit: »Ich habe keine Ahnung.« Dieser Satz ist gleichzusetzen mit: »Ich habe keine Ahnen.« Damit sagen Sie: Mein Name ist Hase, ich komme vom Walde, ich weiß von nichts. Oder auch: Ich habe keinen Halt, ich habe keine Wurzeln und keine Herkunft. Ich bin abgeschnitten, ich bin ein armer Mensch. Klären Sie solche Menschen liebevoll auf. Machen Sie ihnen die Bedeutung und auch die Macht der Worte bewusst. Indem ich sage: Ich habe keine Ahnung, keine Ahnen, gebe ich meinem Unterbewusstsein den Befehl, keine Ahnen zu haben. Und damit schneide ich mich selbst von meinen Wurzeln ab.

In diesem Zusammenhang hatte ich ein nettes Erlebnis mit meiner sechzehnjährigen Tochter. Ihr Standardvokabular war: »Keine Ahnung.«

Eines Tages – ich saß gerade am Computer – kam sie zu mir und fragte: »Darf ich mal ins Internet schauen?«

»Na klar, was möchtest du sehen?«

»Keine Ahnung.«

»Okay, dann schreiben wir doch mal: www.keine-ahnung.de.«

Darauf erschien auf dem Bildschirm in herrlichem Blau das riesige Gesicht eines Affen und die Worte: »Haben Sie auch keine Ahnung?«

Lassen Sie es nicht zu, dass Sie keine Ahnung haben!

Lassen Sie es nicht zu, dass Sie keine Ahnen haben!

Nachdem wir die Altlasten aus unseren Vorleben geklärt und für unsere Sippe das Beste getan haben, gibt es immer noch viele Stolpersteine, die Tag für Tag auf unserem Lebensweg liegen.

7
Unebenheiten auf dem Lebensweg

Mit dem Unterbewusstsein zu kommunizieren, ist schon eine feine Sache. Was mein Kopf will, das weiß ich ja. Aber was ist schon der Kopf? Begrenzt, schmalspurig, eingeschränktes Bewusstsein, das ist der Kopf, ein guter Diener, aber ein schlechter Herr. Viel wichtiger ist das Spüren. Hinfühlen, wie es sich anfühlt, was mir da Neues begegnet; wie es sich anfühlt, wenn ich zum Handeln aufgefordert bin; wie es sich anfühlt, wenn ich mich auf dieses oder jenes einlasse. Wie ist mein erster Eindruck von dem Menschen, der mir da gegenübersteht? Was sagt mir mein Bauch? Der wahre Kopf sitzt im Bauch. Neuere Forschungen haben bestätigt, dass der Bauch mehr gehirnähnliche Zellen enthält als das Gehirn selbst. Was wir aus dem Bauch heraus entscheiden, ist deshalb sicherlich gut entschieden.

Als erstes ist das Gefühl da, und Gefühle spüren wir im Bauch und dann, wenn sie sehr persönlich sind und tiefer gehen, auch in der Brust und im Herzen, bis uns oft schier die Luft weg bleibt. Wenn Sie sich nicht gut fühlen, legen Sie oft spontan die Hände auf den Bauch, bis der Bauch wieder ein gutes Gefühl hat. Gefühlsmäßig ist uns der Bauch also sehr nah, näher als irgendetwas anderes. Ernennen Sie den Bauch doch zu Ihrem ersten Ratgeber! Es ist ja als erstes da, dieses Gefühl, das Ihnen sagt: Handle so oder so. Doch dann kommt der Kopf und sagt: Das geht doch nicht, weil man das nicht macht, weil du das doch nicht kannst, weil du nicht genug Geld hast, weil andere das unmöglich finden würden, und so weiter.

Der erste Eindruck, das erste Gespür vermittelt etwas ganz Klares und Wahres. Vielleicht erinnern Sie sich an eine erste Begegnung mit einem Menschen, einen Geschäftsabschluss oder eine wichtige Entscheidung, wo spontan das große Nein da war. Aber dann kamen Gespräche und weitere Eindrücke, die Ihnen vermittelt haben, dass der Mensch oder der Sachverhalt doch auch seine Vorzüge hat, sodass von dem großen Nein immer mehr abbröckelte, bis es schließlich ganz verdrängt war. Sie ließen sich also auf die Sache ein, haben sich dafür entschieden und unterschrieben. Doch dann kam eines Tages, oft erst nach Monaten oder Jahren, das böse Erwachen: Hätte ich doch auf mein erstes Gefühl, auf meinen ersten Eindruck, auf meinen Bauch gehört, dann wäre mir so viel Leid und Enttäuschung erspart geblieben.

Der Bauch gibt seine Empfehlungen aus dem Unbewussten, aus dem Unterbewusstsein heraus. Das heißt: Der Kopf, das Tagesbewusstsein ist erst einmal gar nicht gefragt. Die Tatsache, dass sich das Unterbewusste an die erste Stelle drängt, zeigt schon seinen Stellenwert für unser Überleben.

Es geht immer und in jeder Situation um Sicherheit mit dem Ziel zu überleben. Mit ihrer Entscheidung, sich einen Körper zu nehmen, um auf dieser Erde eine gewisse Zeit existieren zu können, hat sich die aus der unendlichen Freiheit kommende Seele auf ein sehr gewagtes Unterfangen eingelassen, denn sie ist für die Erdenreise im Körper eingesperrt, auf ihn angewiesen und ihm letztlich ausgeliefert. Der Verstand ist durch äußere Umstände beeinflussbar. Er kann getäuscht werden, auf ihn ist also kein Verlass, wenn es ums Überleben geht. Das Unterbewusste bietet dem Verstand jedoch aktuelle Entscheidungshilfe an, Hilfe aus übergeordneter Sicht. Es schöpft aus Erkenntnistiefen, die dem Kopf nie zugänglich wären.

Im Unterbewusstsein sind alle Realitäten, alle Wahrheiten vorhanden, sie wollen aber auch gehört, erkannt und berücksichtigt werden. Meist werden diese Signale aus der Tiefe überhört oder nicht beachtet. Mit Kinesiologie-Coaching besteht nun die Möglichkeit, in heiklen Lebenssituationen ganz gezielt beim Unterbewusstsein nachzufragen und Klarheit zu bekommen.

Monika ist Mitte Vierzig, hat aus zwei Ehen Kinder und ist auch von ihrem zweiten Mann schon seit einigen Jahren geschieden. Sie hat sich ein erfolgreiches Unternehmen aufgebaut und ist existenziell gut abgesichert. Ihre Firma ist ihr Lebensinhalt, und damit ist sie glücklich. Was ihr Sorge macht, ist ihre Gesundheit. Sie hat seit einem Jahr Brustkrebs. Darüber hinaus kommt sie von ihrem geschiedenen Mann nicht los. Sie ist emotional noch sehr an ihn gebunden, und es wäre ihr größter Wunsch, wieder mit ihm zusammenzukommen.

Peter, Ihr Ex-Mann, ist ebenfalls Unternehmer, allerdings wenig erfolgreich. Er kann mit seiner Firma nur überleben, weil Monika ihn permanent finanziell unterstützt. Ihrer Meinung nach ist er als Geschäftsmann völlig ungeeignet, und sie möchte, dass er seine Firma aufgibt. Er sollte lieber seine persönlichen Fähigkeiten leben, die mehr schöngeistiger Natur sind. Sie würde ihn auch weiterhin finanzieren. Ihre Sehnsucht ist es, wieder mit ihm zusammenzuleben und eine erfüllte Partnerschaft zu haben. Nach ihrer Meinung ist auf beiden Seiten Liebe da, wird aber nicht gelebt. Peter hat jedoch seinen männlichen Stolz und möchte sein Unternehmerdasein nicht aufgeben.

Monika sucht Hilfe. Was kann sie tun? Was geht wirklich in Peter vor? Und was in ihr selbst? Mit diesen Fragen sitzt sie mir gegenüber. Die Zwiesprache mit dem Unterbewusstsein bringt Klarheit.

Nun, es geht bei Monika wirklich um die Beziehung und wir finden den Zielsatz: »Ich habe eine erfüllte Partnerschaft.« Als Grundgefühl für die Hintergrundgeschichte meldet sich im kinesiologischen Dialog mit ihrem Unterbewusstsein das Wort Minderwertigkeit, als Handlungsebene die Krankheit und als besondere Lebenssituation die Herausforderung, die das Leben aktuell an sie stellt. Monika fühlt sich minderwertig wegen ihrer Krebserkrankung. Dieser Aspekt ist ihr völlig neu, hat sie doch die möglichen Gefahren dieser heimtückischen Krankheit bisher verdrängt, weil der stets wachsende berufliche Erfolg Bestätigung gab. Das Minderwertigkeitsgefühl, das sie als Frau wegen ihrer Brustkrebserkrankung hat, ist – unbewusst – das größte Hindernis für eine neue Partnerbeziehung.

Für Peters Gemütszustand zeichnet Monikas Unterbewusstsein das folgende Bild: Peter ist richtungslos und desorientiert und findet es ungerecht, dass es Monika so gut geht. Innerlich lehnt er sich gegen sie auf. Er ist stolz und egoistisch, benutzt sie aber ganz bewusst, weil er sonst gar nicht existieren könnte. Seine Ausweglosigkeit ist ihm bewusst. Er hat Angst, auf eigenen Füßen stehen zu müssen. Doch ist er auch uneinsichtig, in seinem Egoismus gefangen und hält an seiner vermeintlichen Existenz fest, die es ohne Monikas Unterstützung nie gegeben hätte.

Auch Monika lehnt sich innerlich gegen Peter, genauer gesagt gegen seine egoistische Art auf. Sie ist fassungslos, weil er nicht kapiert, dass sie doch nur das Beste für ihn will. Sie möchte ihn rütteln und schütteln und kann doch nichts bewegen. So fühlt sie sich selbst als Opfer und ist demoralisiert. Ihr Egoismus besteht darin, dass sie ihn gern ändern würde, aber sie sieht auch die Ausweglosigkeit der Situation. Monika fühlt sich von Peter benutzt.

Wie kann es nun gut für Monika weitergehen? Monikas Unterbewusstsein gibt ihr den Hinweis, nicht aufzugeben, an ihr Ziel zu glauben und für sich das Beste zu erwarten. Monika tut also gut daran, bei ihrer Wunschvorstellung zu bleiben, und darf hoffen, dass auf dem von ihr eingeschlagenen Kurs für alle Beteiligten das Beste geschieht. Allerdings sollte sie sich bewusst machen, dass sie Peter nicht ändern kann und darf, weil es immer nur möglich ist, sich selbst zu ändern. Es wäre also gut, Peter ihre Vorstellungen und Gefühle behutsam mitzuteilen und ihm so eine Brücke zu bauen. Vor allem aber sollte sich Monika mit ihrer Erkrankung auseinander setzen. Durch das Leiden in ihrer linken Brust schreit ihr Körper auf der weiblichen Seite. Und es wird die nächste Frage in unserer Klärungsarbeit sein, inwieweit sie sich durch ihren existenziellen Überlebenskampf, den sie nun gar nicht mehr führen müsste, von ihrer Weiblichkeit entfernt hat.

Eine weitere aktuelle Lebenshilfe durfte Irina erfahren. Ihr Mann leidet bereits seit seiner Jugend unter Multipler Sklerose, ist seit fünf Jahren arbeitslos und kann sich nur noch im Rollstuhl fortbewegen. Irina versorgt ihre vier Kinder, und ihr Mann hat sich wie ein fünftes Kind angehängt, indem er die Hände in den Schoß legt, null Interessen hat und sich rund um die Uhr versorgen lässt. Er nimmt keinen Anteil am Familienleben, seine Krankheit ist ihm genug Alibi für seine Untätigkeit und sein fehlendes Interesse. Da Irina die ganze Last der Verantwortung trägt, und dies schon seit vielen Jahren, sieht sie für sich selbst und ihre eigenen geistigen Interessen keinen Lebensraum mehr. Inzwischen hat sie beim Chatten im Internet einen anderen Mann kennen gelernt und erlebt seit langem zum ersten Mal, dass jemand tiefere Gefühle für sie empfindet. Sie denkt mittlerweile sogar daran, ihren Ehemann zu verlassen. Sie will einfach nicht mehr.

Irina sucht Rat und Hilfe. Wir kommunizieren also mit ihrem Unterbewusstsein. Der beste Zielsatz für ihr Thema heißt: »Ich ordne meine Partnerschaft.« Das Grundthema ihrer Geschichte ist Ungerechtigkeit, die Handlungsebene deutet darauf hin, dass das Thema etwas mit ihr selbst zu tun hat, und ihre besondere Lebenssituation fordert eine Bereinigung. Weiterhin zeigt der kinesiologische Dialog, dass ihr Ehemann keine Gefühle für sie hat. Er fühlt sich als Opfer seiner Erkrankung, mehr nicht. Sein ganzes persönliches Verhalten bringt nur Resignation und Desinteresse am Leben zum Ausdruck.

Auch Irina fühlt sich als Opfer. Sie hat jegliches Vertrauen in ihren Ehemann verloren und erwartet überhaupt nichts mehr von ihm. Er würde sich ja doch nie ändern. Sie steht kurz vor dem Zusammenbruch und fühlt die Ungerechtigkeit: Ich habe einen Ehemann und doch keinen. Ich lebe nur für andere, wo bleibe ich? So geht Irina einen Leidensweg, hat aber dennoch starke Schuldgefühle bei dem Gedanken, ihren Mann zu verlassen. Als positiver Hinweis für ihre heikle Lebenssituation zeigt sich der Satz: »Ich fühle Gerechtigkeit.«

In der anschließenden Klärung mit der Entkoppelungsprozedur mache ich Irina die Bedeutung dieses Hinweises klar. Gerechtigkeit erfährt sie nicht dadurch, dass sie alles hinschmeißt und mit fliegenden Fahnen zu einem anderen Mann überläuft. Gerechtigkeit zu erfahren heißt hier, ein ehrliches Gespräch mit ihrem Mann zu führen und ihn auf ihre innere Not und auf die ernsthafte Gefährdung ihrer Beziehung hinzuweisen. Wenn er sich dadurch wachrütteln lässt und bereit ist, wieder Interesse für die Familie und die Beziehung zu zeigen, kann ein Einlenken noch möglich sein.

Die Tatsache, dass der neue Partner in diesem Dialog mit dem Unterbewusstsein überhaupt nicht in Erscheinung trat, hat gezeigt, dass er noch nicht so viel Raum eingenommen hat. Irinas Ehe hat also noch eine gute Chance, allerdings nur, wenn ihr Mann wirklich aufwacht und Initiative ergreift. Sollte dies nicht der Fall sein, nehmen die Dinge ihren Lauf, und Irina wird ihren Mann wirklich eines Tages verlassen. Irina weiß nun um diese Schwachstellen und kann handeln.

Jeder ist der wichtigste Mensch in seinem eigenen Leben! Nur diese Haltung garantiert unser Überleben und damit die Möglichkeit, dass sich unsere Seele hier auf Erden entwickelt. Das Selbst ist also wichtig. Wird es vernachlässigt, stimmt unser persönliches Milieu nicht mehr und unsere Körperchemie gerät aus dem Gleichgewicht. Wenn das Milieu einer Pflanze nicht mehr stimmt, entdecken wir Würmer, Pilze, kleine Spinnen, Blattläuse, einzelne Teile sterben ab. Im Körper ist es nicht anders. Unser Körper ist die irdische Existenzgrundlage unserer Seele. Wenn das Milieu nicht mehr stimmt, bilden sich Parasiten im Körper. Das sind kleine schmarotzende Tierchen, die sich ganz selbstverständlich und gefräßig bedienen, weil das Imperium Körper nicht mehr genug Energie hat, sich dagegen zu wehren.

Ausgelöst wird dies alles im Geist: Das verschmutzte Denken verunreinigt den Körper. Das körperliche Milieu hat mit dem geistigen Milieu zu tun, und Ethik und Moral sind die Werte, die das geistige Milieu stimmig halten. Wenn es erst zusammengebrochen ist, geht es oft rapide abwärts. Wir haben keine Werte mehr, lassen uns hängen, vernachlässigen neben der geistigen auch die körperliche Hygiene und suchen geradezu nach Möglichkeiten, uns selbst zu schaden. Die letzte Station wäre der Suizid, die endgültige Vernichtung des Körpers. Wenn ich mich selbst nicht mag, wird mein Leben voller Barrieren und Hindernisse sein. Mein Selbst, das *Ich bin*, das göttliche Samenkorn in mir, diese eintausend PS Lebenskraft, wollen durch Lebensfreude, Tatendrang und immer neue Lebenserfahrungen genährt sein.

Veronika hatte bemerkt, dass mit ihr etwas nicht stimmt. Sie ist mit ihrem Leben nicht mehr zufrieden. In der Liebe klappt es nicht, die Kinder sind ihr eine Last, sie hat plötzlich existenzielle Schwierigkeiten, und am liebsten würde sie nicht mehr leben. Veronika ist normalerweise sehr gesundheitsbewusst und bezieht ihre Nahrungsmittel ausschließlich aus dem Naturkostladen. Als sie sich dabei ertappt, dass sie bei McDonalds isst, erkennt sie, dass es so nicht weitergehen kann, und ist bereit für eine Sitzung. Einer inneren Eingebung folgend teste ich sie kinesiologisch auf Parasiten, und mein Verdacht bestätigt sich: Ihr Körper ist von Parasiten befallen. Nun ist ja das Besondere im Kinesiologie-Coaching, dass durch einen einfachen Test festgestellt werden kann, dass die Ursache eines solchen Befalls seelischer Natur ist. Denn was hilft es, Parasitenkiller einzusetzen, wenn eine emotionale Blockade das Denken, Fühlen und Handeln beeinträchtigt.

Wir arbeiten intensiv mit dem Zielsatz: »Ich bin sauber.« Im kinesiologischen Dialog mit Veronikas Unterbewusstsein meldet sich als Handlungsebene der Bereich Milieu und als besondere Lebenssituation die Unachtsamkeit sich selbst gegenüber. Ihr innerer Spiegel zeigt Veronika, dass sie ihre Macht über sich selbst aufgegeben hat. So konnten gewisse Lebensumstände zu einer Überlastung werden, die wiederum dazu führte, dass sie sich nun selbst nicht mehr leiden kann.

Wenn ich mich selbst nicht mag, bricht mein ganzes Energiepotenzial zusammen. Das ist Veronika bewusst geworden. Und was bewusst ist, kann heilen. Veronika wird heil, indem sie sich wieder nähert, selbst liebevoll umarmt und erkennt, dass sie etwas ganz Besonderes ist. Die Parasiten haben keine Chance mehr. Die körpereigene Energie gewinnt die Oberhand und sorgt erneut für Ordnung. Der Test nach der Sitzung bestätigt dies. Die Parasiten sind energetisch nicht mehr festzustellen. Für den geistigen Reinigungsprozess war nur das Umlegen eines inneren Schalters nötig. Für die körperliche Bereinigung sorgt der Körper anschließend selbst.

Ein gelungener Start in den Tag

Auch Sie haben einen inneren Schalter, der es Ihnen ermöglicht, jeden neuen Tag mit einer guten Grundeinstimmung zu beginnen. Es gibt eine einfache aber sehr wirkungsvolle Methode, bereits zu Beginn eines jeden Tages einen Gemütsausgleich durchzuführen und harmonisiert in den Tag zu gehen. Und so kann dieser gelungene Start aussehen:

In dem Bewusstsein, dass Ihr Körper Sie unterstützt und gut funktionierende Organe ihn optimal in Betrieb halten, während negative Seelenstimmungen die Organe schwächen, legen Sie beide Hände nacheinander auf die verschiedenen Körperorgane und sprechen dabei dreimal laut und mit offenen Augen sowie dreimal leise und mit geschlossenen Augen den zu diesem Organ gehörigen positiven Satz:

Gehirn: »Ich bin.«
Schilddrüse: »Ich bin voller Hoffnung.«
Thymusdrüse: »Ich glaube und vertraue.«
Lunge: »Ich bin achtsam.«
Herz: »Ich bin in der Liebe.«

Magen: »Ich bin sicher.«
Leber: »Ich bin glücklich.«
Gallenblase: »Ich bin einsichtig.«
Milz, Bauchspeicheldrüse: »Ich bin ein wertvoller Mensch.«
Nieren: »Ich bin ausgewogen.«
Dünndarm: »Ich bin geborgen.«
Dickdarm: »Ich bin frei.«
Blase: »Ich bin geerdet.«
Wirbelsäule: »Ich bin aufrecht.«

So eingestimmt gehen Sie nun in den Tag, und Menschen, die Ihnen begegnen, können sich an Ihrer positiven Grundschwingung ausrichten, denn Sie haben eine gute Ausstrahlung.

Oft wollen wir gewisse Realitäten, die unangenehm oder schmerzhaft sind, nicht so ohne weiteres hinnehmen, besonders wenn es sich um Verletzungen in Beziehungen handelt.

Harald hat es nicht leicht. Vor fünf Jahren ließ seine Frau Barbara sich scheiden und blieb mit den beiden Kindern im gemeinsam erbauten Haus wohnen. Harald sah sich zum Singledasein verurteilt. Zwar hatte er das Ende seiner Ehe durch verschiedene Seitensprünge selbst heraufbeschworen, doch im Nachhinein tat es ihm unsagbar Leid. Am meisten vermisste er die Kinder, die Familie und das gemeinsame Heim. Auch glaubte er seine Ex-Frau Barbara plötzlich wieder zu lieben. Er litt fürchterlich. Barbara indes holte kräftig nach, hatte mehrere Liebschaften hintereinander und lebt nun schon länger in einer dauerhaften Beziehung. Harald hofft immer noch, dass sie wieder zusammen kommen, obwohl ihn Barbara immer wieder zurückweist, wenn er ihr auch nur einen Schritt zu nah kommt.

Schon vor Jahren hat Harald Christa kennen gelernt. Beide mögen sich, Harald kann mit Christa gute Gespräche führen, und auch sexuell harmonieren sie sehr gut. Doch Harald kann sich nicht endgültig für Christa entscheiden, weil er von der Vorstellung besessen ist, er müsse Barbara zurückbekommen. Er meint auch, dass es Barbara vielleicht ähnlich geht und sie doch Gefühle für ihn hat, die sie nur nicht zeigen will. Aus lauter Frust über diese Situation ist Harald innerlich völlig haltlos geworden und hat nun zahllose heimliche Liebschaften und sexuelle Beziehungen nebenher. Das emotionale Chaos ist perfekt.

Nun sitzt er bei mir in der Praxis und fragt: »Was soll ich tun?«

Wenn ich jemandem sagen würde, was er tun soll, würde ich ihn entmündigen. Jeder hat seinen freien Willen, jeder hat das Recht auf eigene Erfahrungen und jeder braucht diese eigenen Erfahrungen, denn sie bringen uns in unserer Entwicklung weiter. Aber Lebenshilfe darf ich geben – jemandem bewusst machen, was Sache ist, klären und lösen helfen, was eine neue Entscheidung blockiert, damit der Weg frei wird für neue Erfahrungen.

Haralds Unterbewusstsein will den Zielsatz: »Ich entscheide mich jetzt!« Das Grundthema dieser aktuellen Geschichte ist mangelnde Motivation. Es hat mit ihm selbst zu tun und es geht um etwas, was er vorerst weder greifen noch begreifen kann.

Doch nun bringt das Kinesiologie-Coaching die Wahrheit auf der Seelenebene ans Licht. Harald fühlt sich allen Frauen hilflos ausgeliefert. Da er beruflich viel in Haushalten zu tun hat, kommt er auch viel mit Frauen zusammen, deren Männer gerade nicht da sind. Seine erotische Ausstrahlung verfehlt ihre Wirkung auf frustrierte Ehefrauen nicht und Harald sagt nicht nein. Die sich ständig wiederholenden sexuellen Erlebnisse, die eine einzige Flucht vor seiner unklaren Beziehungsrealität sind, haben dazu geführt, dass er sich mittlerweile selbst bemitleidet. Von seiner Ex-Frau Barbara ist er gefühlsmäßig enttäuscht. Ihre Liebe und Zuwendung fehlt ihm sehr. Bei seiner Freundin Christa hat er Angst, sich gefühlsmäßig festzulegen, weil er immer noch auf Barbara hofft. Harald fühlt sich klein und mies.

Sein Unterbewusstsein gibt preis, dass seine Ex-Frau Barbara ihn ablehnt. Das kommt kurz und bündig: Da sind wirklich keine Gefühle mehr für Harald. Freundin Christa hofft. Sie hätte gern eine feste Beziehung, aber von Harald geht keine entsprechende Sicherheit aus. Christa leidet unter unerfüllter Liebe.

So sieht es also aus. Nachdem Harald fünf Jahre lang immer noch gehofft hatte, wieder mit Barbara zusammenzukommen, hat er nun die klare Aussage aus seinem Unterbewusstsein: Keine Chance, dieses Buch ist zu! Freundin Christa aber ist bereit für eine feste Bindung. Harald sollte sich für weitere amouröse Abenteuer zu schade sein und seinem Leben eine neue Richtung geben.

Der positive Lösungssatz für die Klärung lautet: »Ich bin first class!« Wenn er dieses Bewusstsein wieder hat, trifft er sicher die für ihn beste Entscheidung.

Beziehungsmäßig hatte sich auch Serena auf Glatteis begeben. Serena hat zwei Kinder aber keinen Mann. Sie ist begütert, erfolgreich, glücklich mit ihren Kindern, nur der Mann fehlt. Serena ist sehr spirituell und auch sehr erotisch und leidenschaftlich. Nachdem sie kürzlich an einem Tantra-Seminar teilgenommen hat, ist ihre Sinnlichkeit noch mehr geweckt.

Heute kommt sie strahlend in meine Praxis. Ich frage vorsichtig, ob es etwas Besonderes gibt, und sie sprudelt gleich los: Ja, ihr Leben habe sich total verändert, sie habe den Mann ihres Lebens gefunden, empfinde eine tiefe Seelenverwandtschaft, spüre ihn in allen sieben Chakren. So etwas habe sie noch nie erlebt. »Das ist er! Das ist mein Mann!« Und ihm gehe es genauso. Ich frage mich, was sie dann hier macht, wo sie doch so glücklich ist, und sie sagt, es gehe um ihre Angst vor Pferden. Anton, ihr Traumpartner, hat ein Gestüt und arbeitet mit Pferden. Wenn sie erst einmal zusammenleben, meint Serena, dürfe sie keine Angst vor Pferden haben. Begeistert erzählt sie weiter von ihrer schicksalhaften Begegnung mit Anton, den sie erst vor zwei Wochen kennen gelernt hat, als sie ihre Kinder zum Reitunterricht brachte. Nebenbei erwähnt sie, dass Anton leider noch nicht frei ist. Da gibt es noch diese andere Frau, Babsi, mit der er seit vielen Jahren zusammenlebt. Aber, betont sie, die beiden haben sich nichts mehr zu sagen, es ist nur noch eine sexuelle Verbindung. Bei uns beiden, sagt Serena, ist das ganz anders, das ist eine tiefe seelische Verbindung, so, als hätten wir ein Leben lang darauf gewartet. Ihrer Meinung nach hat die Andere gar nicht mehr das Recht, bei Anton zu sein, wo doch sie, Serena, diese tiefe Verbundenheit zu ihm spürt. Und bekräftigend fügt sie hinzu: »Das ist mein Mann, und den will ich haben!«

Aha, denke ich, Serena merkt in ihrer Euphorie gar nicht, dass sie sich in eine bestehende Beziehung drängt. Behutsam weise ich sie auch auf diesen ethischen Aspekt hin. Dann geht es um das Thema, das sie hergeführt hat. Hinter ihrer Angst vor Pferden offenbart sich ein seelischer Ursachenkonflikt. Ich teste sie auch auf die Person Anton: kein Stress. Wohl aber stresst sie die Tatsache, dass sie sich in eine bestehende Beziehung drängt. Hier zeigt sich das Schlüsselwort Unordnung, und wir bekommen den Hinweis, dass die Geschichte ausschließlich mit Serena selbst zu tun hat. Nachdem nun zwei Themen zur Auswahl stehen, die Angst vor Pferden und die Beziehungsgeschichte, frage ich ihr Unterbewusstsein, welches dieser beiden Themen für die heutige Sitzung wichtiger ist. Priorität hat das Beziehungsthema. Erst etwas widerwillig ist Serena dann doch bereit, an diesem Thema zu arbeiten. In der Zwiesprache mit ihrem Unterbewusstsein erfährt Serena nun, was in den beteiligten Personen und in ihr selbst wirklich vor sich geht. Wir finden zunächst den Zielsatz: »Das ist mein Mann.« Das entspricht Serenas innerer Forderung.

Als Grundthema meldet sich Vertrauensbruch. In der Handlungsebene wird darauf hingewiesen, dass alles mit Serena selbst zu tun hat, und für die Ursache dieses Konflikts steht das Wort Würdigung. In der Detailgeschichte meldet sich Antons Partnerin Babsi zu Wort: Sie will ihn nicht hergeben. In Anton finden wir den Vertrauensbruch, die Schuldgefühle gegenüber Babsi und sein Gefühl, sie ungerecht zu behandeln. Andererseits ist die Beziehung mit Babsi inzwischen eine Last für ihn geworden. Er empfindet das Zusammenleben als Leidensweg und die Sexualität mit ihr als nicht mehr erfüllend.

Und nun Serena. In ihr wirkt ein Zwang wie ein starker Magnet, der sie zu Anton hinzieht. Babsi gegenüber empfindet sie Schuldgefühle und Falschheit. Doch sie ist uneinsichtig und will dies alles nicht wahrhaben. Schmollend wie ein Kind sagt sie: Ich will ihn aber!

Soweit der kinesiologische Dialog mit Serenas Unterbewusstsein. Serenas Verhalten ist demoralisierend. Ich mache ihr die Zusammenhänge dieses Seelenbildes klar: Anton ist, wie heutzutage viele Männer und Frauen, seiner Beziehung überdrüssig und bricht heimlich aus. Es geht ihm gar nicht um Serena. Sie kommt in seinem Gefühlsprofil nicht vor, er will einfach nur etwas Neues erleben. Wäre ihm wirklich an ihr gelegen, würde er die Verbindung mit Babsi sauber lösen und wäre frei. Serena ist durch ihre aktuelle Verliebtheit in Anton so verblendet, dass sie Babsis Anwesenheit ethisch und menschlich überhaupt nicht respektiert. Doch Babsi war vor ihr da und ist immer noch da. In der Ablöse arbeiten wir mit dem positiven Lösungssatz: »Ich achte, was vor mir ist.«

Nach der Sitzung ist Serena erleichtert. Es fällt ihr wie Schuppen von den Augen. »Wie gut, dass ich hier war«, sagt sie. »Heute Nachmittag wollte ich Anton meiner Familie vorstellen, und wie gut, dass ich ihm meinen Wohnungsschlüssel noch nicht gegeben habe.« Ich bekomme eine Gänsehaut bei dem Gedanken, in was sie da fast hineingerasselt wäre. Hier waren Anziehung und Verblendung so stark, dass weder Bauchgefühl noch Vernunft eine Chance hatten, sich bemerkbar zu machen. Doch unsere weise höhere Führung bietet uns immer noch rechtzeitig Hilfe an. In Serenas Fall war es die Angst vor Pferden, die sie rechtzeitig in meine Praxis führte. Diese Angst hat sie zwar immer noch, aber in der Geschichte mit Anton ist ihr wahrscheinlich eine große Enttäuschung erspart geblieben.

Zwischen Eltern und ihren erwachsenen Kindern gibt es viele Verbindungen und oft sogar Zwänge, die bewirken, dass sich das Kind nicht vom Einfluss der Eltern befreien kann oder dass die Eltern das Kind nicht loslassen können. Oft trifft sogar beides zu. Wenn das fast erwachsene Kind nach dem Schulabschluss die Möglichkeit hätte, das Elternhaus zu verlassen und endlich ein eigenes, unbeeinflusstes Leben zu führen, kann es sein, dass es ihm unmöglich ist, diesen Schritt zu tun. Etwas hält fest und bindet. Die Ursache ist sehr oft in der fötalen Zeit zu finden. Erfahrungsgemäß nimmt die Mutter, wenn sie merkt, dass sie schwanger ist, zunächst eine ablehnende Haltung ein und ist erst viel später wirklich bereit für das Baby. Ein Grund kann der falsche Zeitpunkt für die Schwangerschaft sein. Die Mutter war noch nicht bereit für ein Kind, hatte vielleicht noch berufliche Pläne, war noch nicht verheiratet oder wollte nach der Heirat erst einmal die Paarbeziehung genießen. Der Vater hatte vielleicht noch keine gesicherte Existenz oder es sollte erst noch das Haus gebaut werden. Das Baby fühlte sich nicht eingeladen, hat sich aufgedrängt, konnte deshalb auch nicht geliebt werden und hat nun Schuldgefühle, dass es da ist und die Mutter belastet. Auf diese Weise entsteht eine unnatürliche Bindung zwischen Mutter und Kind. Das Kind sucht immer wieder die Liebe der Mutter, die Bestätigung, dass es da sein darf. Es möchte der Mutter alles recht machen, damit es nur ja keinen Grund für weitere Ablehnung gibt. Dies alles geschieht natürlich völlig unbewusst.

Doch wenn es dann Beziehungsprobleme zwischen den Eltern gibt oder die Mutter andere Probleme hat, ist es dem nun schon erwachsenen Kind fast unmöglich, die Mutter gerade jetzt zu verlassen, wo sie Hilfe braucht. Es möchte sie beschützen, möchte, dass es ihr gut geht, denn als einst unerwünschtes Kind hungert es noch immer nach Liebe und nach Anerkennung durch die Mutter. Mit Kinesiologie-Coaching kann auch hier eine leichtere Loslösung erreicht werden.

Wenn eine Mutter ihre Tochter ein Leben lang zu beherrschen versucht, haben es beide im Alltag sehr schwer. Inge ist fast sechzig Jahre alt. Ihre achtzigjährige Mutter ist verwitwet und wohnt allein im Häuschen nebenan. Inge hat mit ihrer Familie das alte Elternhaus bezogen, nachdem ihr Mann in den Ruhestand getreten und nicht mehr anderswo ortsgebunden war. Alle wussten, dass die Mutter schwierig ist, aber jeder hoffte, es würde dennoch einigermaßen gut gehen. Nun wird die Belastung von Tag zu Tag unerträglicher. Die Mutter beherrscht das Feld auf eine sehr subtile aber prägnante Art, indem sie sich immer wieder mit einem vermeintlichen Leiden oder auch nur mit aufgesetzter Leidensmiene in den Mittelpunkt stellt.

Inge hat keine Kraft, mit klarem Kopf dagegen anzugehen. Sie muss stille und laute Vorwürfe ihrer Mutter einstecken. Emotional ist sie an die Mutter gebunden, will alles für sie tun, doch die Mutter kann nichts annehmen. Zwar teilt sie ständig Schuldzuweisungen aus und beklagt sich, dass sie ganz allein dasteht und ihr keiner hilft, doch wenn Inge ihre Hilfe anbietet, wird sie stets abgewiesen. Eine ausweglose Situation. Inge ist ständig genervt, kann sich ihrer Mutter gegenüber nicht abgrenzen und fühlt sich nur noch schuldig. Sie wünscht sich so sehr, dass das Getue ihrer Mutter an ihr abprallt und sie emotional nicht mehr so manipulierbar sein möge. Mit diesem Wunsch ist sie bei mir, und wir finden den Zielsatz: »Ich bin cool.«

»Cool« ist für eine fast Sechzigjährige vielleicht kein gängiger Ausdruck, doch ich habe in diesen Begriff hineingespürt und dabei erkannt, dass flippige Worte ein Thema spontan auf den Punkt bringen können. »Cool« steht für eine gewisse Souveränität im Umgang mit anderen Menschen. Wenn ich cool bin, bin ich nicht abweisend, nicht zurückweisend, nicht unverschämt, nicht dogmatisch, nicht hochnäsig. Ich bin einfach nur cool, stehe über den Dingen, völlig wertneutral. Es ist durchaus etwas ungewöhnlich, diese gestandene Frau sagen zu lassen: »Ich bin cool.« Doch Inge spürt die Kraft der Aussage und kann den Satz gut annehmen.

Im kinesiologischen Dialog mit ihrem Unterbewusstsein meldet sich die aktuelle Situation. Das Grundthema ist ein Minderwertigkeitsgefühl bei Inge. Im Bereich der Handlungsebene zeigt sich Zwanghaftigkeit bei der Mutter und als Ursachenart Schuld, wieder bei Inge. Damit sind die emotionalen Eckwerte klar umrissen. Bei Inge meldet sich das Gefühl, der Mutter ausgeliefert zu sein. Die detaillierten Gefühle der Mutter sind: Sie ist demoralisiert über Inge, will Inge benutzen, ist egoistisch, ist beleidigt, fühlt sich als Opfer, will durch Inge Vorteile haben, ist eifersüchtig auf Inges Leben, möchte sich selbst über Inge leben. Nirgendwo ist zu erkennen, dass es der achtzigjährigen Mutter schlecht geht, dass sie leidet und Hilfe braucht. Vielmehr weigert sich die Mutter, ihren eigenen Weg zu gehen. Sie möchte lieber über die Tochter leben. Inge kann damit nicht umgehen. Sie bekommt Magenkrämpfe und Rückenbeschwerden und hat manchmal sogar einen Hass auf die Mutter.

Menschen finden sich, heiraten und bekommen Kinder. Damit stellt jeder Elternteil persönliche Wünsche und Ziele zurück, weil die Familie wichtig ist. Wenn dann die Kinder aus dem Haus sind, darf die Paarbeziehung neue Impulse erfahren. Stirbt später einer der Partner, so hat der oder die Zurückgebliebene noch eigene Erfahrungen auf der Erde zu machen. Wenn wir als erwachsenes Kind zu viel Raum im Leben eines Elternteils einnehmen, stören oder behindern wir dessen Entwicklung. Wenn sich, wie in Inges Fall, die Mutter an das Leben der Tochter anhängt, behindert sie sich in ihrer Entwicklung und erkennt die Botschaft ihres eigenen Weges nicht mehr.

Inge tut also gut daran, sich zurückzuhalten. Einen alten Menschen kann und darf man nicht ändern. Über ihr Unterbewusstsein bekommt Inge den Hinweis, sich aus ihren Schuldgefühlen zu lösen und ihre Mutter so zu lassen, wie sie ist. Sie soll eine gewisse Ordnung in den Gegebenheiten erkennen und dadurch ihren inneren Frieden finden. Wir finden den positiven Satz: »Meine Mutter ist in Ordnung so wie sie ist.«

In der Werbebroschüre eines Fitness-Studios sehe ich zwei nackte Körper und einer ruft dem anderen zu: »Achte auf mich, denn du hast nur einen! Dein Körper.« Das erinnert mich an Carolin. Carolin ist neunundzwanzig Jahre alt und leidet seit acht Jahren unter

Bulimie. Sie hat schon mehrere Klinikaufenthalte hinter sich, kommt aber nicht von ihrer Krankheit los. Auch ich habe schon mit Carolin an diesem Thema gearbeitet, und zwar mit den Zielsätzen: »Ich habe ein natürliches Essverhalten« und »Ich nehme meinen Körper an.«

Im ihrem ersten Lebensjahr wurde Carolin zur Oma gegeben. Als sie zwei Jahre alt war, trennten sich ihre Eltern. Bereits in der Grundschule war sie sehr dick. In den Sitzungen haben wir Blockaden aus der Zeit gelöst, als Carolin noch ein Fötus im Bauch ihrer Mutter war, aber etwas hielt sie immer noch fest.

Carolin ist inzwischen zu der Erkenntnis gekommen, dass sie sich mehr um sich selbst kümmern muss, und so lautet der Zielsatz für diese Sitzung: »Ich bin der wichtigste Mensch in meinem Leben.« Im kinesiologischen Dialog mit ihrem Unterbewusstsein meldet sich ihre aktuelle Lebenssituation, die eine besondere Herausforderung für Carolin darstellt. Das Grundthema ist Minderwertigkeit, die Handlungsebene die Krankheit. Als Dialogpartner treten dann sie selbst und ihre Krankheit auf. Carolin hat wegen der Krankheit das Vertrauen in ihren Körper verloren. Sie will sich der Realität nicht mehr stellen. Es fehlt ihr an Sicherheit und sie hasst ihren Körper. Sie lebt in der Angst, ihr Körper könne versagen, und hat keine Hoffnung auf irgendeine Besserung.

Nun hören wir die Botschaft der Krankheit: Sie fügt Carolin Leid zu und will ihr damit bewusst machen, dass sie sich von ihrem Körper entfernt hat und dass dies nicht richtig ist. Die Krankheit möchte, dass Carolin ihren Körper wieder liebevoll annimmt und erkennt, dass dieser ihr Halt geben kann.

Der Knackpunkt bei Carolin ist also, dass sie das Vertrauen in ihren Körper verloren hat. Wir erarbeiten die positiven Sätze: »Ich habe Vertrauen in meinen Körper« und »Ich verstehe die Botschaft meiner Krankheit.« Jetzt kann es für Carolin gut weitergehen und der Boden für alle folgenden medizinischen Maßnahmen ist bestens bereitet.

Die Dirigentenübung

Sie können ein gutes Verhältnis zu Ihrem Körper bewahren, indem Sie ihn immer wieder neu vitalisieren. Dies erreichen Sie durch eine Herz-Kreislaufstabilisierung mit der Dirigentenübung.

- Heben Sie beide seitlich ausgestreckten Arme in Schulterhöhe. Winkeln Sie nun die Unterarme an, bis sich die Fingerspitzen vor der Brust berühren.
- Nun bewegen Sie die Unterarme in einem Bogen nach oben und außen, bis beide Arme gestreckt sind, und dann im gleichen Bogen wieder nach innen, bis sich die Fingerspitzen wieder vor der Brust berühren.
- Aus dieser Position bewegen Sie die Unterarme in einem Bogen nach unten und außen, bis beide Arme seitlich gestreckt sind, und dann auf dem gleichen Weg wieder zurück, bis sich die Fingerspitzen vor der Brust berühren. Jeder Arm beschreibt also einen Halbkreis nach oben und zurück sowie einen Halbkreis nach unten und zurück. Dies machen Sie nun etwas flotter und ohne Unterbrechung.
- Atmen Sie ein, während Sie die Arme nach oben bewegen, und aus, während Sie die Arme nach unten bewegen. Die Schultern bleiben dabei unbewegt, die Drehung der Unterarme erfolgt nur im Ellenbogengelenk.

Durch diese Bewegungen werden die im Innenarm fließenden Herz-Kreislauf-Ströme optimal aktiviert. Diese Übung ist gut, wenn Sie kalte Hände und Füße haben, wenn Ihr Blutdruck nicht stimmig ist oder Sie Kreislaufprobleme haben. Mit der Übung werden beide Herzhälften aktiviert. Stellen Sie sich ein Auto vor, das nur auf zwei Zylindern läuft. Das kommt nie so richtig auf Touren. Ebenso geht es Ihnen, wenn Ihr Herz nicht genügend vitalisiert ist. Schauen Sie sich Dirigenten an. Unbewusst machen sie täglich immer wieder diese Herzübung. Das ist wohl auch der Grund dafür, dass viele Dirigenten über neunzig Jahre alt werden.

Ich liebe den Werbeslogan »Wir machen den Weg frei.« Das tun wir, Klient und Therapeut, im kinesiologischen Dialog mit dem Unterbewusstsein auch. Wir bekommen Antworten von den inneren Ratgebern, und Wegweiser zeigen uns, wie es am besten weitergehen kann. Ich bin mir immer und immer wieder selbst der Nächste. Was ich an mir selbst ändere, wird auch mein Umfeld verändern, ohne dass ich viel dafür tun oder auf andere einwirken muss. Jeder darf so sein, wie er ist. Und jeder ist mit all seinen Schwächen und Unzulänglichkeiten in Ordnung.

Auch Sie sind in Ordnung, wie Sie sind. Danken Sie, dass es Sie gibt. Machen Sie jetzt die Augen zu und sagen Sie mit ganz besonders viel Gefühl zu sich selbst: »Danke, dass es mich gibt.« Ihr Inneres mag das.

Doch hier bleiben wir nicht stehen, denn erst das Tun verändert wirklich etwas in Ihrem Leben.

8

Die positive Kraft des Tuns

Alles im Leben steht und fällt mit unserem Tun oder Nicht-Tun. Wie viele meiner Klienten habe ich bis zu dieser Schwelle geführt und dann aufgefordert: »Jetzt tu etwas! Spring!«

Viele sind gesprungen, schon nach wenigen Sitzungen. Und da war es, als hätten sich Flügel entfaltet, als könne ein Heliumballon nun dem Sog nach oben folgen, weil endlich, endlich Ballast abgeworfen wurde. Es geht nur um das Loslassen, um ein klein wenig Mut zum großen Tun. Dann kann die große Erleichterung spürbar werden, weil so viel Freiraum entstanden ist. Und schon sieht die Welt ganz anders aus. Aus der Vogelperspektive ist sie weit, frei und luftig leicht. Alles ist offen, besonders nach oben.

Nach dem Kribbeln des Springens und Fliegens entfaltet sich dann sachte und sicher der Gleitschirm, der Sie wieder mit beiden Beinen auf die Erde bringt, zurück auf sicheren Boden. Oben bleiben ist nicht Ihr Weg, noch nicht. Sie müssen wieder unten ankommen, damit es weitergehen kann – ankommen um weiterzukommen. Doch anders als vorher spüren Sie den Boden jetzt wirklich. Sie spüren das Fundament, das Sie trägt. Sie spüren, wie Sie sicher im Sattel sitzen und die Zügel festhalten. Sie wissen, worauf es ankommt und Sie können handeln. Erst das Tun verändert Ihr Leben!

Viele springen nicht. Viel zu viele! Sie finden immer mehr und immer andere Gründe, warum sie noch nicht springen können. Sie entdecken immer neue akute Probleme bei sich, die erst noch in weiteren Sitzungen gelöst werden sollen, weil es sonst ja nicht möglich ist, den nächsten Schritt zu tun. Eine Hand voll solcher Klienten können den Berater, Therapeuten oder Coach zwar gut ernähren, aber auch dieser empfindet seine Tätigkeit ja erst dann als erfüllend, wenn sich das Bewusstsein seines Klienten öffnet und sich bei ihm über die Erfolge eine neue Lebensqualität einstellt.

Was also kann dieses Tun behindern? Wie viele Fälle aus der Praxis belegen, sind es immer wieder unerlöste seelische Konflikte, die verhindern, dass wir unser volles persönliches Potenzial zur Gestaltung unseres Lebens einsetzen. Wie wir in den vorangegangenen Kapiteln dieses Buches bereits gesehen haben, stellen einige Stationen unseres Lebens ganz besondere Herausforderungen dar.

Erste Station: Durch die Befruchtung beim Geschlechtsakt bekommt meine Seele einen Körper. Erinnerungen an meine spirituelle Herkunft verblassen.

Zweite Station: Ende der Schwangerschaft. Das Leben als Fötus im Bauch der Mutter ist beendet. Ich verlasse eine kleine geschützte Welt und werde in das reale Leben geboren.

Dritte Station: Die Einschulung. Nun muss ich auch die Geborgenheit der Familie verlassen und bin der Unbill des Lebens scheinbar schutzlos ausgeliefert.

Vierte Station: Der Start ins Berufs- und Erwachsenenleben. Jetzt wird es wirklich ernst. Ich muss das Elternhaus verlassen und mich eigenverantwortlich der Realität des Lebens stellen.

Angesichts solcher Herausforderungen wird eines immer wieder deutlich: Wenn meine wichtigste Basis, die Sicherheit, fehlt, habe ich ein großes Problem, denn dann empfinde ich alles Neue im Leben als Bedrohung.

Franz, ein Unternehmer, hatte immer dann starke Schweißausbrüche, wenn Neues bevorstand: ein wichtiger Termin, eine Entscheidung, unangenehme Gespräche oder Telefonate und Behördenkontakte. Da ihn diese Schweißausbrüche sehr störten, machte er sie zum Thema einer Sitzung. Ein kinesiologisches Hinterfragen des Themas ergab den treffenden Zielsatz: »Ich bin gelassen und neugierig auf Neues.« Das übermäßige Schwitzen wies also auf einen Urkonflikt hin: die Unfähigkeit, sich auf Neues einzulassen.

Einerseits hatte das Schwitzen eine Signalwirkung: Achtung, dir steht eine Herausforderung bevor, der du vielleicht nicht gewachsen bist, weil es dir an Sicherheit fehlt. Du hast doch schon in anderen wichtigen Phasen deines Lebens erlebt, dass du keine Sicherheit hattest, also solltest du dich dieser Herausforderung nicht stellen. Das Schwitzen mit seinen unangenehmen Begleiterscheinungen soll dafür sorgen, dass du dich nicht stellen musst. Andererseits möchte es dich auch darauf hinweisen: Es gibt eine seelische Blockade, die gefunden und gelöst werden möchte.

Bei Franz lag der Ursachenzeitpunkt des Konflikts in der Phase der Geburt, bei der Entbindung. Ausschlaggebend war hier die Hebamme, die in ihrem fachlichen Wirken selbst keine Sicherheit hatte. Dadurch fühlte sich auch die Mutter ohne Sicherheit und Halt, eben nicht gut aufgehoben. Mutter und Hebamme sind die beiden wichtigsten Personen bei einer Entbindung, denn sie tragen entscheidend zu einem guten Gelingen der Geburt ins Leben bei. Da ist diese Fachfrau Hebamme, die ihr Handwerk so gut gelernt hat, dass ich hilfloses kleines Wesen mich ihr angesichts der größten Herausforderung meines bisherigen Daseins voller Zuversicht anvertrauen kann. Und da ist meine Mutter, die mir auf der gefährlichen Reise durch den Geburtskanal doch bestimmt Sicherheit und Geborgenheit gibt.

Und dem war eben nicht so. Das Unterbewusstsein, das unser Überleben schützt, nimmt alle fehlenden Sicherheiten und Bedrohungen wahr, auch wenn die Hebamme ihre Unsicherheit vielleicht mit flotten Sprüchen kaschiert, zum Beispiel: »Stellen Sie sich nicht so an, das haben schon ganz andere geschafft.«

Und wie ging es dem noch Ungeborenen? Das Unterbewusstsein des Klienten hat alles preisgegeben: große Angst, Angst vor dem Bevorstehenden; Vorwürfe an den Vater, weil er nicht anwesend ist; mangelnde Sicherheit, Selbstmitleid; das Gefühl, keinen Halt zu haben, und das Gefühl, Opfer dieser misslichen Umstände zu sein.

Mit all diesen Ängsten begab sich der kleine Franz ins Leben, in das große, gefährliche Neue. Später macht ihm alles Neue immer wieder Angst, denn es erinnert ihn daran, dass er klein, hilflos und ohne Sicherheit ist und sich daher dem Leben nicht stellen kann.

Ein weiteres Sitzungsthema war dann, dass Franz Stress mit Neuem hatte. Immer wenn etwas Neues bevorstand, bekam er alle möglichen Stresssymptome und Unruhezustände, besonders wenn dieses Neue mit einer größeren Anschaffung in Verbindung stand oder besonderes Tun erforderte.

Der Zielsatz für die Sitzung war hier: »Alles Neue bringt mich weiter.« Als Ursachenzeitpunkt meldete sich das sechste Lebensjahr, die Zeit kurz vor der Einschulung, also die zweite große Herausforderung im realen Leben. Hier war für die emotionale Energieblockade ausschlaggebend, dass sein Vater keine existenzielle Sicherheit hatte und somit auch für ihn keine Sicherheit darstellen konnte. In Sachen Sicherheit ist der Vater besonders wichtig, ist er doch geradezu der Garant für die Sicherheit des kleinen Kindes. Und so war auch beim kleinen Franz die Angst dominant, die fehlende Sicherheit, die Last, die er dadurch im Leben verspürte. Er hatte keine Lebenslust mehr, hatte Mitleid mit sich selbst, war nicht gewillt, sich auf Neues einzulassen und hatte noch dazu einen Hass auf das Leben, das ihn doch so sehr zu bedrohen schien.

All diese frühen seelischen Blockaden wurden in den Sitzungen aufgelöst. Franz ist inzwischen ein richtiger Optimist geworden. Alles Neue lockt ihn, und lästige Stresssymptome vor besonderen Herausforderungen kennt er nicht mehr. Nun ist er wirklich zum Unternehmer geworden.

Was hat es denn mit dem Tun auf sich? Was ist überhaupt zu tun? Immer das, was gerade ansteht: den Zahnarzttermin festmachen, den Schreibtisch aufräumen oder einfach nur den Müll raustragen. Und dann mit der längst fälligen Steuererklärung anfangen. Und dann den Traum von vorgestern endlich aufschreiben, bevor er ganz verblasst. Ziele für den Rest des Monats festlegen und dazwischen Freizeit planen, Wohlfühlstunden, auch Kontakte pflegen und mit anderen Menschen reden.

Alles, was ansteht und was ich nicht tue, erhöht den Berg, den ich vor mir herschiebe und der mich schier zu erdrücken droht. Diese Last spüre ich meist schon morgens beim Aufwachen, wenn ich die Augen gleich wieder zumache, die Bettdecke über den Kopf ziehe und am liebsten gar nicht da wäre. So groß ist meine Last. Was kann ich da tun? Auch hier tue ich, was gerade ansteht: Augen auf, aufstehen, Zähne putzen, duschen, anziehen und dann bereit sein für das, was heute getan werden will, oder was auf meiner Erledigungsliste steht. Auch der längste Weg beginnt mit dem ersten Schritt. Es ist eine ungeheure Befreiung, eins nach dem anderen zu tun und irgendwann plötzlich festzustellen, dass ich ganz viel Zeit habe, weil alles erledigt ist. Und dann darf ich mich fragen, was ich am liebsten tun möchte. Ich habe auf einmal alle Zeit der Welt!

Alle Zeit der Welt zu haben steht nicht im Widerspruch zum Tun. Wie viele eilen und jagen durch das Leben, gönnen sich kaum eine Pause und schaffen doch nicht das Wesentliche. Und warum? Weil die Hast ihnen die Sicht nimmt. Sich Zeit zu nehmen ist eine Kunst, und für manche ist es eine Hürde, die meistens auch einen emotionalen Konflikt als Ursache hat.

Es ist schon erstaunlich, dass wir Menschen oft erst im Nachhinein die Signale erkennen, die uns das Leben längst gesandt hat. In einer Sitzung arbeitete ich mit einer Klientin an ihrem Problem: Sie hatte das Gefühl, im Eiltempo durch ihr Leben zu rasen und trotzdem nie genug Zeit zu haben. Während der Sitzung entdeckte ich, dass sie eine Kette mit einer Schnecke als Anhänger um den Hals trug. Wie sinnbildlich: eine Schnecke, das Symbol der Langsamkeit. Viel Zeit haben und trotzdem kontinuierlich vorwärts kommen. Die Klientin wusste nicht mehr, wie lange sie diesen Schneckenanhänger schon trug. Dies war immer ihre Lieblingskette gewesen. Nach dieser Sitzung hatte sie die Botschaft des Lebens verstanden: Wenn du es eilig hast, dann geh langsam!

Betrachten auch Sie einmal Ihren jetzigen Standort. Wo stehen Sie gerade im Leben? Sind Sie festgefahren, wissen Sie nicht weiter? Fehlt Ihnen der Mut, den nächsten wichtigen Schritt zu tun? Ich spreche jetzt ganz bewusst und vertraulich Ihr inneres Du an. Kommen Sie sich jetzt ganz nah, als würden Sie mit sich selbst sprechen:

Erlebe dein Tun! Lass dich ein auf das Neue, Unbekannte, Unsichere. Spring! Und wenn du springst, dann spring ohne Netz, ohne Absicherung. Je größer das Nichts ist, in das du springst, desto größer und tiefer ist dein Erfolgserlebnis. Spring in dem Vertrauen, dass dir nichts, aber auch gar nichts passieren kann. Was wäre denn das Schlimmste? Dass du dein Geld verlierst? Der Kosmos ist ungeheuer reich, und dieser Reichtum ist immer für dich da, wenn dein begrenztes Bewusstsein ihn annehmen kann. Vertraue. Wenn du wirklich Geld brauchst, ist es auch da. Aber sobald du zweifelst, ist es weg. Zweifel entzweit dich und trennt dich von dir selbst.

Was könnte noch schlimm sein? Dass du Schmerz erfährst? Schmerz ist immer ein Zeichen dafür, dass du etwas nicht verstanden hast. Auf diesem Lernplaneten Erde bekommst du immer zwei klare Angebote: Lernen durch Erkenntnis oder Lernen durch Leiden. Erkenne und entscheide dich. Dies ist dein Entwicklungsweg hier auf der Erde, ganz allein deiner. Du bist der wichtigste Mensch in deinem Leben. Nur für dich allein bist du hierher gekommen und ganz allein gehst du wieder – ganz allein. Und darum bist du so wichtig. Das hat nichts damit zu tun, dass es auch Beziehungspartner, Seelenpartner, Kinder, Eltern, Verwandte und weitere liebe Menschen gibt. Sie alle begleiten dich ein Stück des Wegs, sind auf manchen Etappen auch ganz wichtig, aber es ist dein Weg!

Es begleiten dich noch andere: viele, viele unsichtbare Wesen, geistige Helfer, Engel und Schutzengel. Sie gehen mit dir, schulen dich, sind besorgt um dich, dass du deinen Weg erkennst und gehst. Du bist nie allein. Die Hypnosestudie von Helen Wambach hat unter anderem auch deutlich gemacht, dass es Wesenheiten gibt, die stets um uns besorgt sind. Hier einige Aussagen, die dies bestätigen:

»Ich hatte mich in Panik entschlossen, geboren zu werden, obwohl Berater mich beeinflussen wollten, es nicht zu tun.«

»Es gab verschiedene andere um mich herum, die sagten, sie würden da sein, um mir im kommenden Leben zu helfen.«

»Ich hatte eine Schulung und Beratung vor meiner Geburt und wartete auf die Erfahrung dieser kommenden Lebenszeit.«

»Ich hörte eine Stimme, die darauf bestand, dass ich noch mehr Erfahrung benötigte.«

»Meine Berater bestanden darauf, dass ich in dieser Zeit auf die Welt komme.«

»Vor meiner Geburt schien es so eine Art Konferenz gegeben zu haben, und ich verspürte das Gefühl tiefer Liebe von Seiten eines meiner Ratgeber. Wir sprachen darüber, was ich lernen müsste, um meinen Lebensplan zu erreichen.«

Du bist wichtig! Und du bekommst all diese liebevollen, sanften Hinweise, damit du erkennst. Und wenn du nicht erkennst, hören die Hinweise nicht auf, sondern werden immer deutlicher: kleinere Verletzungen, ein Unfall, dann ein größerer Unfall. Den ersten Schaden hat dein Auto abbekommen, das schmerzt noch in der Geldbörse. Doch das Auto bist du, und wenn du nicht begreifst, kommt der nächste Schmerz von deinem Körper. So wird der Druck immer stärker und entwickelt sich schließlich zur chronischen Krankheit, die dich erst einmal daran hindert, den eingeschlagenen Weg weiterzugehen, der nicht dein wirklicher Weg ist. Erkenne!

Schmerz soll dich daran erinnern, dass du vom Weg abgekommen bist, dass es hier nicht weitergeht, dass du in einer Sackgasse steckst. Spätestens jetzt sollte dir etwas Wesentliches bewusst werden und dich zur Umkehr oder Richtungsänderung veranlassen.

An dieser Stelle will ich dir ein Angebot zu deinem Schmerz machen. Ja, es ist dein Schmerz, es ist deine Energie. Und was dir gehört, kannst du auch für dich selbst nutzen. Wo immer es dir auch wehtut, es ist deine Energie, die du da spürst. Deine Energie ist auch deine Vitalität, deine Power. Wenn du gerade sehr viel von deiner Energie benutzt, um Schmerz zu erzeugen, beispielsweise Kopfschmerzen, dann versuche doch einmal, die Energie des Kopfschmerzes umzudrehen. Nimm die Energie des Schmerzes und dreh sie einfach um. Stell dir vor, dass du einen Energiewirbel erzeugst, mit dem du deinen Kopf Stück für Stück von den Schmerzen befreist. Du kannst diesem Energiewirbel auch eine Farbe geben, die seine Heilwirkung verstärkt, oder du siehst gleich einen goldenen Energiewirbel. Gold hat eine stark reinigende und stabilisierende Wirkung. Nutze deine Energie, spiele mit deiner Energie, setze sie für dich ein. Du bist der Schöpfer – und alles ist möglich.

Doch auch wenn du nicht erkennen kannst oder willst, sollte Schmerz dir keine Angst machen. Dein Körper ist ein wunderbares System und verfügt über weise Selbsthilfemechanismen. Wenn die Schmerzladung zu groß wird, ist es wie im Stromnetz: Die Sicherungen springen raus, das heißt, du wirst ohnmächtig und spürst erst einmal nichts mehr. Die Seele verlässt den Körper, wenn die Gefahr am größten ist. So mancher erfährt erst nach dem Aufwachen auf der Intensivstation, dass er einen schlimmen Unfall gehabt hat. Vertraue darauf, dass alles, was du wirklich physisch spüren kannst, auch erträglich ist.

Was könnte sonst noch Schlimmes passieren? Dass du stirbst? Ich versichere dir, dass du gar nicht sterben kannst, weil du unsterblich bist! Deine Seele ist unsterblich. Zwar kannst du durch verschiedene Umstände gewaltsamer oder biologischer Art deinen Körper verlieren, doch dann wirst du irgendwann einen neuen Körper bekommen, für ein neues Spiel des Lebens auf diesem Planeten, wenn dies für dich wichtig ist.

So gern würde ich dir manchmal »Nimm's leicht!« zurufen. Das Leben ist nicht so ernst gemeint und es muss nicht anstrengend sein. Alles liegt im Auge des Betrachters. Wenn du meinst, das Leben müsse schwer sein, dann wird es auch schwer sein. Wenn du dir jedoch ein leichtes Leben erlaubst, wird dein Leben leicht sein. Sieh es als ein großes Spiel.

Wie in jedem Spiel, gibt es auch hier Spielregeln. Wir sind ein Teil dieses wunderbaren Kosmos. Kosmos heißt Ordnung, und jede Ordnung basiert auf Gesetzmäßigkeiten. Indem wir gewisse Ordnungswidrigkeiten begehen, fallen wir aus dieser Ordnung: auf der körperlichen Ebene beispielsweise durch falsche Ernährung, auf der seelischen Ebene etwa durch zerstörerische Gefühle wie Schuld, Hass oder Missgunst und auf der geistigen Ebene durch negatives Denken.

Wenn wir aus der Ordnung fallen, folgt meist auch noch der große Rundumschlag: Wir ziehen Mitmenschen in einen Strudel aus Streit, Ärger und Misstrauen, gehen auf Distanz, ziehen uns zurück oder betreiben aktive Vorwärtsverteidigung, indem wir vernichtend um uns schlagen. Doch ich verrate dir ein großes Geheimnis: Der andere bist du! Was du einem anderen antust, tust du dir selber an. Weisheiten wie diese hält unter anderem die Bibel für uns bereit, und du bist gut beraten, wenn du dir gelegentlich dort Rat holst.

Wir leben in der Dualität, das ist das besondere Merkmal dieses Erdenlebens. Als Seele sind wir irgendwann aus der Einheit gefallen, und nun wollen wir dorthin zurück. Wir tragen die Sehnsucht nach der Einheit in uns. Wir spüren, dass wir irgendwo hingehören, wo wir noch nicht sind. Fern von dieser Einheit haben wir die Orientierung verloren, fühlen uns behindert und versuchen nun, hier auf der Erde unseren Weg wieder zu finden. Auf der Erde gilt: Wir können uns nur in Spiegeln erkennen. Und unser Spiegel ist immer der andere – jeder, der uns begegnet. Es ist also deine Wange, die du triffst, wenn du jemand anderen ohrfeigst.

Alles im Leben will dir dienen, alles will dir helfen. Und jeder andere Mensch ist ein Botschafter für dich. Höre auf das, was er sagt. Es ist wichtig, denn es ist für dich bestimmt.

Gewisse Botschaften habe ich selbst erfahren, und ich will Sie an solchen »Zeichen« teilhaben lassen. Vielleicht betrachten Sie Vorfälle in Ihrem Leben dann mit anderen Augen.

Als ich an einem Wintermorgen durch eine dieser in Mode gekommenen Spielstraßen eines Wohngebietes fuhr, war ein Mann gerade dabei, Schnee zu räumen und deutete mir schon von weitem an, ich solle langsamer fahren. Das brachte mich innerlich in Rage, da ich meiner Meinung nach bereits langsam fuhr. Demonstrativ hielt ich an, ließ das Seitenfenster herunter und fragte sehr von oben herab, was denn los sei? Ich sei zu schnell, in Spielstraßen dürfe ich nur Schritttempo fahren. Der Mann war ganz sachlich, doch ich fuhr verärgert weiter. Ich ärgerte mich über diesen Mann, der mir mit seiner Penetranz den Morgen vergrault hatte. Am Abend desselben Tages fuhr ich auf eisglatter Straße durch ein Waldstück. Ich war zu schnell, kam mehrfach ins Schleudern, verlor die Herrschaft über mein Auto, glitt haarscharf an einigen Bäumen vorbei und landete schließlich im Tiefschnee abseits der Straße. Ich mag nicht daran denken, was passiert wäre, wenn ich Gegenverkehr gehabt hätte. Da fiel mir der Botschafter ein, der mich am frühen Morgen schon gewarnt hatte, nicht so schnell zu fahren, und den ich so verächtlich behandelt hatte. Er hatte mir nur einen guten Rat für den Tag mitgeben wollen, und ich hätte auf seine Botschaft hören sollen. Das Ego macht uns so oft blind für das Wesentliche.

Das meine ich auch, wenn ich von unseren vielen geistigen Helfern spreche. Sie erscheinen als Mann auf der Straße, der Schnee räumt, können sich uns aber auch als Betonsäule in den Weg stellen:

Dieser Vorfall fand statt, als ich einmal spätabends meine Münchner Praxis verließ und in der Tiefgarage mein Auto startete. Ich hatte eine Dummheit vor, auf die ich neugierig war, mit der ich einen lieben, vertrauten Menschen aber sehr verletzt hätte. Wo sollte ich hinfahren? Ich war in einem inneren Widerstreit, doch schließlich siegte der Reiz des Neuen. Ich fuhr los und prompt gegen eine Betonsäule. Da hatte ich kapiert: Vom Weg abzukommen war nicht mehr mein Weg!

Ein anderes Mal begegnete ich einem solchen Botschafter in der Gestalt eines Hundes. Es war ein schöner Sommertag, als ich zu Fuß durch meine geliebte Eichenallee ging. Ich hatte einfach nur abschalten und wieder mit der Natur in Kontakt treten wollen. Doch irgendwie war ich mit meinen Gedanken ständig woanders, missgelaunt und schwermütig. Eine Frau fuhr auf dem Fahrrad vorbei, ihr kleiner Hund rannte hinterher. Als der Hund an mir vorbei lief, bellte er mich an. Die Frau rief ihn und der Hund lief weiter. Doch er kam wieder zurück und bellte mich erneut an. Diesmal kläffte er so richtig. Dann lief er weiter, kam wieder zurück und kläffte noch einmal. Das machte er dreimal. Dann hatte ich verstanden: Er wollte mir nur zeigen, dass ich nicht in meiner Mitte war, nicht zentriert. Wenn wir nicht in unserer Mitte sind, sind wir schwach, hilflos und wehrlos – und strahlen genau das aus. Und dann hilft uns vielleicht so ein kleiner Hund auf die Sprünge. Danke, ich habe verstanden. Danach ging es mir sofort besser.

Meinen eigenen Schritt ins Tun habe ich ganz besonders erlebt. Mit Problemen behaftet, von Ängsten und Unsicherheiten eingeschnürt, habe ich mir einst die größte vermeintliche Sicherheit auf meinem Weg ins Leben geschaffen: eine berufliche Zukunft im Staatsdienst. »Wenn ich groß bin, gehe ich zum Staat, da bin ich sicher!« So hätte meine Lebensdevise damals lauten können. Und weil es etwas ganz Besonderes sein musste, ging ich zum geheimen diplomatischen Dienst und arbeitete dreißig Jahre lang in völliger Anonymität. Extreme haben mich schon immer gereizt, und hier hatte ich im Schutze des mächtigen Staates eine Möglichkeit, nicht der Eintönigkeit anheim zu fallen. Mit den Jahren merkte ich jedoch, dass ich mir eine Art Gefängnis kreiert hatte, in dem es zwar viel Sicherheit gab, aber keine Freiheit. Und so suchte ich schließlich eifrig nach einem Schlupfloch in die Freiheit. Doch mittlerweile hatte meine stetig wachsende Familie eine Größenordnung erreicht, die es mir nicht erlaubte, meine berufliche Karriere so einfach an den Nagel zu hängen. Ich war inzwischen Spitzenverdiener mit der Aussicht auf einen gesicherten Ruhestand. Da kündigt man nicht einfach. Aber ich hatte schon zu lange gezögert und wusste nun: Ich will nicht bis zum Ruhestand warten, um meine Lebensaufgabe zu leben. Wenn ich jetzt nicht kündige, wird mein Körper mit Krankheit reagieren. Das spürte ich ganz deutlich. Drei Umstände halfen mir bei meinem Entschluss, doch zu kündigen: Ich hatte erstmals die Möglichkeit, eine Abfindung von einhunderttausend Mark zu kassieren, wenn ich meinen Dienstposten frei machte; eine Firma, deren Produkt mir aus ethischer Sicht sehr gefiel, bot mir eine Stelle in der Geschäftsleitung an – mit dem gleichen Spitzengehalt, das ich schon hatte; meine Ehe brach auseinander, was es mir leichter machte, mich auf ein berufliches Abenteuer einzulassen. Ich kündigte also und nahm schon während der Resturlaubstage meinen Platz in der Geschäftsleitung dieser Firma ein. Ja – und dann merkte ich sehr bald, dass dies doch nicht mein Platz war. Ich hätte gerade noch einen Tag Zeit gehabt, meine Kündigung zu widerrufen. Doch plötzlich verstand ich: Der Kosmos hatte mir ein sicheres Angebot gemacht, damit ich meine berufliche Zwangsjacke endlich ausziehe. Er hatte mir Bonbons hingehalten, damit ich leichter loslasse, doch eine Minute vor zwölf nahm er diese Bonbons wieder zurück. Ich sollte mich selbst entscheiden!

Unsere Entscheidungsfreiheit ist unser größtes Geburtsgeschenk. Daher müssen wir den ersten Schritt, diesen Schritt ins Nichts immer selbst tun. Erst dann können wir Unterstützung erwarten. Das habe ich in diesem Moment begriffen, und obwohl mich meine Kollegen für verrückt erklärten, habe ich gekündigt. Einen Tag später war ich arbeitslos und ohne festes Einkommen. Doch von jetzt an war der Kosmos auf meiner Seite, und mit meinen neuen Vorhaben ging es steil aufwärts, so steil, dass ich meine Abfindung zur Existenzsicherung nicht in Anspruch nehmen musste. Ich sah die einhunderttausend Mark als Reserve, legte sie ganz sicher an, damit sich das Geld auch vermehren konnte, und genauso sicher habe ich das ganze Geld nach zwei Jahren wieder verloren. Heute weiß ich, dass es auch Anlagebetrüger gibt.

Aber auch hier habe ich die Weisheit des Kosmos erkannt: Als ich Sicherheit brauchte, gab er mir einhunderttausend Mark, und als ich meine Sicherheit gefunden hatte, innen wie im Außen, hat er sich sein Darlehen wieder geholt. Obwohl ich noch nie vorher so viel Geld besessen hatte, empfand ich weder Wut noch Trauer über den Verlust. Ich konnte nicht einmal den Betrügern zürnen, waren sie doch nur Handlanger des Kosmos, die mir eine wichtige Erfahrung ermöglicht hatten. Ich musste eher schmunzeln über diese genialen kosmischen Schachzüge, und ich habe mich gefreut, dass ich dies alles auch verstand. Geld ist Energie und Energie geht nie verloren. So ist auch dieses Geld wieder in den großen Energiekreislauf geflossen. Ich vertraue darauf, dass es wieder da sein wird, wenn ich es wirklich brauche.

Der Sprung ins Nichts verändert alles. Er kann die größten Barrieren bezwingen. Nichts ist stärker als das Tun, das spontane Umsetzen eines einmal gefassten Entschlusses in die Tat. Das ist wirkliche Power. Das sind eintausend PS kosmischer Energie, die plötzlich zur Verfügung stehen.

Vor meinem Schritt in die neue Selbständigkeit habe ich zahlreiche Fortbildungen besucht, war ich doch der Meinung, ich müsse mir viel Wissen aneignen, bevor ich Neuland betreten kann. Auf einer dieser Fortbildungen arbeiteten wir in Gruppen zu je neun Personen zusammen. Da auch die Förderung der Kreativität auf dem Plan stand, sollte jede Gruppe nach der einstündigen Kaffeepause am Nachmittag einen selbst erdachten Sketch aufführen. Mikrofon und eine große Bühne standen zur Verfügung. Nun, öffentliche Auftritte waren wirklich nicht mein Thema, da ich von Natur aus sehr introvertiert und zurückhaltend bin. Ich war auch ganz gelassen, denn immerhin befand sich der Lehrgangsbeste in unserer Gruppe. Der würde das schon machen. Pustekuchen! Zehn Minuten vor Ablauf der Frist gab er die Parole durch: »Wir machen nichts.« Enttäuschung, Angst vor der Blamage, Entrüstung – ich hatte all diese Gefühle auf einmal. Wie kann jemand für sich in

Anspruch nehmen, der Beste zu sein und sich dann vor so einer Aufgabe drücken? Instinktiv spürte ich: Du musst es tun! – eine dringliche innere Aufforderung, an die Öffentlichkeit zu treten. Es war wie ein Zwang: Tu es, jetzt oder nie! Also teilte ich der Gruppe mit, dass ich die Sache in die Hand nehmen wolle. Ich wusste nur noch nicht, was wir eigentlich aufführen sollten, und die Vorbereitungszeit war fast verstrichen. Die erste Gruppe war bereits bei ihrer Darbietung, und es war fantastisch, was die in dieser kurzen Zeit geleistet hatten. Auch die beiden folgenden Gruppen waren wunderbar und bekamen viel Beifall. Mir wurde immer mulmiger zumute. Die Darbietung der vierten Gruppe bekam ich schon nicht mehr mit, denn endlich hatte ich eine Lösung. Und schon waren wir an der Reihe. Wir gingen auf die Bühne, ich nahm das Mikrofon in die Hand und stellte meine Mitwirkenden in einer Reihe auf. Sie waren die Kursteilnehmer, ich ahmte unseren Kursleiter nach, der jeden Einzelnen interviewte. In dieses Interview baute ich alle persönlichen Marotten ein, die unser Kursleiter in Körperhaltung, Gestik, Mimik und Ausdruck so an sich hatte. Ich brauchte nie nachzudenken, was ich wohl als nächstes tun könnte. Es floss einfach, als hätte ich einen Kanal aufgemacht. Und ich kam mir bei all dem fast vor wie ein Zuschauer meiner eigenen Darbietung. Tosender Beifall belohnte uns. Der Kursleiter bedauerte zutiefst, dass er diese prachtvolle Inszenierung nicht auf Video festgehalten hatte. Wir waren die beste Gruppe, und noch Monate danach beglückwünschten mich einzelne Kursteilnehmer zu dieser Darbietung.

Doch mit mir war etwas Wunderbares passiert. Ich hatte plötzlich keine Hemmungen mehr vor öffentlichen Auftritten. Seither habe ich viele hundert Vorträge gehalten und jeder einzelne war auch ein persönliches Geschenk für mich. Kein Lampenfieber, keine Unsicherheit. Ich wusste ja: Du brauchst dich nur nach oben zu öffnen, und schon »fließt« es. Nichts erzwingen wollen, das verkrampft und macht zu. Loslassen, aufmachen und fließen lassen. Wir haben alles Wissen in uns und durch dieses Aufmachen nehmen wir Kontakt auf zu unserem Urwissen. Es ist alles da. Und alles ist ganz einfach.

Alles, was wir tun, ist nur so gut, wie wir es in »Seinem Sinne« tun. Sind wir bei unserem Tun in Verbindung mit unserer Quelle, mit unserem Schöpfer, mit Gott, so sind wir auf dem besten Weg. Wir wirken dann aus unserem Inneren heraus und können das Beste bewirken. Was vom Herzen kommt, erreicht auch die Herzen, und was vom Kopf kommt, kommt auch nur in den Köpfen anderer an.

Dazu durfte ich eine ganz persönliche Erfahrung machen. Es war mein erster öffentlicher Vortrag und eine große Herausforderung für mich. Eine Freundin, die fest an mich glaubte und immer wieder betonte, dass ich den Menschen sehr viel zu sagen hätte, organisierte für mich einen Vortrag zum Thema »Leichter lernen mit Kinesiologie«. Sie räumte ihre Modeboutique leer, stellte Stühle auf und lud etwa dreißig Bekannte und Interessierte ein. Das ist jetzt viele Jahre her, und bei dem Wort Kinesiologie hatten die meisten Menschen damals noch große Fragezeichen in den Augen. Also habe ich mich bestens vorbereitet, einen Berg von Folien über den Körper, die Muskeln und das Gehirn erstellt und mit Hilfe dieser Folien und eines Projektors eineinhalb Stunden lang wissenschaftlich-intellektuell über dieses Thema doziert.

Es war schrecklich. Ich trug nur vorgefertigtes Wissen vor, kämpfte dauernd mit der richtigen Positionierung der Folien auf dem Projektor und war zu sehr an mein vorgefertigtes Skript gebunden. So konnte ich keinen Blickkontakt zu den Zuhörern aufbauen, hatte Angst vor Zwischenfragen und litt darunter, dass aufgrund dieser Unsicherheiten mein Mund immer mehr austrocknete, was mir auch noch das Reden erschwerte. Ich war froh, als ich mein umfangreiches Material schließlich abgearbeitet hatte. Die Zuhörer schienen zufrieden zu sein. Vielleicht hatten sie auch nur reine Wissensvermittlung erwartet. Doch dann kam eine ältere Dame auf mich zu, schaute mich streng an, sagte die für mich eigenartigen Worte, »Sie haben kein Wort über Jesus gesagt«, drehte sich um und ging. Wuff! Das saß. Ich habe kein Wort über Jesus gesagt. Damit hatte ich nun wirklich nicht gerechnet. Sie hätte doch sagen können: »Bei Ihrer Erklärung der rechten Gehirnhälfte haben Sie vergessen, dass ... Und außerdem haben Sie nicht erwähnt, dass es vielleicht einen Unterschied macht, ob einer Rechts- oder Linkshänder ist ...« Aber Jesus? Tickte die nicht richtig? Das Vortragsthema war doch Kinesiologie, Lernen und Gehirnfunktionen gewesen. Von Seelencoaching wusste ich damals noch nichts. Ich amüsierte mich innerlich über die Äußerung der alten Dame und hakte das Ganze als neue Erkenntnis ab, nach dem Motto: Als Vortragender musst du auch mit abnormalen Reaktionen seitens der Zuhörer rechnen.

Zehn Jahre vergingen und ich erzählte diese Geschichte oft amüsiert weiter, wenn ich über meine ersten Erfahrungen als Redner sprach. Alle Vorträge danach habe ich grundsätzlich ohne Manuskript, Folien und Projektor gehalten. Sie waren lebendig und begeisterten die Zuhörer. Da ich an kein Manuskript gebunden war, waren meine inneren Kanäle weit geöffnet, die Intuition floss reichlich und mir kamen ständig neue Ideen. Mehr und mehr sprach ich über das Fachliche hinaus auch über Themen, die mit unserem Erdendasein zu tun haben, über Reinkarnation, den Tod und die Zeit dazwischen. Ich sprach über den Sinn unseres Erdenlebens, unsere Lebensaufgabe, über die Botschaft von Unglück und Krankheit und über unsere göttliche Bestimmung. Die Vorträge hatten plötzlich Tiefe, berührten die Seinsfrage und unsere Religiosität. Hier machte das Bewusstsein der Zuhörer auf. Ich merkte dies immer wieder an der Qualität der Zwischenfragen, am Ausdruck in den Gesichtern und daran, dass sich viele Zuhörer nach dem Vortrag persönlich bei mir bedankten. Jeder dieser Vorträge hat mich selbst tief erfüllt und war für mich ebenso ein Geschenk wie für meine Zuhörer. Und dann, nach zehn Jahren, fiel es mir während eines Gespräches wie Schuppen von den Augen. Ich habe nach meinem ersten Vortrag immer über Jesus gesprochen. Jeder dieser fachlichen Vorträge war auch ein Ausdruck tiefer Religiosität. Da erst wurde mir bewusst, was diese alte Dame damals gemeint hatte, als sie sagte, ich hätte kein Wort über Jesus gesagt. Nun hatte ich die Botschaft verstanden.

Erst musst du sein, dann kannst du tun! Für viele stellt das Sein eine Herausforderung dar, weil sie aufgrund einer unbewussten Barriere am liebsten gar nicht auf diesem Planeten sein möchten. Das Ursachenalter für so eine lebensverneinende Barriere liegt meist um den Zeitpunkt der Befruchtung. In dem Moment, wo die Seele in den Körper einzieht, hat sie sich für den irdischen Lebensweg entschieden, aber nicht immer freiwillig, wie einige Fallbeispiele an anderer Stelle dieses Buches zeigen.

Persönlichkeitsblockaden und Barrieren solcher Art können mit Kinesiologie-Coaching leicht aufgedeckt und dauerhaft gelöst werden. Doch wie kann man Blockaden lösen, wenn man Kinesiologie-Coaching nicht kennt? Auf diese Frage antworte ich in Erinnerung an meine eigene Geschichte immer: »Springen, einfach nur springen.«

Wenn du springst, musst du loslassen, hältst an nichts mehr fest, bist also auch nicht mehr eingeengt. Alte Muster, Glaubenssätze, Brücken und Krücken – einfach loslassen und springen! So bist du völlig frei, und in dieser Freiheit ist alles möglich. Hier bekommst du jede Art von Hilfe, Unterstützung und Wegweisung. Denn indem du gesprungen bist, hast du bewiesen, dass du Vertrauen hast in die kosmische Führung und die geistige Unterstützung. Diese Hilfe kann dir nur zuteil werden, wenn du wirklich losgelassen hast.

Alles ist gut, wie es ist. Du kannst nicht tiefer fallen als in Gottes Hand. Also spring! Spring in dem Vertrauen, dass du dort, wo du ankommst, bereits erwartet wirst. Wir alle werden geführt. Wir werden auch behutsam an jede neue Herausforderung herangeführt. Doch wenn das Loslassen und Springen ansteht, werden wir allein gelassen. In diesem Moment sind wir ganz einsam, allein oder auch all-eins. In diesem Zustand wird eine Entscheidung von uns gefordert, die wir in diesem Alleingelassensein zu treffen haben. Sobald wir uns entschieden und den Sprung gewagt haben, wird uns wieder jegliche geistige Führung und Unterstützung zuteil werden. Unsere freie Entscheidungsmöglichkeit ist unser Geburtsgeschenk. Entscheiden wir uns? Entscheiden wir uns nicht? Unser Weg wird so weitergehen, wie wir uns entscheiden. Für welchen Weg wir uns entscheiden, ist gar nicht so wichtig, denn wir werden auf jedem Weg die Erfahrungen machen, die wir für unsere Entwicklung brauchen. Und es geht nur um Erfahrungen in diesem Leben. An Erfahrungen reift die Seele, und Erfahrungen nimmt sie mit, wenn sie wieder von hier fort geht.

Vom Sein zum Tun. Das war immer auch meine Devise. Heute gilt für mich auch die Umkehrung: Vom Tun zum Sein. Und wie mit jeder großartigen Erkenntnis schließt sich auch hier der Kreis. Was für ein wunderbares Leben! Das »Sein« oder das »Ich bin« betrifft jeden ganz persönlich. Es fordert die Entscheidung für sich selbst und den ganz persönlichen Lebensweg. Und indem wir das erkennen, kommen wir Gott wieder näher.

9

Leichter lernen

Das Thema Lernen liegt mir besonders am Herzen, weil es so schwer belastet ist: geplagte Schüler, geplagte Lehrer und geplagte Eltern. Eine schnelle Lösung scheint die so genannte Nachhilfe zu sein, die für viele Schüler schon ein fester Bestandteil ihres Schulalltags geworden ist. Nachhilfestunden sind zeitaufwändig, anstrengend und oft auch frustrierend für die Schüler. Schwachstellen durch vermehrtes und wiederholtes Lernen ausgleichen zu wollen, scheint zwar ein logischer Ansatz, doch gilt hier das, was ich auch schon an anderer Stelle zur Wirkung der verschiedenen Energieübungen bemerkt habe: durch das ständige Wiederholen wirkt die Übung zwar ausgleichend und stärkend, aber sie kann keinen tieferen Konflikt dauerhaft lösen.

Wie alle anderen Probleme sind auch Lernschwierigkeiten nur Bojen an der Oberfläche, die auf einen Konflikt in der Tiefe hinweisen möchten. Auch hier liegt fast immer ein seelischer Ursachenkonflikt zugrunde. Egal ob ein Schüler in Deutsch, Mathematik oder Fremdsprachen schlecht ist, die Ursache dafür ist sehr oft ein unerlöster seelischer Konflikt, der sich eine Möglichkeit sucht, wie er garantiert nicht mehr übersehen werden kann. Auf Lernschwierigkeiten ihres Kindes reagieren Eltern nämlich sehr sensibel und sind meist bereit, alles zu tun, damit das Kind wieder gut in der Schule ist.

Wenn Eltern mit ihrem Kind zu mir in die Praxis kommen, frage ich zunächst, wo das Problem liegt, und bekomme dann Antworten wie die folgenden, von denen Ihnen einige sicherlich bekannt vorkommen:

Meine Tochter/mein Sohn

- hat so schlechte Noten, dass ihre/seine Versetzung gefährdet ist,
- hat seit einiger Zeit einen plötzlichen Leistungsabfall,
- kann sich nicht auf das Lernen konzentrieren,
- hat keine Motivation zu lernen,
- hat nur in einem bestimmten Fach schlechte Noten,
- mag auf einmal nicht mehr zur Schule gehen,
- hat an den Schultagen morgens Bauchschmerzen,
- ist gut in der Schule, versagt aber immer bei Prüfungen,
- wird vor Klassenarbeiten immer krank,
- muss immer gezwungen werden, die Hausaufgaben zu machen,
- wird mit den Hausaufgaben nie fertig,
- versteht zu Hause alles ganz gut, in der Schule nicht.

Meistens berichtet die anwesende Mutter von den Lernschwierigkeiten ihres Kindes, während dieses schuldbewusst daneben sitzt, aber keine Lust auf irgendwelche »Therapie« hat, sondern seine Freizeit lieber anders nutzen würde. Nun spreche ich mit dem Kind, mache ihm bewusst, welche Vorteile es hat, wenn es in der Schule gut ist, und schlage dann ein Spiel vor. Ich sage dem Kind, dass sein Körper viel mehr weiß als der Kopf und dass wir mit dem Körper reden können. Spielerisch erkläre ich den kinesiologischen Armtest und teste die Sätze »Ich bin ein Junge«, »Ich bin ein Mädchen.« Allmählich taut das Kind auf und ist nun neugierig auf alles, was kommt.

Als erstes lasse ich das Kind an sein Schulproblem denken, zum Beispiel schlechte Noten in Mathematik, und teste dabei, ob ein seelischer Ursachenkonflikt besteht, was fast immer der Fall ist. Dann teste ich sämtliche Bereiche, die mit der Schule, dem Lernen und dem Elternhaus in Zusammenhang stehen können. Ich sage dem Kind, woran es denken soll, und führe dabei sowohl den kinesiologischen Armtest als auch den psychologischen Gegentest durch.

Ich sage:

- Denke an die Schule.
- Denke an das Lernen.
- Denke an das betreffende Lernfach.
- Denke an deine Unkonzentriertheit.
- Denke an deine Lehrer und Lehrerinnen.
- Denke an deine Mitschüler und Mitschülerinnen.
- Denke an die Klassenarbeit oder Prüfung.
- Denke an die Fahrt im Schulbus / an den Schulweg.
- Denke an die Hausaufgaben.
- Denke an deine Lernfaulheit.
- Denke an deine Freunde und Freundinnen.
- Denke an dein Zuhause.
- Denke an deinen Vater / deine Mutter / deine Geschwister.
- Denke an deinen Schlaf.

Ich mache mir Vermerke, kennzeichne die Bereiche, in denen seelische Konflikte bestehen, und frage dann das Unterbewusstsein des Kindes, welcher dieser Bereiche im Moment der wichtigste ist. Dieses Thema wird in der Sitzung bearbeitet. Beim Nachtesten sehe ich dann oft, dass die meisten Konflikte zum Thema Lernen schon mit dieser einen Geschichte aufgelöst wurden.

In vielen Fällen erlebe ich aber auch, dass überhaupt keine Lernschwierigkeit vorliegt, sondern vielmehr ein Stressor, der von einem Mitschüler oder einer Lehrkraft ausgeht. Das heißt, die Person in der Schule erinnert das Kind unbewusst an eine Person, die in einem früheren Erlebnis eine Rolle spielte, die das Kind psychisch noch nicht verarbeitet hat. Mit der Ablösung ist dann sowohl das Lernproblem als auch der innere Konflikt mit dem Mitschüler oder Lehrer bereinigt.

Ein Beispiel dafür ist die Geschichte von Heiko. Er geht in die vierte Klasse der Grund- und Hauptschule. Seine Mutter ist mit ihm bei mir, weil er unkonzentriert ist, sehr langsam lernt und in der

Schule oft vor sich hinträumt. Außerdem hat er Angst vor jeder kleinen Prüfung. Seine Klassenlehrerin meint, er hätte eigentlich alles Wissen in sich, könne es aber nicht in der von ihm geforderten Zeit umsetzen. Seine Mutter würde Heiko gern auf eine weiterführende Schule schicken, aber dazu braucht Heiko den nötigen inneren Schub.

Der kinesiologische Test zeigt seelische Konflikte in Bezug auf die Schule, auf Prüfungen, auf sein langsames Lernen; darauf, dass er sich nicht auf eine Sache konzentrieren kann; auf eine Lehrerin, Frau Müller, und auf seinen Vater, der die Mutter verlassen hat, als Heiko zwei Jahre alt war.

Das wichtigste zu klärende Thema ist Heikos ablehnende Haltung gegenüber der Schule. Wir arbeiten also mit dem Zielsatz: »Ich bin mit der Schule einverstanden.«

Als Ursachenalter meldet sich die Zeit, als Heikos Mutter im fünften Monat mit ihm schwanger war. Seine Eltern kannten sich noch nicht so lange und waren auch nicht verheiratet. In der Zwiesprache mit Heikos Unterbewusstsein zeigt sich, dass Heikos Vater zu dieser Zeit neben der Beziehung zu seiner Mutter noch eine Beziehung zu einer anderen Frau hat. Heikos Mutter gegenüber ist er rücksichtslos und gefühllos. Er hält die Verbindung nur, weil er sie mit dem Kind nicht sitzen lassen will. Heiko spürt, dass diese andere Frau, die seinen Vater unbedingt für sich haben will, an allem schuld ist. Er selber hat Schuldgefühle, weil sein Vater wegen ihm Einschränkungen hinnehmen musste und seine Mutter dadurch Leid erfahren hat. Die Lösungssätze für Heiko lauten: »Ich bin gut« und »Frau Müller ist eine gute Lehrerin für mich.« Nachdem der Konflikt über eine Klopfakupressur am Kopf abgelöst wurde, gibt es keine Stressreaktion auf die Konfliktthemen Schule und Lernen mehr. Auch der Konflikt bezüglich der Lehrerin, Frau Müller, besteht nicht mehr. Diese hatte Heiko unbewusst an die Freundin seines Vaters erinnert, die ja schuld daran gewesen war, dass seine Eltern sich nicht mehr verstanden.

Während einer solchen Sitzung stelle ich immer wieder fest, wie der Druck, der sich durch die Lernschwierigkeiten in dem Kind aufgebaut hat, immer mehr nachlässt. Oft wendet das Kind während der Sitzung den Blick zur Mutter hin, als wollte es sagen: Siehst du, es liegt gar nicht an mir, dass ich solche Lernschwierigkeiten habe, es waren die Umstände dieser Geschichte, die sich gerade zeigt. So ein Kind ist nach der Sitzung total motiviert und möchte gern wiederkommen, um noch weitere Themen zu bearbeiten.

Hier ein paar typische Zielsätze aus meiner Arbeit mit Kindern zum Thema Lernen. Solche Zielsätze eignen sich auch als positive Affirmation, wenn es darum geht, die eigene Motivation zu stärken. Sie wirken umso besser, wenn dabei mit einem Finger der Energiepunkt für positive Glaubenssätze geklopft wird, der sich an der Handkante unterhalb des kleinen Fingers befindet:

- Im Lernen bin ich gut.
- Ich kann mich gut konzentrieren.
- Ich kann mir immer alles gut merken.
- Ich kann mich gut erinnern.
- Ich habe ein gutes Vorstellungsvermögen.
- Ich kann gut in Bildern denken.
- Meine beiden Gehirnhälften sind optimal miteinander verbunden.
- In Englisch bin ich gut.
- Herr Adam ist ein guter Lehrer für mich.
- Betty ist eine nette Mitschülerin.
- Im Lesen bin ich gut.
- In Prüfungen schneide ich gut ab.
- Ich gehe gern zur Schule.
- Ich lerne diszipliniert.
- Ich lerne leicht.
- Ich habe ein gutes Durchhaltevermögen.
- Lernen macht mir Freude.

Ich finde es großartig, wenn der Lehrer oder die Lehrerin vor einer Klassenarbeit groß und für alle sichtbar an die Tafel schreibt: »Du kannst das!« Das motiviert die Schüler und gibt ihnen das Gefühl: Mein Lehrer will mein Bestes. Er will, dass ich gut bin. Er hat Vertrauen in meine Fähigkeiten. Mein Lehrer ist für mich da.

Die folgenden Fallgeschichten zeigen, dass Lernschwierigkeiten ganz unterschiedliche seelische Ursachen haben können.

Florian ging aufs Gymnasium und war ein guter Schüler, nur in Latein war er sehr schlecht. Im Dialog mit seinem Unterbewusstsein meldete sich als Ursachenalter sein erstes Jahr in der Grundschule und als Person die Religionslehrerin. Diese, eine Nonne, hatte den Kindern ständig vom »strafenden« Gott erzählt. Aus seinem Elternhaus kannte Florian aber nur den »liebenden« Gott. Gott straft nicht. Das konnte nicht sein. So entstand ein tiefer seelischer Konflikt. Jahre später bekam Florian einen Mönch als Lateinlehrer. Sein Unterbewusstsein sah die Kutte, erinnerte sich an die Nonne und wusste gleich: Wer eine Kutte trägt, von dem kommt nichts Gutes! So kam es, dass sich Florian unbewusst allem verschloss, was sein Lateinlehrer sagte. Klar, dass er schlecht in Latein war. Nachdem der Konflikt abgelöst worden war, war auch der Stress auf Latein verschwunden. Später erfuhr ich, dass Florians Noten in Latein von da an besser geworden waren.

Auch Dennis besucht das Gymnasium. Obwohl er gut lernt und ein guter Schüler ist, hat er ständig Versagensängste, und zwar nicht nur vor Klassenarbeiten, vor denen er sich oft zu drücken versucht, indem er hohes Fieber bekommt, sondern angesichts aller besonderen Herausforderungen. Im kinesiologischen Test zeigt sich ein unerlöster seelischer Konflikt. Wir arbeiten mit dem Zielsatz: »Ich vertraue darauf, dass ich alle Sicherheit in mir habe.« Die Schlüsselwörter für die Geschichte sind Unsicherheit und etwas Übertragenes.

In der Altersrückführung meldet sich eine Zeit in seinem vierten Lebensjahr, als er wegen einer Nierenoperation in einer Universitätsklinik lag. Zur gleichen Zeit befand sich eine tote Mutter mit ihrem noch lebenden Fötus in dieser Klinik. Die schwangere Mutter war bei einem Autounfall ums Leben gekommen. Das Ungeborene lebte, war aber für den Brutkasten noch zu klein. Die Ärzte hatten deshalb beschlossen, den Körper der Mutter so lange künstlich funktionsfähig zu halten, bis das Baby in ihrem Bauch lebensfähig war. Doch nach etwa zwei Wochen, gerade als sich Dennis nach seiner Nierenoperation noch in Narkose befand, starb das Baby. Die irritierte Seele, die nicht wusste, wo sie hinsollte, nahm Dennis' Körper in Besitz, der sich im narkotisierten Zustand nicht dagegen wehren konnte.

Wie der Dialog mit Dennis' Unterbewusstsein ergab, hat diese Besetzung nur einen Tag gedauert. Dann hat die Seele des Babys die Person gewechselt oder wurde von der verstorbenen Mutter abgeholt. Dennis aber hatte die schlimme Erfahrung gemacht, dass er machtlos war, dass eine andere Seele ihn besetzen konnte, dass etwas Fremdes auf seinen Körper übertragen wurde und er sich nicht dagegen wehren konnte. Daraus hatte er wohl geschlossen, dass er auch in Zukunft um sein eigenes Leben betrogen wird und für andere leben muss. Diese Erfahrung war so schlimm für ihn gewesen, dass er sich bei späteren Nachoperationen vehement gegen die Narkose gewehrt hatte, die ihn so hilflos machte. Daran konnte sich seine Mutter noch gut erinnern.

Anschließend war jede neue Herausforderung in Dennis' Leben mit der Unsicherheit behaftet, er könne sie vielleicht nicht meistern. Seine Versagensängste hatten aber nur ein Ziel: das Ursprungstrauma aufzudecken und Dennis von dieser Lebenseinschränkung zu befreien. Nun, nach der Ablösung fühlt Dennis sich frei und ist offen für neue Herausforderungen.

Norbert ist siebzehn Jahre alt. Er hat schon verschiedene Schulen und Internate durchlaufen, ist jetzt endlich in der neunten Klasse der Hauptschule angekommen und steht vor den Abschlussprüfungen zum Quali. Der Quali ist wichtig, denn wenn er ihn schafft, kann er die zehnte Klasse absolvieren und hat eine Chance, die

Mittlere Reife zu bekommen. Norbert steht also vor dieser großen Herausforderung und hat Angst, sie nicht zu meistern.

Norbert war schon als Vierzehnjähriger wegen Neurodermitis und anderer Allergien in meiner Praxis gewesen. Damals haben wir in seinem Seelenleben etwas neu geordnet und sein Körper hat gut darauf reagiert. Seine Neurodermitis verschwand und Norbert hat Vertrauen in meine Arbeit mit dem Seelendialog gewonnen. Für ihn war klar, dass nur dieser Weg zur Klärung seiner Prüfungsangst in Frage kommt. Der kinesiologische Test auf die Quali-Prüfungen zeigt, dass der Prüfungsangst ein seelischer Ursachenkonflikt zugrunde liegt. In der Vorabklärung stellt sich heraus, dass dieses Thema nichts mit den Prüfungen in Englisch, Mathe oder Deutsch zu tun hat. Vielmehr geht es darum, dass Norbert es sich selbst wert ist, gut zu sein und die Prüfung zu bestehen. Wir erarbeiten den Zielsatz: »Ich bin gut.« Es melden sich seine aktuelle Lebenssituation mit der Grundthematik Ausweglosigkeit, die Handlungsebene Selbstverantwortung und situationsbedingt die Herausforderung. Und nun Norberts inneres Bild in der jetzigen Situation, wenige Tage vor den Prüfungen: Norbert weigert sich. Er will es seinem Vater nicht recht machen. Norberts Vater übt seit Jahren Zwang auf ihn aus. Norbert ist das einzige Kind und leidet unter dem Druck, der von seinem egoistischen, ehrgeizigen und cholerischen Vater ausgeht. Also meldet sich in Norberts Unterbewusstsein auch sein Vater mit den Begriffen Egoismus, Zwang und Ungerechtigkeit gegenüber Norbert. In Norberts Innerem dominiert eine Trotzhaltung. Er ist demoralisiert.

Damals, vor drei Jahren habe ich Norberts Vater und auch seine Mutter kennen gelernt. Der Vater ist groß, breit und mächtig und hat eine beherrschende Stimme. Die Familie hat ihm zu gehorchen oder er zwingt sie dazu. Ehekrieg und Familienfrust sind an der Tagesordnung. Norberts Mutter, klein und schmächtig, leidet sehr unter der Dominanz ihres Mannes, kann Norbert aber nicht vor seinem Vater in Schutz nehmen. Norbert selbst hat durch Ungehorsam, Flucht aus dem Internat, Alkohol, Drogen und kleinere Diebstähle immer wieder versucht, aus der Situation auszubrechen. Sein Vater nahm all das nicht zur Kenntnis und übte weiter Druck aus, dem Norbert nicht mehr entfliehen konnte. In seinem Inneren aber hat er den Kampf nicht aufgegeben. Die Prüfungsangst war die innere Rebellion gegen seinen Vater: Für ihn will ich nicht gut sein!

Wir erarbeiten den Lösungssatz: »Ich habe Verständnis für meinen Vater.« Norbert kann seinen Vater nicht ändern und er kann auch nicht erwarten, dass der Vater sich ändert. Der ist nun mal so. Choleriker sind so lange cholerisch, bis sie bereit sind, etwas an sich zu ändern. Eigentlich müsste der Vater statt Norbert in meiner Sitzung sein. Norbert aber hat erkannt, dass es um sein Leben geht, dass er nur für sich lernt. Er will gut sein, damit er seinen Lebensweg gehen kann. Er hat erkannt, dass er durch schulischen Erfolg die Möglichkeit hat, sein Leben bald selbst einzurichten. Denn da er nun erwachsen wird, kann er sich bald friedlich und einvernehmlich von seinem Vater lösen. Norbert geht sehr motiviert in die anstehenden Prüfungen!

Lernen ist nicht auf die Schule beschränkt. Das ganze Leben ist ein einziger Lern- und Erfahrungsweg. Lernen fällt leicht, wenn Sie offen und energetisch gut eingstimmt sind. Sind Sie stressfrei und entspannt? Sind Ihre beiden Gehirnhälften eingeschaltet? Fließen Ihre Gehirnströme gut? Kommt genug Licht in Ihr Gehirn? Wird Ihr Gehirn mit genügend Sauerstoff versorgt? Haben Ihre beiden Augen und Ihre beiden Ohren optimale Energie? Können Sie sich gut konzentrieren?

Energieübungen für leichteres Lernen

Wenn Sie oder Ihre Kinder Lernprobleme haben, empfehle ich Ihnen die folgenden Energieübungen zur Vorbereitung auf den Unterricht, vor Klassenarbeiten oder Prüfungen und vor den Hausaufgaben.

Aktuellen Stress bereinigen

Trinken Sie immer genügend Wasser. Wassertrinken baut spontan Stress ab und fördert die Datenübertragung in Ihrem Körper. Sie kommen auch sehr schnell zu Ruhe und Ausgeglichenheit, wenn Sie mit beiden Handflächen eine Weile Stirn und Hinterkopf gleichzeitig halten.

Beide Gehirnhälften aktivieren

Sie haben zwei Gehirnhälften, die jeweils besondere Funktionen erfüllen. Die linke Gehirnhälfte ist mehr für das rationale, logische Denken zuständig, die rechte mehr für das kreative, gefühlvolle und bildhafte Denken. Bei Stress schaltet das rechte Gehirn meist ab, während das linke, Ihr Überlebensgehirn, überaktiv wird. Durch Überkreuzübungen wie das Gehen auf der Stelle, bei dem Sie abwechselnd mit der rechten Hand das linke Knie und mit der linken Hand das rechte Knie berühren, aktivieren Sie beide Gehirnhälften und sind damit bestens auf gutes Lernen vorbereitet.

Einzelne Gehirnzentren aktivieren und miteinander verbinden

Innerhalb der beiden Gehirnhälften ist Ihr Gehirn in viele einzelne Gehirnzentren unterteilt, die durch Gehirnströme miteinander verbunden sind. Diese Gehirnzentren sind Kommando- und Steuerzentralen für wichtige Lebensfunktionen: Sprechen, Hören, Sehen, Riechen, Bewegen, Empfinden, Konzentrieren, Merkfähigkeit, Erinnern, Glauben, Vertrauen, Leistungsfähigkeit, Ruhen und viele andere mehr. Eine einzelne Steuerzentrale kann immer nur so gut sein, wie sie in den Gesamtablauf aller Gehirnfunktionen integriert ist. Dies geschieht durch die Gehirnströme, die alles miteinander verbinden. Was hilft es zum Beispiel, wenn Sie eine sehr gute Merkfähigkeit haben, Ihr Erinnerungsvermögen aber blockiert ist? Dann sind Sie zwar in der Lage, alle neuen Informationen gut in Ihrem Gehirn abzuspeichern, können sie aber nicht wieder hervorholen, wenn Sie sie brauchen. Eine einfache tägliche Übung hilft Ihnen, blockierte Gehirnströme wieder fließen zu lassen:

Legen Sie beide Handflächen so auf Ihren Kopf, dass sich die Fingerspitzen der Daumen sowie der Zeige- und Mittelfinger gegenseitig berühren. Ihre Handflächen liegen also auf den Gehirnhälften und bedecken viele der oben genannten Gehirnzentren, während sich die Fingerspitzen berühren. Auf diese Art stellen Sie mit Ihren Händen einen ringartig geschlossenen Energiekreis her, den Sie auf das gesamte Gehirn übertragen. Behalten Sie diese Stellung eine Weile bei und spüren Sie mit geschlossenen Augen, wie Ihre Energie fließt und alle Teile Ihres Gehirns in einem großen Energiestrom integriert sind.

Licht und Sauerstoff ins Gehirn bringen

Die Zufuhr von genügend Licht ins Gehirn stellen Sie sicher, indem Sie mit einem Finger mehrmals rhythmisch auf die Mitte der Stirn klopfen. Hier liegt im Inneren des Kopfes die Epiphyse, eine Drüse, die für den Lichteinfall ins Gehirn zuständig ist. Durch das Klopfen wird die Aktivität dieser Drüse angeregt. Das Gleiche erreichen Sie, wenn Sie den Punktstrahl einer kleinen Taschenlampe für kurze Zeit auf die Mitte Ihrer Stirn richten. Vielleicht kommt daher der Spruch: »Wenn jemand was nicht kapiert, sollte man ihm mal ins Hirn leuchten.«

Für die ausreichende Versorgung des Gehirns mit Sauerstoff sorgt eine unmerkliche rhythmische Bewegung der Schädelknochen an den Stellen, an denen sie wie durch Nähte miteinander verbunden sind. Am höchsten Punkt des Schädels befindet sich die so genannte Pfeilnaht, die von der Stirn zum Hinterkopf verläuft.

Legen Sie je eine Hand auf eine Schädelseite, sodass sich die Fingerspitzen über der Pfeilnaht berühren. Üben Sie nun mit den Fingern einen Druck auf diese Pfeilnaht aus und versuchen Sie gleichzeitig einige Male, beide Schädelhälften ruckartig auseinander zu ziehen. Dies fördert die so genannte schädeleigene Atmung und bereitet das Gehirn bestens auf größere Anforderungen vor.

Besseres Sehen mit beiden Augen

Gewöhnlich ist ein Auge das dominante, das besonders scharf sieht, während das andere Auge eher passiv ist. Gutes Lernen erfordert aber auch gutes Sehen. Dies erreichen Sie, indem Sie für eine energetische Gleichwertigkeit Ihrer Augen sorgen.

Malen Sie mit ausgestrecktem Arm auf der Höhe Ihrer Augen eine liegende Acht in die Luft – wie eine übergroße Brille. Halten Sie den Kopf gerade und bewegen Sie ihn nicht. Verfolgen Sie die Achterbahn nur mit den Augen. Machen Sie das Ganze abwechselnd erst mit dem einen und dann mit dem anderen Arm. Diese Übung energetisiert spontan beide Augen. Sie können ihre Wirkung selbst testen, wenn Sie merken, dass Ihre Augen nach längerem Lesen, Fernsehen oder einer Autofahrt ermüden.

Besseres Hören mit beiden Ohren

Was ich für die Augen sagte, gilt auch für die Ohren. Gleichwertiges Hören mit beiden Ohren erreichen Sie, indem Sie Ihre Ohrmuscheln mit den Fingerspitzen mehrmals gründlich von oben nach unten durchmassieren. Dabei bleibt Ihr Kopf ganz locker und entspannt. Diese Übung verbessert nicht nur das Hören, sondern wirkt darüber hinaus energetisierend auf den ganzen Körper, denn in der Ohrmuschel befindet sich für jedes Organ ein besonderer Energiepunkt. Wenn Sie also Ihre Ohren massieren, tun Sie Ihrem ganzen Körper etwas Gutes.

Die Konzentration stärken

Ihre Konzentration stärken Sie, indem Sie mit den Fingern Energiepunkte rubbeln, die bereits an anderer Stelle in diesem Buch beschrieben wurden: die Punkte für die Zentrierung, die sich zwischen Oberlippe und Nase sowie zwischen Unterlippe und Kinn befinden, sowie die beiden Punkte für den Polaritätsausgleich. Sie liegen unter dem rechten und dem linken Schlüsselbein. Mehrmaliges Rubbeln dieser Punkte stärkt die Konzentration.

Können Sie sich alles gut merken? Sich gut erinnern? Lernen Sie leicht? Können Sie logisch denken? Haben Sie ein gutes Verständnis und können Sie Zusammenhänge erkennen? Wie gut ist Ihr Langzeitgedächtnis? Ihr Kurzzeitgedächtnis? Haben Sie eine gute Intuition? Wie sieht es mit Ihren intellektuellen, geistigen und musischen Fähigkeiten aus? Haben Sie Phantasie? Sind Sie kreativ? All das kann kinesiologisch hinterfragt werden. Es gibt Klienten, die einfach nur wissen möchten, ob diese Fähigkeiten bei ihnen blockiert sind. Andere Klienten, beispielsweise Künstler, befinden sich vielleicht gerade in einer Schaffenskrise. Dahinter verbergen sich in der Regel Blockaden, die über den kinesiologischen Dialog mit dem Unterbewusstsein entdeckt und gelöst werden können.

Eine Künstlerin kam zu mir, weil sie seit Monaten nicht mehr in der Lage gewesen war, etwas zu malen. Sie nannte diesen Zustand Malblockade. In der kinesiologischen Sitzung konnte ein zugrunde liegender seelischer Konflikt gelöst werden. Anschließend verabschiedete sich die Künstlerin etwas skeptisch, aber schon eine Woche später kam sie mit einem Geschenk zurück: ein großes Ölgemälde mit herrlichen Sonnenblumen. Sie nannte es Stöberl-Bild, weil es das erste Bild war, das sie nach der monatelangen Blockierung gemalt hatte.

In meiner Praxis konnte ich feststellen, dass die Probleme vieler Klienten um bestimmte Schwerpunktthemen kreisen. Beim einen ist es eher der Beziehungsbereich, der Probleme bereitet, beim anderen mehr die Familie, die Persönlichkeit, Geld und Existenz, die Gesundheit oder eben das Lernen.

Wenn Lernthemen besonders im Vordergrund stehen, teste ich auch, inwieweit die Brücke, die beide Gehirnhälften miteinander verbindet, optimal durchlässig ist. Diese Gehirnverbindung soll ermöglichen, dass die Gehinhälften bei geistigen Anforderungen spontan Informationen austauschen können. Bei Menschen mit Lernproblemen ist diese Verbindung oft nicht durchlässig genug, was den Informationsfluss behindert und dann zu Lernblockaden und Stress führt. Kinesiologisch kann genau getestet werden, zu wie viel Prozent diese Verbindung offen ist, was dann auch Auskunft über den Stand der Blockierung gibt. Die zugrunde liegende Ursache einer solchen Blockierung war bisher immer ein seelischer Konflikt. Es ist nicht ungewöhnlich, dass in einer Sitzung eine Steigerung der Durchlässigkeit von siebzehn auf achtundneunzig Prozent erreicht wird. So eine Öffnung bleibt dann meistens auch dauerhaft bestehen.

Wenn mir das Lernen leicht gelingt, bin ich gut. Und wenn ich gut bin, spüre ich, dass ich etwas erreichen kann. Ich bin motiviert. Wenn ich diese Motivation habe, kann mein Leben um vieles leichter sein.

10

Lieber leichter leben

Ich bin einzigartig! Ich bin ein Gewinner. Ich bin das reiche Kind eines reichen Vaters. Ich bin ein Schöpfer, weil mein göttlicher Vater ein Schöpfer ist und mich das Schöpfen gelehrt hat. Ich bin der wichtigste Mensch in meinem Leben.

All das kann ich sein, wenn mein Bewusstsein offen und weit genug dafür ist. Doch ist es wirklich offen und weit? Kinesiologie-Coaching bietet die wunderbare Möglichkeit, alles und jedes zu überprüfen und zu hinterfragen – und zu ändern.

Wie erkenne ich die Lösung für meine Probleme? Wie lebe ich so, dass es für mich keine Probleme mehr gibt, sondern nur noch Angebote des Lebens an mich?

Antworten auf all diese Fragen finden Sie auch in allen anderen Kapiteln. Sie ziehen sich wie ein roter Faden durch dieses Buch – oder wie eine Zündschnur. Wenn es irgendwann gefunkt hat, beginnt das wahre Abenteuer Leben. Sie brauchen also nur noch zu erkennen, dass Sie alles Wissen um körperliche, seelische und geistige Zusammenhänge in sich tragen. Sie brauchen sich nur zu erinnern. Alles war schon einmal da. Probleme werden so oft wiederkehren, bis Sie verstanden haben. Alles was Sie verstanden, jede Erfahrung, die Sie gemacht haben, muss sich nicht mehr wiederholen. Mit jeder Erkenntnis, die Sie gewinnen, knüpfen Sie mehr an Ihr Urwissen an. Entdecken Sie Ihren persönlichen Stein der Weisen. Am Ende Ihres Weges werden Sie ihn in Händen halten und sich sagen, dass sich das Leben gelohnt hat. Es war gut, dass Sie hier waren.

Wie wäre ein Leben ohne Angst? Haben Sie Angst vor schlimmen Krankheiten, weil Sie daran sterben könnten? Und der Tod? Ist er bedrohlich? Haben Sie Angst vor dem Tod?

Wie ist denn Ihr Draht nach oben, Ihre Rückverbindung? Haben Sie eine gute Verbindung zu Gott? Haben Sie Gottvertrauen oder Urvertrauen?

Wenn Ihre Leitung nach oben blockiert ist, werden Sie es im Leben immer eher schwer haben, weil es Ihnen von Grund auf an Vertrauen fehlt, an dem Vertrauen, dass es immer gut weitergeht. Wenn Sie darüber nachdenken, werden Sie erkennen, dass Ihnen in diesem Leben nichts passieren kann. Was könnte denn schlimmstenfalls passieren? Dass Sie umkommen? Ihre Seele ist unsterblich und Energie kann nicht verloren gehen. Sie verlieren vielleicht Ihren Körper, doch der ist ohnehin von dieser Erde und bleibt hier, wenn Sie einmal gehen. Sollten Sie je wiederkommen, wird ein neuer Körper für Sie bereit sein.

Wovor also sollten Sie sich fürchten? Vor Schmerz und Leid? Wenn der Schmerz zu groß wird, werden Sie ohnmächtig und treten vorübergehend aus Ihrem Körper. Und Leid? Gott hat nur so viel Leid für Sie vorgesehen wie für Ihre irdische Entwicklung wichtig ist. Alles was Ihnen widerfährt, ist wichtig für Sie, sonst würde es Ihnen nicht widerfahren. Der große Lenker wird Sie nie aus den Augen verlieren. Sie sind nie allein. Eine schützende Hand ist immer über Ihnen. Die große Urkraft will nur das Beste für Sie, und darum ist alles, was geschieht, im Rahmen der göttlichen Ordnung und damit gut für Sie. Wenn Ihr Urvertrauen stimmt, können Sie sich mit einer optimistischen Grundhaltung auf das Abenteuer Leben einlassen.

Sie sind ganz wichtig, sonst wären Sie doch gar nicht hier, hätten nicht die Möglichkeit bekommen, auf dieser Erde zu inkarnieren. Dies ist eine großartige Chance für Ihre spirituelle Entwicklung. Und diese Chance können Sie für die Verwirklichung ganz bestimmter Lebensziele nutzen. Dafür gibt es aus Ihrer spirituellen Herkunft Ihren Lebensplan und die Lebensaufgabe. Die Themen solcher Lebensaufgaben bewegen sich in den Bereichen vom Loslassen des Egos bis zum Leben der Liebe.

Helen Wambachs Hypnosestudie gibt auch hierzu nähere Aufschlüsse. Ich zitiere diese Studie deshalb so gern, weil mehrere hundert spirituell völlig unbedarfte Personen in Hypnose Aussagen zu Themen machen, mit denen sie verstandesmäßig bisher nie etwas zu tun hatten.

Und das waren solche Hinweise zur Lebensaufgabe, zur Bestimmung und zum Lebensziel:

»Meine Aufgabe in dieser Lebenszeit ist es, vom Ich-Gefühl zum Wir-Gefühl zu gelangen, Verantwortung auf mich zu nehmen und andere Menschen nicht einzuschränken.«

»Meine Bestimmung für diese Lebenszeit ist es, meine Identität zu finden und jemand zu sein, meinesgleichen zu leiten und Menschen zu finden, die zu mir aufschauen. Ich muss Führungsqualitäten erwerben.«

»Mein Ziel ist es, die Entwicklung meiner Seele zu fördern, mich mit meinen Mitmenschen zu verstehen und ein tieferes religiöses und geistiges, ein kraftvolleres Stadium des Bewusstseins mit anderen zu erreichen.«

Kennen Sie Ihre Lebensaufgabe? Sind Sie mit Ihrer Lebensaufgabe einverstanden und leben Sie entsprechend? Sind Sie gerne hier auf der Erde? Hat Ihr Leben einen Sinn?

Beginnen Sie damit, dass Sie bei sich selbst ankommen. Karl Valentin hat es so treffend gesagt: »Heute besuche ich mich mal selbst, mal sehen, ob ich zu Hause bin.«

Sind Sie zu Hause? Ausgehen, Gesellschaft, Ablenkungen, Neugier, Wissensgier, Reisen, immer nur weg, weg, weg. Immer auf der Suche und am liebsten weg von hier. Bis es eines Tages »klick« macht: eine erste Besinnung und dann der Weg zurück, zurück zum Selbst, zurück zu sich selbst.

Erst muss ich ankommen, dann kann ich weiterkommen. Nur wenn ich in mir selbst zu Hause bin, kann ich überall zu Hause sein. Und nur wenn Sie zu Hause sind, können Sie aufräumen.

Wie weit sind Sie geerdet? Wie ein Stuhl, der mit vier Beinen sicher und fest auf dem Boden steht, sollten auch Sie mit vier Beinen fest auf der Erde stehen. Den vier Beinen habe ich Namen gegeben: Selbstbewusstsein, Selbstsicherheit, Selbstwertgefühl und Selbstvertrauen.

Selbstbewusst trete ich nach außen hin auf, so nehmen mich auch die anderen wahr. Selbstsicherheit ist das, was ich nach außen bringe. Dahinter steht meine ganze innere Sicherheit. Mit meinem Selbstwertgefühl erkenne ich, dass ich etwas ganz Besonderes bin, ein wertvoller Mensch. Und mein Selbstvertrauen, mein Vertrauen in mich selbst, ist die harmonische Verbindung all dieser Persönlichkeitsanteile. Erst wenn diese Persönlichkeitsanteile alle stimmig sind, stimmt auch die Grundstruktur Ihres Persönlichkeitsprofils. Dann stehen Sie gut auf der Erde, haben Bodenkontakt und können Ihren Weg weitergehen.

Sind Sie auch selbstständig, intelligent, kontaktfreudig, eine Persönlichkeit? Oder gar eine Autorität?

Schauen Sie sich dann Ihre Geschlechterrolle an. Fühlen Sie sich wohl in Ihrer Rolle als Mann oder Frau? Waren Sie gern ein Junge oder ein Mädchen? Und wie geht es dem Kind in Ihnen? Erlauben Sie sich Kind zu sein? Füllen Sie Ihre Rolle als Erwachsener wirklich aus?

Lieben Sie sich selbst? Sind Sie beziehungsfähig? Wie gehen Sie mit Nähe um? Können Sie Gefühle geben und annehmen? Für Gefühle und Nähe offen zu sein ist meist die größte Herausforderung, weil auf dieser Ebene die meisten schmerzhaften Verletzungen stattgefunden haben.

Gibt es dunkle Geheimnisse aus Ihrer eigenen oder der Vergangenheit Ihrer Vorfahren, die Sie belasten?

Fragen über Fragen. Der erfahrene Kinesiologie-Coach hat die Fähigkeit, sichere Antworten darauf zu bekommen, denn alle Fragen gehen an Ihr Unterbewusstsein und Ihr Unterbewusstsein beantwortet sie – ganz ehrlich. Und zwei kinesiologische Tests schaffen Klarheit über das Vorhandensein einer Ursache, die in einer Sitzung mit Kinesiologie-Coaching geklärt werden kann.

Zwei wichtige kinesiologische Tests

Diese beiden wichtigen kinesiologischen Tests möchte ich an dieser Stelle noch einmal ausführlich vorstellen

Sie sagen laut den Satz: »Ich bin ein Gewinner.« Dabei übe ich einen Druck auf Ihren seitlich ausgestreckten Arm aus. Wenn Ihr Arm diesem Druck nicht standhalten kann, heißt das nicht, dass Sie ein Verlierer sind, sondern nur, dass Sie Stress darauf haben, ein Gewinner zu sein. Nun sprechen Sie den gleichen Satz noch einmal, während Sie gleichzeitig mit der freien Hand Ihre Stirn berühren. Bleibt Ihr Arm beim kinesiologischen Test nun stark, so bedeutet dies, dass es einen seelischen Konflikt bezüglich der Möglichkeit gibt, ein Gewinner zu sein. Wenn dieser seelische Konflikt in der Sitzung bewusst gemacht und energetisch gelöst wird, sind wieder alle Voraussetzungen dafür gegeben, dass Sie als Gewinner durchs Leben gehen können.

Eine Möglichkeit, die vorgenannten Persönlichkeitsblockierungen aufzufinden, bieten zum Beispiel entsprechende Zielsätze.

- Zur Angst:
  Ich bin sicher.
- Zum Vertrauen in eine höhere Instanz:
  Ich habe Gottvertrauen.
  Ich habe Urvertrauen.
- Zur Lebensaufgabe:
  Ich habe eine Lebensaufgabe.
  Ich kenne meine Lebensaufgabe.
  Ich bin mit meiner Lebensaufgabe einverstanden.
- Zum Dasein:
  Ich bin gern auf der Erde.
- Zur inneren Heimat:
  Ich bin in mir zu Hause.
- Zu den vier Standbeinen der Persönlichkeit:
  Ich bin selbstbewusst.

Ich bin selbstsicher.
Ich bin ein wertvoller Mensch.
Ich habe Selbstvertrauen.

- Zu weiteren Persönlichkeitsanteilen:
  Ich bin erwachsen.
  Ich bin selbstständig.
  Ich bin intelligent.
  Ich bin kontaktfreudig.
- Zu Beziehungen:
  Ich bin offen für Beziehungen.
  Ich bin offen für Nähe.
  Ich bin offen für Gefühle.
  Ich bin gern eine Frau.
  Ich bin ein ganzer Mann.
  Ich liebe mich selbst.
- Zur familiären Herkunft:
  Meine Herkunft ist geklärt.
  Meine Herkunft ist sauber.

Es ist so einfach. Doch gerade diese Einfachheit weckt oft Zweifel bei den Betroffenen, denen – wie den meisten von uns – das Komplizierte, Langwierige und Schwierige im Leben viel vertrauter ist als das Einfache. Ich kann jedoch aus eigener Erfahrung sagen: Wenn eine Sache kompliziert und schwierig wird, sollten alle Alarmglocken bei Ihnen klingeln. Die Wahrheit ist nie kompliziert, sondern immer klar und einfach. Suchen Sie immer nach der einfachsten Lösung, denn sie ist die beste.

Über die Klärung von akuten Lebensproblemen hinaus bietet die Testung des Persönlichkeitsprofils eines Menschen die Möglichkeit, sein Grundmuster mit all seinen Potenzialen und Schwachstellen exakt zu erfassen. Welch großartige Hilfe wäre der Kinesiologie-Coach beispielsweise für einen Personalchef, wenn es um die Auswahl von Bewerbern geht, denn er könnte diese in all ihren Stärken und Schwächen klar erkennen: Persönlichkeit, Auftreten,

Intelligenz, Ausdauer, Leistungsfähigkeit und Leistungswille, Liebe zum Beruf, Teamgeist, Pünktlichkeit, Sozialverhalten, Ehrlichkeit, Gesundheit, Höflichkeit, Charakterfestigkeit, Optimismus, Kreativität, Lernfähigkeit und vieles mehr. Der Auszubildende, der Mitarbeiter, die Führungskraft, der Nachfolger an der Spitze des Unternehmens – alle stellen für ihren jeweiligen Aufgabenbereich einen besonderen Diamanten dar, der aus vielen einzelnen Facetten besteht, von denen jede zum Funkeln gebracht werden kann.

Das Besondere am Kinesiologie-Coaching ist ja, dass jede Einschränkung im Persönlichkeitsbild auf dem bewährten Weg korrigiert und ausgeglichen werden kann: Das Problem weist auf eine zeitlich frühere Ursache hin, zu der es eine Entstehungsgeschichte mit emotional hemmendem Einfluss gibt. Diese Geschichte wird bewusst gemacht, und die blockierende emotionale Energie wird freigesetzt. Das Problem hat damit keine Aufgabe mehr und kann sich auflösen. Dies alles findet in einer Sitzung statt. Ein kinesiologischer Vortest zeigt (energetisch schwach) das Problem. Ein Nachtest bestätigt (energetisch stark) den gelösten Zustand. Dazwischen liegt die Sitzung, in der die zugrunde liegende Geschichte sichtbar wird.

Jede dieser Sitzungen ist ein Angebot an den Klienten, sein Bewusstsein für mehr Leichtigkeit im Leben zu öffnen. Einer meiner Slogans lautet: *Lieber Leichter Leben Lernen!* Das ganze Leben ist ein einziges Lernen, und wenn wir mit Motivation, Neugierde, Abenteuerlust und Begeisterung lernen, starten wir unaufhaltsam durch.

Lieber Leichter Leben steht auch für: *Ich will. Ich kann. Ich tue.*

Erst muss ich wollen, und die Entscheidung zu wollen treffe ich ganz allein. Der freie Wille ist ein göttliches Geschenk. Niemand kann und darf ihn mir nehmen. Mein freier Wille ist mein Antrieb im Leben, ohne ihn geht es nicht vorwärts.

Dann soll ich wissen, dass ich kann. Indem ich behaupte »Ich kann nicht«, lege ich mir selbst einen der größten Steine in den Weg. Dieser Satz wirkt wie ein Befehl an das eigene Unterbewusstsein, es nicht zu können. Das Unterbewusstsein wird dann alles tun, dass er in der Realität auch seine Bestätigung findet. Und dann kann ich sagen: »Siehst du, ich habe ja gleich gewusst, dass es nicht geht.« Statt »Ich kann nicht« sollten wir sagen: »Ich versuche es.« Damit stehen sämtliche Möglichkeiten für ein eventuelles Gelingen offen.

Dann kommt das Tun. Erst mit dem Tun bewegt sich etwas. Vorher ist alles nur Theorie. Tun schafft Bewegung, Bewegung schafft Veränderung und Veränderung ist Leben und Entwicklung. Was sich nicht bewegt, wird leblos, erstarrt und stirbt. Tun verhindert also, dass wir einfach so dahinsterben. Sterben ist erst angesagt, wenn das große Zeichen dafür gegeben wird, wenn unsere Zeit um ist. Dann aber ist es nicht einfach das Ende, sondern Transformation. Wir gehen durch die Tür, durch die der Körper nicht passt, weil er dahinter nicht mehr benötigt wird. Wir werden vom Körper befreit und dürfen dann wieder die ganze Leichtigkeit erfahren.

Das »Ich will« ist eine große Kraft, wie diese Geschichte aus meinem eigenen Leben zeigt: Als ich mit der vegetarischen Ernährung in Berührung kam, sagte ich mir: Das kannst du auch! Noch am gleichen Tag räumte ich meinen Kühlschrank leer und war von da an zwanzig Jahre lang Vegetarier. Als Schulkind hatte ich mir vorgenommen, ein Jahr lang kein Eis zu essen, und habe durchgehalten. Feuerlauf, Glasscherbenlauf, Eisenstangenverbiegen, Holzbrettdurchschlagen und eine Ballonfahrt über die Alpen nach Italien waren weitere Herausforderungen dieser Art.

Ja, und dann störte mich plötzlich, dass ich immer wieder ach so menschlichen Versuchungen erlag und dass sich Gewohnheiten bei mir einschlichen, die Macht über mich hatten. Das durfte nicht sein. Also schrieb ich in großen Buchstaben auf die Memotafel in meiner Küche: KKKKKS (= kein Kuchen, kein Kaffee, keine Schokolade!) Was bin ich doch für ein Asket! Doch das hielt ich nur einen Tag durch. Als das Wochenende nahte und die kleinen Suchtteufel mich nett angrinsten (man gönnt sich ja sonst nichts), ergänzte ich meine Formel:

KKKKKSASSF (= kein Kuchen, kein Kaffee, keine Schokolade, außer an Samstagen, Sonntagen, Feiertagen!) Doch das Leben ist vielfältig und an Versuchungen mangelt es nicht. Also bedurfte es bald einer weiteren Ergänzung:

KKKKKSASSF-UBBA (= kein Kuchen, kein Kaffe, keine Schokolade, außer an Samstagen, Sonntagen, Feiertagen – und bei besonderen Anlässen!) Die Realität hat dann gezeigt, dass die immerwährende Dehnung dieser Formel immer noch nicht ausreichte. Also ergänzte ich sie aufs Neue: KKKKKSASSF-UBBA-UWIW (= kein Kuchen, kein Kaffe, keine Schokolade, außer an Samstagen, Sonntagen, Feiertagen – und bei besonderen Anlässen – und wenn ich will!)

Diese Formel steht immer noch ganz groß auf der Memotafel in meiner Küche. Inzwischen habe ich mir einen Kaffeeautomaten gekauft und ihn daneben aufgebaut. Ich liebe Schokoladenkekse, Dominosteine, Lebkuchen, Schokocroissants und das Mahlgeräusch meines Kaffeeautomaten. Eines meiner schönsten täglichen Rituale ist das Kaffeetrinken. Seitdem ich meine Formel dafür gefunden habe, kann ich es so richtig genießen. Es ist wunderschön, ganz bewusst menschliche Schwächen zu haben.

Ein aufschlussreicher Persönlichkeitsspiegel ergibt sich auch durch das kinesiologische Testen verschiedener Wörter, die mit »Selbst …« beginnen. Über solche »Selbst«-Wörter können hemmende Persönlichkeitsmuster aufgedeckt werden, die sonst nicht erkannt würden. Einige dieser Wörter kennen Sie schon von der Grundstruktur einer Persönlichkeit, die sicher auf vier Beinen stehen sollte: Selbstbewusstsein, Selbstsicherheit, Selbstwertgefühl und Selbstvertrauen. Nehmen Sie nun ein Blatt Papier und schreiben Sie alle mit »Selbst …« beginnenden Worte auf, die Ihnen einfallen. Auf diese Art können Sie mit vielen unentdeckten Aspekten Ihrer Persönlichkeit in Berührung kommen. Jeder dieser Begriffe wirkt wie ein Schlüssel zu bestimmten Bereichen des Unterbewusstseins. So können Ursachenkonflikte aufgedeckt werden, die sich noch in tiefen Schichten des Unterbewusstseins befinden. Eine Liste wie die unten aufgeführte (es gibt noch viele weitere Möglichkeiten) kann also helfen, unbewusste Blockierungen sichtbar zu machen:

Selbstsicherheit	Selbstbewusstsein	Selbstwertgefühl
Selbstmotivation	Selbstvertrauen	Selbstheilung
Selbstverständnis	Selbstbezug	Selbstfindung
Selbstakzeptanz	Selbstbestätigung	Selbstbild
Selbstbehauptung	Selbstgenügsamkeit	Selbsterkenntnis
Selbstüberwindung	Selbstvergebung	Selbstbestimmung
Selbstwahrnehmung	Selbstverantwortung	Selbstbesinnung
Selbstglaube	Selbstliebe	Selbstlosigkeit
Selbstverwirklichung	Selbstbedürfnis	Selbstachtung

Mit Hilfe des kinesiologischen Tests wird das Unterbewusstsein nun gefragt, ob sich auf der Liste ein Wort befindet, hinter dem sich ein zu lösendes Thema verbirgt. Wenn ein Ja als Antwort kommt, wird weitergefragt, um welches Wort es sich handelt. Fällt die Wahl beispielsweise auf das Wort Selbstverwirklichung, könnte einer der nachfolgenden Sätze oder auch ein ähnlicher Satz der treffende Zielsatz sein:

»Ich darf mich selbst verwirklichen.«
»Ich kann mich selbst verwirklichen.«
»Ich verwirkliche mich selbst.«
»Ich bin auf dem besten Weg zu meiner Selbstverwirklichung.«

Das Unterbewusstsein des Klienten bestätigt einen dieser Sätze als den besten zur Lösung des Konflikts. Erst mit dieser Bestätigung ist die Gewissheit gegeben, dass sich die Ursache des Problems in der tiefsten Tiefe, an der Wurzel klären lässt.

Beim Auffinden des Ursachenkonfliktes hilft mir ein Zielsatz, den ich aus dem Problemthema ableite, mit dem der Klient zu mir kommt. Kommt der Klient mit Ängsten, so wäre das Ziel, dass er sich sicher fühlt oder Sicherheit hat.

Über das Unterbewusstsein des Klienten erfrage ich genau, um welche Sicherheit es geht, da die zugrunde liegende Ursprungsgeschichte nur aufgedeckt werden kann, wenn die Worte im Zielsatz dazu in Resonanz sind. Mögliche Sätze wären hier:

»Ich bin sicher.«
»Ich habe alle Sicherheit in mir.«
»Ich habe die Sicherheit meines Vaters.«

Der Zielsatz ist also ein wichtiger Lotse zum Ursachenkonflikt. Das Finden des besten Zielsatzes zum Problemthema ist die wichtigste Vorbereitung für die Sitzung. Bestätigt das Unterbewusstsein des Klienten einen Zielsatz als den besten, so kann ich sicher sein, dass die dem Problem am tiefsten zugrunde liegende Ursache auch zielsicher aufgedeckt wird.

Wie fühle ich mich bei dieser Aussage?

Lesen Sie sich die folgenden Sätze zu den Themen Persönlichkeit und berufliches Wirken laut vor und achten Sie dabei auf die Resonanz in Ihrem Inneren: Wie fühle ich mich bei dieser Aussage? Kommt sie mir leicht über die Lippen? Oder spüre ich schon beim Aussprechen eine innere Barriere?

»Ich bin in meiner Mitte.«
»Ich werde akzeptiert und anerkannt.«
»Ich bin eine kompetente Persönlichkeit.«
»Ich bin mir meiner inneren Größe bewusst.«
»Ich habe die Anerkennung meines Chefs.«
»Ich bekomme meine Anerkennung als Mann.«
»Ich bin gut so wie ich bin.«
»Ich bin eine Persönlichkeit.«

»Ich habe Selbstdisziplin.«
»Ich bekomme Anerkennung.«
»Ich bin mir wichtig.«
»Ich habe etwas zu sagen.«
»Ich bin nur für mich selbst verantwortlich.«
»Ich lebe mein Potenzial.«
»Ich habe Vertrauen in meine eigenen Fähigkeiten.«
»Ich sage meine Meinung.«
»Ich bin offen für Veränderungen.«
»Ich bestimme mein Leben selbst.«
»Ich gehe aus mir heraus.«
»Ich habe Führungsqualitäten.«
»Ich bin spontan.«
»Ich sehe Kritik immer konstruktiv.«
»Ich bin gefragt.«
»Ich habe alles, was ich brauche.«
»Ich habe Vertrauen in das Leben.«
»Ich werde bemerkt.«
»Ich bin ein fröhlicher Mensch.«
»Ich gehe meinen eigenen Weg.«
»Ich gehe auf andere zu.«
»Ich stelle mich dem Leben.«
»Ich nehme meine Arbeit leicht.«
»Ich bin kompromissbereit.«
»Ich habe Vertrauen in mein künftiges Wirken.«
»Ich stelle mich den Herausforderungen.«
»Ich orientiere mich an der Leichtigkeit des Lebens.«
»Ich bin voll belastbar.«
»Ich lasse meine Begrenzungen los.«
»Ich habe finanzielle Sicherheit.«
»Ich bringe meine innere Stärke zum Ausdruck.«
»Ich darf mir eine Auszeit gönnen.«
»Ich halte an meinem Ziel fest.«

Sie können sich vielleicht vorstellen, wie Zielsätze aus dem Gefühlsbereich, aus dem Familienbereich, aus dem Beziehungsbereich oder aus dem gesundheitlichen Bereich lauten müssten. Der Zielsatz ist ein Stresssatz, weil er in völligem Gegensatz zur momentanen Lebensproblematik des Klienten steht. Doch das Unterbewusstsein des Klienten ist stets bereit, die wahre Ursache des Problems preiszugeben. Der Weg ist immer der gleiche. Der Zielsatz führt zum Ziel, zur Wurzel des Konflikts, zum frühesten traumatischen Geschehen mit allen daran beteiligten Personen – und dann, wenn der Konflikt gelöst ist, ermöglicht der Zielsatz genau das, was er aussagt. Der Weg ist frei für das Neue.

Die besonderen Merkmale der PsychoNeuro-Kinesiologie und des Kinesiologie-Coaching sind also:

- Der optimale Zielsatz zum aktuellen Problemthema wird festgelegt.
- Der Zeitpunkt, zu dem der ursächliche Konflikt entstanden ist, wird ausfindig gemacht.
- Die an der Geschichte beteiligten Personen werden identifiziert.
- Alle Schlüsselwörter für verletzte Gefühle werden gefunden, damit die Ursprungsgeschichte bewusst werden kann.
- Ein Lösungssatz wird gefunden. Er dient als positiver Verweis auf den weiteren Lebensweg des Klienten.
- Nun folgt die energetische Auflösung der eingeschlossenen Konfliktenergie mit Hilfe von Farben, die sich der Klient selbst aussucht und dann mental vergegenwärtigt. Die Schwingungen dieser Farben haben eine starke positive Wirkung auf die Konfliktlösung und unterstützen den Heilungsvorgang.

Auch Sie können Farben ganz gezielt zur Selbstheilung einsetzen, und zwar nehmen Sie immer die Farbe, die Ihnen spontan zur jeweiligen Situation einfällt. Zum Beispiel: Sie ärgern sich. Was bringt Ihnen das? Welchen Nutzen haben Sie davon, dass Sie sich ärgern? Achten Sie doch nur mal auf die Worte: »Ich ärgere mich!« Warum sollte ich das tun? Warum sollte ich mich ärgern? Das macht keinen Sinn. Also können Sie es auch sein lassen. Sich zu ärgern bringt nichts, außer eben diesen Ärger. Ich ärgere mich über den und den. Sie können einen anderen Menschen nicht ändern. Jeder hat das Recht, so zu sein wie er ist. Sie können sich nur selbst ändern, Ihren eigenen Bezug zum anderen, Ihre Einstellung.

Aber wohin mit dieser Emotion, mit dieser aufgeputschten Energie?

Atmen Sie Farbe! Atmen Sie die Farbe, die Ihnen spontan einfällt, in Ihre Wut und Ihren Ärger. Atmen Sie Farbe in Enttäuschungen und Liebeskummer. Atmen Sie Farbe in jede Körperstelle, in der Sie Schmerzen spüren. Sie werden erfahren, wie heilsam das wirkt. Jede Farbe hat einen gewissen Schwingungsbereich. Die Farbe, die Ihnen also spontan einfällt, trägt die Schwingung, die Sie gerade für Ihre emotionale oder körperliche Heilung benötigen. Es geht nicht um Ihre Lieblingsfarbe, sondern um die, die wirklich spontan da ist. Und wenn keine Farbe da ist, dann warten Sie, bis eine kommt oder Sie spontan an eine denken. Versuchen Sie dabei nicht, Ihren Verstand einzusetzen, sondern vertrauen Sie darauf, dass Ihr Unterbewusstsein die beste Farbe für Ihre Heilung auswählt.

Bei der Auflösung von Konflikten am Ende jeder Sitzung unterstütze ich den seelischen Heilungsvorgang damit, dass der Klient spontan eine Farbe visualisiert und mir diese Farbe sagt. Dann lasse ich ihn diese Farbe einatmen, bis sie seinen ganzen Körper ausfüllt, und spreche darüber, welche Wirkung gerade diese Farbe in seinem Inneren erzielt. Und so wirken die einzelnen Farbschwingungen:

Schwarz

Schwarz hilft, die Schatten und dunklen Stellen im Innern einzusammeln und fortzunehmen. Atmen Sie Schwarz ein und atmen Sie beim Ausatmen alles Dunkle mit aus.

Rot

Das helle, grelle Rot putzt gründlich durch. Es ist eine aggressive Farbe, die alte Blockierungen aufwühlt und aufwirbelt, damit sie anschließend ausgeatmet werden können. Diese feurige Energie fegt wie ein eiserner Besen durch den Körper und nimmt alle Belastungen mit nach draußen. Fahren Sie danach mit einer anderen Farbe fort, die Ihnen einfällt.

Das tiefe, warme Rot stellt Verbindung zur Erde her. Es macht die eigenen Wurzeln und damit Halt und Sicherheit spürbar.

»Sieh, wie aus deinen Fußsohlen Wurzeln in die Erde wachsen. Deine Wirbelsäule verlängert sich und wächst ebenfalls als Wurzel in die Erde. Die Wurzeln reichen ganz tief in die Erde. Sie wachsen immer tiefer, bis sie im Mittelpunkt der Erde ankommen. Spüre den Halt, den die Erde dir gibt. Spüre, wie die Erde dich trägt. Spüre die Sicherheit, die diese mächtige Erde dir gibt. Und nun sieh, wie rote Erdenergie aus deinen Wurzeln hochsteigt und in deinen Körper fließt. Sieh, wie sie sich im Körper verteilt und jede Zelle deines Körpers durchdringt – und wie die Sicherheit der Erde in jeder deiner Körperzellen verankert wird. Spüre, dass du ein Teil dieser Erde bist. Spüre, wie die Erde für dich da ist, solange du auf ihr weilst.«

Orange

Orange ist pulsierende Lebensenergie und Lebensfreude. Diese Farbe prickelt durch den Körper wie Champagner. Sie bringt Bewegung in den Körper und belebt ihn.

Gelb

Gelb ist die Farbe der Sicherheit und Stabilität. Sie gibt Halt. Alle Sicherheit, die Sie im Außen suchen und nicht finden, können Sie durch dieses Gelb im eigenen Inneren manifestieren, einfach indem Sie Gelb in den Körper atmen.

Grün

Grün harmonisiert den ganzen Körper, gleicht aus, bereinigt und heilt alte emotionale Verletzungen. Grün schafft auch die für Ihr Leben erforderliche optimistische Grundstimmung.

Rosa

Rosa steht für das Öffnen des Herzens, für göttliche Liebe und Selbstliebe. Stellen Sie sich vor, dass Ihr Inneres ganz mit Rosa ausgekleidet ist und sehen Sie sich ganz in Rosa eingehüllt.

Blau

Blau ist die Farbe der Klarheit, der Reinheit, der Ordnung im Körper und damit auch der Selbstheilung. Aus dieser Klarheit heraus kann Neues entstehen und wachsen. Blau macht den Weg frei.

Violett

Violett ist eine Farbe mit hoher spiritueller Schwingung, die Farbe der universellen Liebe und Heilung. Lassen Sie diese Farbe in Ihrem Körper fließen, und lassen Sie geschehen. Alles erfährt Heilung.

Weißes Licht

Weißes Licht steht für die Klarheit der kosmischen Ordnung im Körper. Ordnung ist Heil-Sein. Im weißen Licht hat die Krankheit keine Chance mehr. Weißes Licht bedeutet dynamische Heilung.

Gold

Gold ist die Farbe der göttlichen Energie und des universellen Schutzes. Gold kommt aus der Fülle des Kosmos und verbindet Sie mit der Macht und Stärke Ihrer königlichen Herkunft. Gold ist auch eine starke Energie für den psychischen Selbstschutz.

In unserem irdischen Dasein geht es zunächst einmal darum, zu existieren und um jeden Preis zu überleben. Und irgendwann erfahren wir die Leichtigkeit des Seins. Wenn unsere Existenz jedoch bedroht ist und wir uns nicht mehr sicher fühlen, ist ein natürliches Erleben in Sorglosigkeit und Leichtigkeit nicht mehr möglich. Dann kommen wir an unsere Grenzen. Diese Grenzen können wir entweder mutig und bedacht überschreiten oder auch in einer Art Alles-oder-Nichts-Euphorie einfach überspringen. So ein Schritt ist erleichternd und befreiend, denn der Entschluss dazu ist von dem tiefen Urvertrauen getragen, dass uns auf dieser Erde nichts passieren kann, dass wir hier sind, um Erfahrungen zu machen, und dass uns der ganze Kosmos unterstützt, wenn wir uns vertrauensvoll einlassen. Das Siegesgefühl danach, dieses »Ich habe es geschafft« ist die schönste Belohnung und macht den Weg frei für Neues. Grenzen bewusst zu überschreiten erfordert Mut, Urvertrauen und auch die Fähigkeit, dem rationalen Denken nicht zu viel Raum zu geben.

Während eines Seminars auf der griechischen Insel Korfu begann jeder Tag mit einer ganz besonderen Herausforderung. Oben auf dem Berg führte ein schmaler Fußweg zu einer kleinen Kapelle. Dies war noch vor Sonnenaufgang unsere allmorgendliche Sprintstrecke. Gelaufen wurde einzeln und nach Stoppuhr. Vom Start weg ging es zunächst abwärts, dann hinauf zur Kapelle und zurück erneut abwärts und schließlich wieder hinauf zum Startpunkt, der gleichzeitig das Ziel war. Ich bin ein guter, ausdauernder Läufer und gebe nicht so schnell auf. Doch das letzte Viertel, der stark ansteigende Weg zum Ziel stellte eine große Herausforderung für mich dar. Und einmal hatte ich das Gefühl: »Jetzt schaffe ich es nicht mehr.« Meine konditionellen Reserven waren total erschöpft, doch aufgeben wollte ich nicht, dazu war ich viel zu ehrgeizig. Da bekam ich plötzlich die innere Botschaft: »Lass ›ihn‹ doch laufen.« Es war bestimmt nicht mein eigener Gedanke, sondern eher etwas, das zwar in mir war, aber nicht in meinem Wachbewusstsein. Und schon sah ich mich praktisch neben mir laufen. Ich fühlte mich leicht und schwerelos und lief fast ohne Anstrengung die letzten Meter bergauf bis ins Ziel.

Aus dieser Erfahrung habe ich viel gelernt. Heute weiß ich, dass ich nicht überall selber durch muss. Wenn es einmal eng wird, sage ich mir: »Soll ›er‹ doch machen.« Ich stelle mich dann neben mich und werde zum Betrachter. Für mich selbst habe ich erfahren, dass das geht. Ich überlasse es Ihnen, damit eigene Erfahrungen zu machen.

Eine Überlebensabsicherung ganz anderer Art schafft sich unser Innerstes, die Seele. Die Seele braucht den Körper, weil sie auf dieser Erde nicht ohne ihn existieren kann. Also macht sie das Unmögliche möglich, um diesen Körper und damit auch sich selbst zu schützen. Und Verletzungen der Gefühle bringen die Seele in die ärgste Bedrängnis. Wie ich mich von meinem physischen Körper abspalten kann, kann ich mich auch von meinem emotionalen Körper, dem Gefühlskörper abspalten, indem ich mir eine oder mehrere innere Projektionsflächen schaffe und diese schützend vor mich hinstelle. Diese abgespaltenen Teile bekommen den eindeutigen Auftrag, mich dergestalt zu schützen, dass ich im Leben keine neuen Erfahrungen mache, ohne von vornherein total abgesichert zu sein. Dies geschieht im Unbewussten, der Kopf hat keine Ahnung davon. Meistens wird auf diese Weise erfolgreich verhindert, dass ich für Neues offen bin. Ich bleibe also stehen und meine Entwicklung stagniert. Wenn ich auf meinem Lebensweg zu sehr in Deckung bleibe, bekomme ich Probleme. Mein Innerstes setzt Zeichen: deutlich, lästig, schmerzhaft. Im kinesiologischen Dialog mit dem Unterbewusstsein kann dies sehr deutlich sichtbar gemacht und somit auch gelöst werden.

Unser Inneres versucht stets, Barrieren zu überwinden, die den Fluss des Lebens behindern. Leben möchte nämlich immer in Bewegung sein, denn nur so ist Entwicklung möglich. Stagnation soll es möglichst nicht geben. Eine Barriere ist die Angst. Angst entsteht, wenn es an Sicherheit fehlt. Angst soll also schützen. Andererseits würde die nackte Angst unser Leben zu sehr einschränken. Also kreiert sich unser Inneres manchmal einen Bodyguard, der unser Leben auf besondere Weise schützt.

Klara, vierunddreißig Jahre alt, spricht über ihre Barrieren. Sie ist zum einen sehr aggressiv und versucht andererseits ständig zu verhindern, dass es ihr gut geht. Sie sagt, es dürfe ihr nicht gut gehen und wenn es ihr einmal gut ginge, würde sie das sofort wieder verhindern. Klara hat geradezu Angst, dass es ihr gut geht. Im kinesiologischen Dialog mit Klaras Unterbewusstsein melden sich zwei Ichs, und als Grundbarriere die Angst. Das eine Ich, Klara selbst oder auch ihr Selbst, möchte Erfolg haben und im Leben kontinuierlich weitergehen. Ihr anderes Ich hat ständig Angst vor allem und möchte am liebsten gar nicht hier auf der Erde sein. Das Angst-Ich ist mächtig, viel mächtiger als das Erfolgs-Ich. Es hat sich ein Schutzschild in Form eines inneren Gegenspielers geschaffen. Diesem inneren Gegenspieler überträgt es Macht, sodass dieser ein Eigenleben führen kann. Die Barrieren, die Klaras Lebensfluss behindern, sind: Unentschlossenheit, Verschlossenheit, Schuldgefühle, Hoffnungslosigkeit, Minderwertigkeitsgefühle, Gehemmtsein, fehlende Motivation sowie die Tendenz, einen Vorteil darin zu sehen, dass man nun mal so ist und gar keine Veränderung will. Klaras Angst-Ich hat mit dem inneren Gegenspieler einen Pakt geschlossen: Der Gegenspieler sorgt dafür, dass Klara ihre sichere Zone nie verlässt.

Würde es ihr gut gehen, würde sie sich dem Leben vielleicht zu sorglos öffnen. Der besondere Zielsatz für diese Sitzung lautet: »Ich versöhne mich mit meinem inneren Gegenspieler.« Und diese Versöhnung wird während der Ablöse in einem besonderen Ritual vollzogen. Klara bedankt sich bei dem Gegenspieler für die lange, erfolgreiche Zusammenarbeit, für den Langzeitschutz und teilt ihm auch mit, dass sie diesen Schutz jetzt nicht mehr benötigt und den Pakt damit löst. In dem Bewusstsein, dass sie dadurch Unterstützung für ihren Lebenserfolg bekommt, nimmt sie die abgespaltene Energie wieder in sich auf. Der positive Lösungssatz nach der Sitzung lautet: »Ich bin versöhnt mit meinem Gegenspieler. Ich habe einen Mitstreiter.«

Ich habe oft erlebt, dass Klienten, die in Sitzungen ihre größten Lebensprobleme gelöst hatten, immer noch Hemmungen hatten, auf das Leben zuzugehen. Dann steckte meistens der Pakt mit einem inneren Bodyguard dahinter. Solche Bodyguards werden mit der Zeit zu mächtig und übernehmen das Kommando. Dann wird es höchste Zeit, wieder selbst den Platz auf der Brücke einzunehmen und den Kurs zu bestimmen.

Jungunternehmer Jörg hatte schon mehrere Sitzungen zur Persönlichkeitsklärung bei mir absolviert. Je mehr wir seine Persönlichkeitsdefizite mit psychologischer Kinesiologie ausgleichen konnten, desto mehr Ansätze für bleibenden Erfolg waren erkennbar. Jörg war für diese Art der Problemlösung sensibilisiert, und so geschah es oft, dass sich nach der Ablösung eines tief greifenden Themas wieder eine neue Barriere meldete. Hierbei gab es immer die gleichen lästigen, störenden und schmerzhaften körperlichen Begleiterscheinungen: starker Schwindel und Kopfschmerzen. Immer wenn es nach der Sitzung anstand, befreit von dieser Altlast den nächsten Schritt nach vorn zu tun, zwang ihn sein Körper mit Schwindel und Kopfschmerzen erneut in die Knie. Ich hatte den Eindruck, dass ein Teil in seinem Inneren verhinderte, dass es ihm gut ging. Der richtige Zeitpunkt, dieses Thema anzugehen, war gekommen, als Jörg selbst zur Sprache brachte, dass er einen inneren Störenfried spüre. Er empfand die Sitzungen als nicht dauerhaft erfolgreich, weil die alten Belastungen – Schwindel und Kopfschmerzen – immer wiederkehrten. Was mir an Jörg auffiel, war, dass er nach unseren Sitzungen zwar euphorisch wegging, aber nie umsetzte, was geklärt und als nächster Schritt erarbeitet worden war. Klar, dass dann immer wieder die gleichen Signallampen bei ihm angingen: Schwindel und Kopfschmerzen. Doch was hinderte ihn am Tun?

Wir arbeiten mit dem Zielsatz: »Ich versöhne mich mit meinem inneren Gegner.« In dieser Geschichte zeigt sich als Grundthema, dass es im Leben keine Sicherheit gibt. In der Altersrückführung meldet sich ein Autounfall, der zehn Jahre zurück liegt. Jörg erzählt, damals sei ein anderes Auto von hinten auf seines aufgefahren. Seit dieser Zeit habe er den Schwindel und die Kopfschmerzen. Der Dialog mit seinem Unterbewusstsein ergibt, dass sich durch diesen Unfall das Glaubensmuster in ihm festsetzte, es gäbe in diesem Leben keine Sicherheit für ihn. Damals schloss er einen Pakt mit einem Teil seiner selbst, der ihm immer wieder bewusst machen sollte, dass es keine Sicherheit gibt und er sich ja nicht zu weit vorwagen soll. Und so hat dieser Teil in ihm die ständig ängstigenden Emotionen erzeugt: Verzweiflung, nicht hier auf der Erde sein wollen; Angst, auf eigenen Füßen zu stehen; mangelnde Überlebenssicherheit, Selbstmitleid; mangelnde Motivation, sich dem Leben zu stellen; Hadern mit Gott, der ihm seine Unterstützung verweigert. Im Außen flieht Jörg dann in das Kranksein, damit hat er allen Grund für den Rückzug aus seiner Lebensverantwortung.

Die Versöhnung mit dem inneren Gegner ist Voraussetzung für die Rückgewinnung der Macht über das eigene Leben. Bei der Ablöse visualisiert Jörg ein Lichtschwert, das ihm den Weg für das Tun ebnet. Sein Abschlusssatz beim Nachtest lautet: »Jetzt tue ich!« Von diesem Zeitpunkt an war der Bann plötzlich gebrochen. Jörg hat sein Leben jetzt sicher im Griff. Was er anpackt, bringt ihn weiter, und Schwindel und Kopfschmerzen gehören der Vergangenheit an.

Manchmal gibt es auch einen bindenden Pakt auf der spirituellen Ebene – wie bei Berta. Berta leidet unter dem ständigen Gefühl, dass sie die Böse ist. Wir arbeiten mit dem Zielsatz: »Ich bin die Gute.« Als erster Zeitpunkt meldet sich die Zeit kurz nach der Befruchtung, wo die Seele in den Körper einzieht. Berta hat ihre gute Seite verstoßen. Dieser Teil von ihr fühlt sich nun vergewaltigt, gehasst, minderwertig, ist dem Leben gegenüber unmotiviert, findet es ungerecht, dass er verdrängt wurde, und kann Berta nicht mehr unterstützen. Mit Kinesiologie-Coaching geht es noch weiter zurück, in die Zeit zwischen den Leben, in jenes Zwischenreich, das auch als Warteraum vor der bevorstehenden Inkarnation bekannt ist. Und hier bekommen wir den aufschlussreichen Hinweis: Bertas Seele hat sich vorgedrängt. Dieser Körper war für eine andere Seele vorgesehen. Berta wird nun von dieser Seele beschuldigt, ihr wird Ungeduld und Dogmatismus vorgeworfen. Berta fühlt sich bedroht und sichert ihr Überleben auf ihre Art: Sie stärkt die böse, rücksichtslose Seite in sich selbst. Sie schließt einen Pakt mit der bösen Seite in sich. Ihre gute, verständnisvolle Seite hat jetzt keine Macht mehr. Das war bisher Bertas Überlebensstrategie.

Aber nun sind diese Hintergründe aufgedeckt, nun kann sich alles ändern. Bei der Ablöse des Konflikts ist die Farbe Schwarz für Berta wichtig. Sie füllt ihren ganzen Körper damit aus. Das Schwarze saugt alles Dunkle und alle Schatten auf wie ein großes Löschpapier. Dann atmet Berta alles in einem Zug aus. Eine große Reinigung hat stattgefunden. Danach wählt Berta Grün, die Schwingung für den Ausgleich. In der anschließenden mentalen Versöhnungsszene reichen sich Bertas dunkle und ihre helle Seite die Hand. Beide sind jetzt gleichberechtigt, beide sind gleich wichtig. Bertas Ich steht darüber, und beide Seiten helfen ihrem Ich nun bei jeder Entscheidungsfindung auf ihrem Weg.

Ähnlich war es auch bei Norma. Sie war wegen ihres rasenden Herzens zu mir gekommen und weil sie eine starke Ablehnung ihren Eltern gegenüber spürte.

Da ich kein Mediziner bin, frage ich grundsätzlich über den kinesiologischen Test, ob das Problem auf der körperlichen Ebene zu lösen ist (dann würde ich den Klienten zu einem Arzt schicken) oder ob dem Körpersymptom eine emotionale Blockade zugrunde liegt. Bei Norma bestand ein Zusammenhang zwischen ihrem Symptom und dem unnatürlichen Verhältnis zu ihren Eltern. Ihre Eltern übten einen derart abschreckenden Einfluss auf Norma aus, dass sie schockartig Akne bekam, wenn die Eltern ihren Besuch auch nur ankündigten. In ihrem Leben will Norma immer weglaufen, kann aber nicht.

Wir arbeiten mit dem Zielsatz: »Ich entscheide mich für mein eigenes Leben.« Wie im vorgenannten Fall liegt das Ursachenalter in der Zeit vor der Inkarnation, im Bereich zwischen den Leben, wo die Seele auf ihren Körper wartet. Aber Normas Seele wollte nicht warten, hat sich vorgedrängt, nahm einer anderen Seele den Körper weg und bekam so einen Körper, der ihr gar nicht zustand. Auf diese Weise bekam sie dann aber auch Eltern, die überhaupt nicht für sie vorgesehen waren. Der Körper war nun ein Fremdkörper für sie. Und von der anderen Seele, die das Nachsehen hatte, wurde sie verflucht: »Dieser Körper soll dir nicht gut tun!«

Norma hatte fast täglich unter körperlichen Problemen zu leiden und ist deswegen auch zu mir gekommen. Durch die jahrelange ärztliche Unterstützung erfuhr sie immer nur kurzfristig eine Linderung ihrer Leiden.

Wenn Leiden derart hartnäckig sind, ist das fast immer ein Hinweis darauf, dass die tiefere Ursache auf der Seelenebene zu finden ist und das Problem auch hier geklärt werden kann. Nun konnte die wahre Ursache aufgedeckt werden, Norma hat sich mit ihrem Körper versöhnt, und jetzt ist auch Heilung auf dieser Ebene möglich.

Es gibt Menschen, die würden am liebsten die eigene Geburtstagsfeier verdrängen, sich vor Familienfesten drücken, den Muttertag ignorieren oder vor dem Weihnachtsfest flüchten.

So ein Mensch ist Ingeborg. Sie ist Mutter von zwei Kindern, die sich sehr auf das Weihnachtsfest freuen. Doch bei ihr selbst ruft allein das Wort Weihnachten Stresssyndrome hervor. Ingeborg macht sich nichts aus dem Weihnachtsfest, würde sich am liebsten die Bettdecke über den Kopf ziehen und die ganzen Feiertage an sich vorbeiziehen lassen. Aber da sind ja noch die Kinder.

Der kinesiologische Psychotest auf Weihnachten zeigt ein emotionales Problem, das Ingeborg mit sich selbst hat. Es stört sie, dass die Kirche auch hier bestimmt, was die Menschen alles feiern sollten und dass man sich für die Weihnachtstage sogar diese Familienharmonie aufsetzen muss, auch wenn einem nicht danach ist.

Da Ingeborgs Einstellung zum Weihnachtsfest so negativ ist, spreche ich mit ihr über die Bedeutung dieses Festes. Ich erkläre ihr, dass das Weihnachtsfest altes germanisches Kulturgut ist, dass unsere Ahnen damit das Fest der Wintersonnenwende verbunden haben. Ich sage ihr auch, dass die Kirche so geschickt war, ihre Feste auf die Tage der alten heidnischen Feste zu legen, damit die so genannten Heiden ihre Feste nicht mehr feiern konnten. Weihnachten hat also auch mit der Erinnerung an unsere kulturelle Herkunft zu tun. Gleichzeitig ruft es Erinnerungen an unsere Kindheit wach, an den Geruch von Plätzchen, an Heimeliges, an Herzklopfen, an Kling Glöckchen klingelingeling. Und auch an den Streit zwischen den Eltern und an böse Worte. Erinnerungen an das, was wir nie wieder erleben wollen, weil es sich gerade an Weihnachten zu oft wiederholt hat.

Im kinesiologischen Dialog mit Ingeborgs Unterbewusstsein finden wir den Zielsatz: »Ich achte meine Kultur.« Die Schlüsselwörter für die Sitzung sind: nicht wollen, Bindung und Würdigung. Als Ursachenalter meldet sich die Zeit, als Ingeborg noch ein Fötus im fünften Schwangerschaftsmonat war. Es ging um ihren Vater, der egoistisch war, der das Kind nicht wollte und der demoralisiert war, dass es dieses Kind gab. Ingeborg spürte, dass sie nicht gewollt war. Sie war enttäuscht über ihren Vater und nun ihrerseits egoistisch. Sie wollte auch nicht mehr sein. Doch da sie nicht einfach gehen konnte, ging sie trotzig auf Rückzug. Sie sagte sich: »Ihr könnt mich alle mal« und gab sich selbst das bindende Versprechen, mit ihrer Sippe, ihrer Herkunft und der ganzen Welt nichts mehr zu tun haben zu wollen.

Mit einer solchen inneren Einstellung ist das Leben auf der Erde eine Last. Diese Last hatte Ingeborg schon oft sehr zu schaffen gemacht, so sehr, dass sie sich sogar schon mit Auswanderungsplänen getragen hatte. Wie wir jetzt sehen, hätte ihr das aber gar nichts gebracht. Mit dieser inneren Trennung von ihren Wurzeln wäre sie in keinem Land glücklich geworden. Der Stress auf das Weihnachtsfest ließ dies erkennen und hat es möglich gemacht, dass sie sich wieder mit der Erde und ihrem Hiersein versöhnen konnte.

Für die Ablöse finden wir den positiven Lösungssatz: »Ich würdige die Kultur auf der Erde.« Diesen Satz leitete sie zunächst mit dem Freud'schen Versprecher »Ich würge die Kultur ...« ein, wodurch ihre ablehnende Haltung noch einmal kraftvoll zum Ausdruck kam. Solche Freud'schen Versprecher kommen in der Arbeit mit Klienten oft vor. Sie sind immer eine schöne Bestätigung für die zugrunde liegende emotionale Barriere.

Jetzt hat Ingeborg wieder den Weihnachtslichterglanz in den Augen. Sie freut sich mit ihren Kindern auf das Fest. Und wenn Ingeborgs Eltern wieder ihre jährliche Streitshow abziehen, dann will sie das bei denen lassen. Weihnachtsstress ade!

Es ist ganz allein Ihre Entscheidung, ob Sie lieber leichter leben oder eher der Ansicht sein wollen, dass das Leben hart, schwer und schmerzhaft sein muss.

Vielleicht ist Ihnen einiges bewusst geworden, über sich selbst, über die Art, wie Sie das Leben sehen oder anders sehen könnten, über die wahre Botschaft von Problemen, über das Vorhandensein unerlöster seelischer Konflikte und auch über die Möglichkeiten, diese durch Kinesiologie-Coaching auflösen zu lassen.

In diesem Sinne kann dieses Buch eine Brücke zu Ihnen selbst sein. Wenn Sie sich hinüberwagen, können Sie im Erkennen und Lösen all dieser Hintergründe die Leichtigkeit erfahren. Es ist wirklich ganz einfach. Was gibt es schon zu verlieren? Brücken sind immer etwas ganz Besonderes. Die neuen Euro-Scheine waren mir lange fremd, bis ich die Brücken darauf entdeckte. Was gibt es Schöneres als Brücken, die verbinden? Und wenn Sie die Werte aller Euro-Scheine und aller Euro- und Cent-Münzen zusammenzählen, erhalten Sie 888,88 Euro. Auch eine Acht ist etwas Verbindendes. Sie verbindet den Anfang mit dem Ende und das Ende mit dem Anfang. Oder gibt es vielleicht gar keinen Anfang und kein Ende?

Energetische Unterstützung mit der Acht

Die Acht, dieses aufgerichtete Unendlichkeitszeichen, können Sie auch für Ihre persönliche energetische Unterstützung und Heilung einsetzen.

Wenn Sie Schmerz spüren, so bedeutet dies immer, dass an der Stelle des Schmerzes Körperenergie blockiert ist, dass Energieströme gestört sind, dass Energie nicht geordnet fließt. Energie, die in diesen winzig dünnen Energiekanälen, den so genannten Meridianen dicht unter der Haut fließt, schafft durch ihre Ausstrahlung ein Energiefeld, das den ganzen Körper wie eine Aura umgibt. Wenn Sie an einer gewissen Körperstelle Schmerz empfinden oder sich verletzt haben, haben Sie die Möglichkeit, mit zwei Fingern Achten über dieser Körperstelle zu zeichnen. Hierbei können Sie den Körper berühren oder auch nicht, die energetische Wirkung ist immer die gleiche. Die Acht ist ein Symbol für den Energieausgleich. Unterbrochene Energien werden dadurch wieder geordnet, und das hat eine heilende Wirkung auf das Organ oder die betreffende Körperstelle. Versuchen Sie es. Sie werden erleben, dass Schmerzen abklingen und sogar Blutungen schneller zum Stillstand kommen.

Legen Sie ein Blatt Papier mit einer aufgemalten Acht unter Ihr Bett, und Sie werden besser schlafen. Kleben Sie ein Zettelchen mit einer aufgemalten Acht auf Ihr Mobiltelefon, wenn Sie die schädliche Wirkung elektronischer Strahlung auf Ihr Ohr unterbinden wollen. Und wenn Sie im Auto sitzen, malen Sie mit einer Hand eine liegende Acht über das Armaturenbrett. Damit sind Sie besonders geschützt. Klienten berichteten, dass sie auf diese Weise sogar Radarfallen rechtzeitig erspürt haben.

Das Wort Acht steckt in Achtsamkeit und in Achtung sich selbst und anderen gegenüber, aber auch in Achtung, aufpassen!

Bevor Sie eine wichtige Entscheidung treffen, bevor Sie einen neuen Weg einschlagen, bevor Sie Ihr Leben total umkrempeln und bevor Sie einen Vertrag unterschreiben, sollten Sie nach dem

»Pferdefuß« Ausschau halten. Es gibt ein menschenähnliches Wesen mit einem Pferdefuß. Es ist nicht Mensch, sondern Teufel, Satan, die dunkle Seite. Nur der Weg auf der hellen, lichten Seite wird Sie in Ihrer Entwicklung auf dieser Erde wirklich weiterbringen. Der Verhinderer auf diesem Weg ist der mit dem Pferdefuß. Er arbeitet mit Verlockungen und Versprechungen, mit Geld und Sex, mit bunten Scheinwelten. Er nährt Ihr Machtbedürfnis und pinselt Ihr Ego. Und er hat herrliche Verkleidungen. Der Pferdefuß ist meist nicht leicht zu erkennen. Sprüche wie: »Die Sache hat einen Pferdefuß«, »Der Teufel hat seine Hand im Spiel« und »Der Teufel sitzt im Detail« enthalten eine ganz tiefe Wahrheit. Hören, sehen und spüren Sie immer ganz genau. Pastor Jürgen Fliege sagt immer: »Passen Sie gut auf sich auf.« Recht hat er!

11

So geht es mir gut

Auf unserem Lebensweg kommen wir immer wieder in Berührung mit Gott. Wie ich eingangs schon erwähnte, bin ich Gott ganz nah, wenn es mir gut geht. Und je schlechter es mir geht, desto weiter bin ich von Gott entfernt. Wenn Sie mit dem Wort »Gott« ein Problem haben, ersetzen Sie es einfach durch »eine höhere Energie«, etwas, das in diesem Kosmos alles lenkt und die Ordnung aufrecht erhält, etwas, das uns glauben lässt und dem Leben so einen Sinn gibt. Dann können Sie diese Energie auch wieder Gott nennen, weil das viel einfacher ist und weil Gott nicht nur einer Kirche gehört, sondern auch denen, die nicht einer Kirche angehören.

Die geistige Welt, die geistigen Führer und Helfer, Gott – von allen erhalten wir ständig Unterstützung und Führung auf unserem Lebensweg. Doch oft sind unsere Ohren taub für die höheren Wegweisungen, weil es im lauten Alltag verunsichernde Einflüsterungen, Versuchungen und Verlockungen gibt, die unser klares Denken und Fühlen benebeln. Nachts im Schlaf ist es dann wieder möglich, dass uns die feineren Stimmen erreichen.

Träume als Wegweiser

Achten Sie also auf Ihre Träume. Träume können wertvolle und lebenswichtige Botschaften enthalten – lebenswichtig für unseren Entwicklungsweg. Oft, wenn wir vom Weg abgekommen sind, in einer Sackgasse stecken und das Licht am Ende des Tunnels nicht mehr sehen, bekommen wir Hinweise in unseren Träumen.

Tagsüber, im Wachzustand dominiert der Kopf, der Verstand, und der Verstand ist mächtig. Oft ist er sogar so mächtig, dass uns die subtilen Hinweise aus dem Bauch, aus dem Unbewussten nicht mehr erreichen können. Und da der rationelle Kopf meistens anders entscheidet als der gefühlvolle Bauch, entfernen wir uns auf diese Weise oft sehr weit von unserem eigentlichen Lebensweg. Wir können die Zeichen nicht deuten, was Probleme und Ausweglosigkeit nach sich zieht.

Jetzt hat unsere höhere Führung die Möglichkeit, über Traumbilder einzugreifen. Im Traum befinden wir uns ganz tief in unbewussten Gefilden. Hier hat der Kopf keine Chance. Hier wird spürbar, was unter der rationellen Oberfläche gärt, was erkannt sein möchte und raus will.

Manche Träume sind beim Wachwerden ganz weg oder nur noch vage Erinnerungsfetzen. Dabei handelt es sich meistens um eine innere Verarbeitung von Tageseindrücken, von Begebenheiten, die uns sehr beschäftigten und die wir beim Einschlafen nicht losgelassen haben. Dann gibt es Albträume, die große Ängste erzeugen und mehrmals wiederkehren. Ganz allgemein wollen uns Träume, die über einen längeren Zeitraum immer wiederkehren, meist darauf hinweisen, dass eine bestimmte Botschaft nicht erkannt oder nicht angenommen und gelebt wird. Und schließlich gibt es die Träume, aus denen wir spontan erwachen, noch ganz erfüllt von den inneren Bildern und mit dem Gefühl: Das war eine ganz besondere Geschichte, da steckt mehr dahinter.

Ich habe es mir zur Angewohnheit gemacht, meine Klienten nach ihren Träumen zu fragen, damit solche Hinweise aus unbewussten Tiefen nicht übergangen werden. Der Klient denkt an seinen Traum, und ein einfacher kinesiologischer Test zeigt, ob die Traumgeschichte auf einen unerlösten seelischen Konflikt hinweisen möchte oder nicht. Oft kommen Klienten zur verabredeten Sitzung, weil sie ein persönliches Lebensthema klären möchten, sprechen dann aber von sich aus erst einmal über ihren aktuellen Traum. Dann weiß ich schon, dass dieses Thema eine gewisse Priorität hat. Der kinesiologische Test bestätigt diese Priorität meist und das zu bearbeitende Traumthema gibt dann einen deutlichen Hinweis auf eine aktuelle Problematik, die erkannt und gelöst sein möchte.

Laura hatte vor fünf Jahren ihren Sohn verloren. Er war im Alter von acht Jahren an einem Gehirntumor gestorben. Laura hatte viel Trauerarbeit geleistet und dachte, sie habe den schmerzhaften Verlust ihres Sohnes längst verarbeitet. Für die anstehende Sitzung hatten wir eigentlich ein ganz anderes Thema vorgesehen, doch Laura war mit einem Traumbild erwacht, das ihr sehr zu schaffen machte: Sie sieht sich bis zur Brust im Wasser stehen. Dabei hält sie ihren Sohn ganz hoch, damit er nicht ertrinkt. Dieses Bild reißt die alten Wunden wieder auf. Warum kann ich keine Ruhe finden? Warum habe ich immer noch Schuldgefühle, wenn ich an das Schicksal meines Kindes denke? Was habe ich falsch gemacht? Warum sind diese Empfindungen immer noch da? Ich habe doch schon so viel daran gearbeitet. Warum darf ich nicht glücklich sein? Nach all den Jahren glaubte Laura wirklich, der Tod ihres Sohnes belaste sie nicht mehr und sie habe alles losgelassen. Ihr Unterbewusstsein aber weiß es besser, und das Traumbild sagt ihr, dass sie ihn vielleicht doch hätte retten können. Hat sie versagt?

Eines ist klar. Der Traum zeigt, dass Laura mit dem Tod ihres Sohnes emotional noch nicht im Reinen ist. Dies hat sie in ihrem Tagesbewusstsein zwar erfolgreich verdrängt, aber auf ihrem Unterbewusstsein lastet das Verlust- und Schuldtrauma in seiner ganzen Schwere. Um an die Tiefe ihrer Verletzung heranzukommen, arbeiten wir im Kinesiologie-Coaching mit dem Zielsatz: »Ich bin glücklich.« Als Schwerpunktthema der Geschichte zeigt sich Lauras Richtungslosigkeit. Sie ist völlig aus der Bahn geworfen. In der Zwiesprache mit ihrem Unterbewusstsein tritt ihr verstorbener Sohn als Spiegel für sie auf und zeigt ihr deutlich ihre Schuldgefühle, aber auch, dass sie ihren Sohn nicht loslassen will und sie ihr Leben ohne ihn für sinnlos hält. Egoistisch hält sie ihren verstorbenen Sohn fest, und er kann nicht endgültig gehen.

Laura werden die Augen geöffnet. Die Botschaft aus ihrem Unterbewusstsein ist deutlich: Sie macht ihrem Sohn Vorwürfe, weil er gegangen ist. Sie empfindet es als ungerecht, dass er sie verlassen hat. Sie will ihn nicht loslassen: Sie findet ihr Leben sinnlos ohne ihn. Sie leidet, hat Schuldgefühle, ist enttäuscht, dass Gott so etwas zugelassen hat. Da deutlich erkennbar ist, dass Laura ihren Sohn nicht loslassen will, arbeiten wir in der Ablöse mit den Sätzen: »Ich entscheide mich für mich selbst« und »Gott ist gerecht.« Ich spreche mit Laura auch darüber, dass ein Verstorbener den Weg ins Licht geht, dass es da für ihn weitergeht, dass Freunde und Verwandte im Jenseits auf ihn warten, ihn begrüßen und abholen. Die englische Krankenschwester Joe Snell, die feinstoffliche Wesenheiten sehen konnte, beschreibt in ihrem Buch *Der Dienst der Engel* sehr anschaulich, was dies für eine Wiedersehensfreude ist. Verstorbene sind nicht einsam und traurig. Sie sind vielmehr glücklich und frei, frei von dieser Zwangsjacke Körper und auf dem Weg in andere Dimensionen des Seins. Die Trauer und der Schmerz sind eher auf der Seite derer, die zurückbleiben. Doch irgendwann werden wir den Menschen, der vor uns gegangen ist, wieder sehen. Er ist nicht tot, denn die Seele kann nicht sterben. Nur der Körper wird auf dieser Erde zurückgelassen.

Ich erkläre Laura, dass sie ihren Sohn auf seinem Weg ins Licht behindert, wenn sie nicht loslassen kann, und zeige ihr, was Loslassen bedeutet. Ich nehme eine Münze in die Hand und umschließe sie mit der Faust, wobei die Handöffnung nach unten zeigt. Jetzt öffne ich die Faust und die Münze fällt auf den Tisch.

Durch dieses Loslassen verliere ich etwas. Nun habe ich wieder die Münze in meiner geschlossenen Faust und die Handöffnung zeigt nach oben. Ich öffne meine Faust und die Münze liegt auf meiner flachen Hand. Was ich auf diese Art freigebe, verliere ich nicht.

Laura, welche die Sitzung emotional stark mitgenommen hatte, war danach sehr erleichtert. Der Traum hatte ihr zur rechten Zeit gezeigt, was sie daran hinderte, glücklich und unbeschwert zu leben.

Sexuelle Träume haben Hannelore so sehr belastet, dass sie bei mir Hilfe suchte. Mit der Lösung dieser Albträume in unserer Sitzung erfuhr sie auch eine Lösung ihrer blockierten Sexualität.

Hannelore hat einen lieben Partner und steht kurz vor der Verlobung. Zum Thema Sexualität hat sie ein schmutziges inneres Männerbild, das aber keineswegs zu dem passt, was sie für ihren Freund empfindet. Sie lebt also in einem schweren inneren Konflikt. Hannelores Eltern sind geschieden, und Hannelore leidet darunter, dass sie zu ihrem Vater nur gelegentlichen Telefonkontakt hat und bei ihrer Mutter kein Verständnis findet. All dies würde sie nun gern bereinigen, bevor sie selbst eine Bindung eingeht. Was sie noch sehr belastet, sind schreckliche Träume, in denen sie sich immer von Horden von Männern umgeben sieht, die sich sexuell selbst befriedigen.

Hannelore ist in meiner Praxis sehr aufgeregt und zittert am ganzen Körper. Beim kinesiologischen Vortest zeigt sich auch, dass ein unerlöstes Thema mit dem Begriff Ethik in Zusammenhang steht, einem Schlüsselwort aus einer Liste von Wörtern, die in meiner Arbeit zur Aufdeckung tieferer Lebensthemen dienen. Das Wort Ethik steht hier in Verbindung mit dem Glaubenssatz, dass alle Männer Schweine sind.

Im kinesiologischen Dialog mit Hannelores Unterbewusstsein melden sich zwei frühere Alterszeitpunkte: Im Alter von siebzehn Jahren hatte Hannelore ein Erlebnis mit einem Exhibitionisten, der am helllichten Tag in der Stadt masturbierte. Hannelore erlitt einen Schock. Als sie sich nach einiger Überwindung ihrer Mutter mitteilte, meinte diese lapidar, das sei doch nicht so schlimm. Hannelore fand also kein Verständnis für ihre seelische Not.

Der nächste Zeitpunkt liegt im dritten Schwangerschaftsmonat. Hannelore erlebte als Fötus mit, wie sich ihr Vater sehr oft selbst befriedigte. Aber nicht die eigentliche Handlung war es, die Hannelore zu schaffen machte, sondern die Tatsache, dass sich der Vater dabei so mies, schlecht, schmutzig und schweinisch vorkam. So, als sei seine heimliche Neigung die schlimmste Abartigkeit. Dieses Vaterbild, das für Hannelore später zum allgemeinen Männerbild wurde, hat sie sehr belastet. Was sie dann mit ins Leben nahm, war das Vorurteil, dass alle Männer Schweine sind.

In Hannelores Liebesbeziehung kommen oft Fragen auf, auf die sie Antworten bei ihrer Mutter sucht, aber sie findet kein Verständnis. Die sexuellen Träume haben das Fass schließlich zum Überlaufen gebracht. In der kinesiologischen Sitzung konnte ihre innere Not erkannt und die negative Erfahrung durch ein neues Glaubensmuster ersetzt werden: »Sexualität ist etwas ganz Besonderes.« Hannelore hat damit ein neues, stimmiges Männerbild, und ist nun für eine erfüllende Sexualität in ihrer Partnerschaft bereit.

Träume lassen sich auch bestellen, zum Beispiel zur Wunscherfüllung oder zur Entscheidungsfindung. Ich selbst habe in Träumen schon oft Lösungen für Probleme erkannt oder Hilfe bei der Entscheidungsfindung gefunden, denn im Traum sind Antworten aus dem Unbewussten viel leichter zu erhalten als im Wachzustand.

Manchmal macht uns das Leben aber auch Angebote, bei denen es wirklich schwer fällt, sich für das eine oder das andere zu entscheiden. Wenn ich vom Kopf und vom Gefühl her alles versucht habe, die für mich bestmögliche Entscheidung zu treffen und wirklich keine Lösung sehe, darf ich hoffen, dass mein Wunsch nach einer Antwort vom Kosmos gehört und erfüllt wird. Wenn ich jedoch den bequemen Weg gehe und für jedes Problemchen um kosmische Unterstützung bitte, werde ich meist vergeblich darauf warten.

Die besten Erfahrungen habe ich gemacht, wenn ich mir vor dem Einschlafen einen Traum wünschte, der mir eine Lösung für mein aktuelles Problem geben sollte.

Als Spätberufener auf meinem Weg in die berufliche Selbstständigkeit habe ich lange mit der Entscheidung gerungen, ob ich eine spezielle Coach-Ausbildung machen soll. Dafür sprach nur dieses Wort: Coach. Es übte eine eigenartige Faszination auf mich aus, weil ich es in Gedanken mit einer Couch verband, auf welcher der Klient liegt und über seine Lebensprobleme spricht. Es war schon immer mein Wunsch gewesen, Menschen auf diese Weise begleiten zu dürfen. Dagegen sprach alles andere: Der Preis für die Ausbildung war enorm hoch, die Ausbildungsinhalte waren mir größtenteils schon in anderen Seminaren vermittelt worden, die Ausbilder machten im persönlichen Gespräch keinen kompetenten Eindruck und bei den übersandten Unterlagen zum Ausbildungsvertrag stimmten weder die Preise noch die Daten. Es sprach also alles dagegen und auch mein Bauch sagte nein. Nur das Wort »Coach« ließ mich nicht los. Also wünschte ich mir einen Traum als Entscheidungshilfe.

Zum besseren Verständnis muss ich noch erklären, dass in meinem Wohnzimmer eine riesige Eckcouch steht, die ich sehr mag, weil sie so bequem und praktisch ist, und dass ich damals gerade dabei war, mich von meiner Frau zu trennen.

Der Traum spielte in meinem Wohnzimmer. Zwei Männer einer Umzugsfirma waren aufgetaucht, um die Couch abzutransportieren. Entrüstet ging ich in die Küche zu meiner Frau und fragte sie, was sie denn mit der Couch wolle? Sie tat erstaunt und sagte, sie wolle die Couch gar nicht. Wir gingen zusammen ins Wohnzimmer und konnten durch die offene Terrassentür gerade noch sehen, wie die Möbelpacker mit der Couch wegfuhren. Nach diesem Traum hatte ich verstanden: Ich brauche diese Coach-Ausbildung nicht. Heute weiß ich, dass mich viele Jahre der praktischen Erfahrung mit Menschen zum Coach gemacht haben. Etwas Vergleichbares hätte mir keine noch so gute Ausbildung bieten können.

Traumbestellung

Eine Traumbestellung können Sie sinnvoll dadurch unterstützen, dass Sie gewisse Grundregeln beachten.

Wenn Sie schlafen, schläft nur Ihr Wachbewusstsein. Das Unterbewusstsein ist immer hellwach. Das muss so sein, denn das Unterbewusstsein schützt Ihr Überleben. Sie können Ihrem Unterbewusstsein vor dem Einschlafen also einen klaren Auftrag geben, der dann so aussieht:

- Für die anstehende Entscheidung XY wünsche ich mir einen klaren Hinweis.
- Ich wünsche mir den Hinweis in einem Traum.
- Ich wünsche mir, dass ich nach dem Traum wach werde.
- Ich wünsche mir, dass ich mich an den Traum erinnern und ihn deuten kann.

Das mit dem Deuten ist ganz wichtig, weil sich Träume oft nur schwer entwirren lassen.

Begleitend können Sie folgendes Ritual einsetzen: Sie nehmen ein Glas Wasser mit ans Bett, setzen sich auf die Bettkante, schließen die Augen, richten Ihren inneren Blick nach oben und hinten, senden Ihren Traumwunsch in den Kosmos und trinken das Glas zur Hälfte leer. Dann lassen Sie die Augen geschlossen, legen sich ins Bett und schlafen ein. Wenn Sie beim Aufwachen keine klare

Traumerinnerung haben, wiederholen Sie Ihren Wunsch nach einer Entscheidungshilfe und trinken das Glas leer.

Natürlich können Sie auch auf das Wasserritual verzichten, aber es ist eine große Hilfe, wenn Sie noch Anfänger im Bestellen von Träumen sind. Sie haben keinen Einfluss darauf, wie ein Hinweis oder eine Antwort auf Ihre Frage kommt.

Manchmal liegt Ihnen gleich nach dem Aufwachen eine ganz klare »Traumgeschichte« vor. Manchmal »hören« Sie die Antwort in Worten. Oder Sie »erleben« sie im Laufe des Tages durch bestimmte Vorfälle Wenn Ihre inneren Antennen auf eine Antwort aus dem Kosmos gerichtet sind, werden Sie auch eine Antwort bekommen.

Christine machte da eine besondere Erfahrung. Ihr wurde die Traumantwort sozusagen zugerufen: Christine wollte sich beruflich verändern. In Ihrem alten Beruf verdiente sie zwar gut, aber die Tätigkeit erfüllte sie nicht. Doch für ihr neues Wirken brauchte sie eine zusätzliche Ausbildung. Es gab zwei verschiedene Ausbildungsmöglichkeiten, und Christine wollte sich natürlich für die bessere entscheiden. Die eine Ausbildung sollte in Sri Lanka stattfinden und mehrere Wochen dauern, die andere war kurz und kompakt – nur eine Woche im Allgäu. Beide Ausbildungen konnten für ihren weiteren Lebensweg sehr nützlich sein, aber es kam nur eine davon in Frage. Was sollte sie tun? Christine gab ihre Traumbestellung auf. Erwartungsvoll öffnete sie am Morgen die Augen, forschte aber vergeblich nach irgendwelchen Traumbildern. Es war nichts da, und sie war enttäuscht. Doch während sie noch so dalag, schoss es ihr wie ein Blitz durch den Kopf: »Fahr mit dem Auto nach halb neun!« Was war das denn, wer hatte hier gesprochen, sie war doch allein im Bett? Es war die Antwort des Kosmos. Halb neun zeigte die Richtung an, in die sie von ihrem Wohnort aus fahren sollte. Christine wohnt südlich von München. Wenn sie das Zifferblatt einer Uhr auf die Landkarte legt, liegt der Seminarort im Allgäu genau auf halb neun. Sri Lanka läge etwa bei drei Uhr und wäre mit dem Auto auch gar nicht zu erreichen. Christine sagte innerlich »danke« und wusste nun, was sie zu tun hatte.

Träume können auch mit dem Sinn unseres Lebens oder mit unserer Lebensaufgabe zu tun haben.

Max war schon als Kind eher ein Einzelgänger mit nur wenigen Freunden, weil er meist andere Gedanken und Ideen hatte als seine Altersgenossen. Am besten verstand er sich mit Mädchen, denn die schienen ihm damals schon ein weiteres Bewusstsein zu haben. Seine Kindheit verbrachte er in einer Kleinstadt auf dem Lande, und seine Lieblingsplätze fand er zwischen Wiesen und Feldern und im Wald. In der Natur fühlte er sich immer zu Hause und Gott ganz nah.

Max erzählte mir einen Kindheitstraum: »Ich gehe zwischen wogenden Kornfeldern hindurch und komme zu einer Wiese am Waldrand. Dort sehe ich schon von weitem zwei Schwäne. Sie sind größer als übliche Schwäne, und das Besondere entdecke ich, als ich näher komme: Die Schwäne haben menschliche Beine und Füße. Ich kann alle fünf Zehen eines Fußes erkennen. Einer der beiden Schwäne kommt auf mich zu und spricht mich freundlich an. Er sagt, er sei der Erzengel Michael und der andere Schwan sei Gabriel. Er sagt, sie hätten auf mich gewartet, um mir etwas Wichtiges mitzuteilen. Dann – ich weiß nicht wie es geschieht – breitet er wie ein Tuch das ganze Erdenleben vor mir aus, und ich sehe und fühle im Zeitraffer, wie es auf der Erde zugeht, spüre die Enge, erlebe Streit, Hass und Missgunst, Unzufriedenheit und viel Kleinkariertes. Und dann kommt das Gegenteil. Ein anderer Vorhang geht auf, und ich erfahre die Weite, Frieden, totale Harmonie, einfach nur Schönes. Dies ist der Himmel, sagt Michael, und nun darfst du dich entscheiden: Möchtest du in den Himmel? Dieses Angebot kommt sehr überraschend für mich. Ich bin ein glücklicher Junge hier in meiner geliebten Natur. Ich habe sehr viel Neugierde in mir, bin neugierig auf dieses Erdenleben. Ich habe es ja noch gar nicht so recht erfahren. Und so antworte ich, dass ich noch ein wenig hier bleiben möchte. Das wird mir mit einem liebevollen Blick von meinen Engeln gewährt, und ich habe die wunderbare Gewissheit, dass ich hier auf dieser Erde nie allein sein werde.«

Heute befindet sich Max im reifen Mannesalter. Er hat viele Höhen und Tiefen durchlebt, aber immer in dem Bewusstsein, dass er freiwillig hier ist, dass er sich selbst für dieses Abenteuer Leben entschieden hat und dass am Ende dieser Wegstrecke ein Zuhause auf ihn wartet.

Auch ohne »Bestellung« bekommen wir oft wertvolle Traumhinweise. Besonders empfänglich für Träume sind wir in fremden Betten und auf Reisen. Andere Schlafumstände als die gewohnten öffnen das Tor zum Unbewussten leichter.

Menschen, deren Bewusstsein sich erweitert, stellen sich früher oder später die Frage nach ihrer Lebensaufgabe. Warum bin ich hier? Tue ich das Richtige? Was könnte ich besser oder anders machen?

Dieter war ständig auf der Suche nach dem Sinn seines Lebens und fragte sich immer wieder: Verschwendest du deine Zeit mit unwesentlichen Dingen? Bist du auf dem richtigen Weg? Was könntest du besser machen? Und irgendwann, während eines Weihnachtskurzurlaubs in der Toskana, bekam er eine überraschende Traumantwort auf seine Fragen. Er berichtete:

»Ich schlief im rustikalen Zimmer eines alten Gutshofes und saß plötzlich morgens um vier Uhr hellwach im Bett. Ich hatte gerade einen überaus faszinierenden Traum gehabt, den ich sofort aufschreiben musste: Ich betrete ein riesiges, sehr belebtes Kaufhaus und spreche einen Verkäufer an, der mich auffallend respektvoll behandelt, sehr ernst bleibt und öfter an mir herunterschaut. Ich folge seinem Blick und bemerke, dass ich eine Pistole im Gürtel trage, aber gleichzeitig fällt mir auf, dass es nur eine Spielzeugpistole aus Plastik ist. Dies veranlasst mich, in die Spielzeugabteilung zu gehen. Hier sehe ich überall nur Krimskrams, viele Plastikteile, die aber alle nach klaren Themenbereichen geordnet sind. Eine feine innere Stimme sagt mir, dass ich hier etwas finden kann, was für mich wichtig ist. Ich höre noch einmal ganz genau hin, weil ich es zunächst nicht glauben kann, aber die Stimme spricht ganz deutlich *in* mir. Da liegen kleine bunte, längliche Steinchen und beim Betrachten dieser Steinchen sehe ich plötzlich Bilder. Ich sehe mich, wie ich meterlange rechteckige Stücke trage. Sie haben unterschiedliche dunkle Farben. Zwei solche Teile trage ich durch den Schlamm, mit dem dritten bleibe ich stecken. Ich muss noch mehr holen, aber ich komme einfach nicht weiter. Plötzlich reißt der Bilderfilm. Ich bin aufgeregt und traurig, aber ich erkenne, dass ich hier, in dieser Spielzeugabteilung einen Schlüssel für mein Leben finden kann.

Das Kaufhaus ist voller Menschen und es herrscht großes Gedränge. Doch niemand scheint mich zu bemerken und auch ich erkenne niemanden. Dann sind andere bei mir, die mir fremd sind, mich aber sofort erkennen, mit mir reden und mir helfen wollen. Sie sprechen sehr geheimnisvoll, damit die Vorübergehenden nicht auf mich aufmerksam werden. Bald hat sich eine kleine Gruppe um mich gebildet. Eine besonders freundliche, rundliche Frau mit Brille, Mitte vierzig, ein junger Mann Mitte zwanzig, zwei männliche Jugendliche, etwa zwölf und siebzehn Jahre alt, und weitere, an die ich mich nicht mehr genau erinnern kann. Sie stehen mit mir vor Vitrinen mit ganz einfachen Spielfiguren, und ich soll diese Dinge betrachten, soll mich unbedingt erinnern an die zwei oder drei Figuren, die ich vergessen habe und die ich nur finden kann, wenn ich vor bestimmten Figuren stehe und sie betrachte. Es sind kleine Figuren aus Plastik, Märchenfiguren und Kitschfiguren. Als erstes hilft mir die Frau mit der Brille. Ihr Dialekt hat eine polnische Färbung. Sie sagt, dass ich die vielen kleinen Dinge hier in Ruhe betrachten und auf mich wirken lassen soll. Meine inneren Gefühlsregungen werden mir dann jeweils zeigen, wie nah ich der Lösung bin.

Es klappt noch nicht so recht. Also führt mich die Frau durch das Gedränge zu einem Mann, der zunächst etwas unwillig reagiert, weil er nicht erkannt werden will. In diesem Moment sehe ich, dass hier ganz viele Menschen oder Wesen unterwegs sind, deren Aufgabe es ist, solchen wie mir zu helfen, sich an etwas zu erinnern. Die Frau redet intensiv auf den Mann ein, der gerade wieder in der Menge untertauchen will, und schließlich ist er doch bereit, mir zu helfen. Mitten im Gedränge schult er mich, macht bestimmte Körper- und Atemübungen mit mir. Er wendet einige Massagegriffe an und beklopft meinen Körper. Zum Glück nimmt niemand von uns Notiz. Dann werde ich durch die Menschenmenge hindurch wieder in die Spielzeugabteilung geführt und betrachte erneut die Figuren. Manche bewegen sich, aber die drei wichtigen Schlüsselfiguren kann ich immer noch nicht erkennen. Ich erinnere mich an meine Kindheit, wo ich oft im Wald vor einer großen Baumwurzel stand und wünschte, ich könnte das Wichtelmännchen sehen, das hier wohnt. Es ist witzig, dass sich manche dieser Plastikfigürchen so seltsam bewegen. Da ist zum Beispiel eine hässliche alte Frau mit langem Gewand, doch plötzlich verschiebt sich etwas und durch diese Verschiebung entstehen zwei Figuren: Vom Kopf zur Seite schiebt sich ein Tier weg und ich sehe, dass dieses Tier der Frau so ein hässliches Aussehen gegeben hat. Jetzt sehe ich das Tier und die junge Frau mit dem langen Gewand. Viele der Figuren verändern sich jetzt auf diese Weise und ich sehe die Tiere, die daraus hervorgehen – auch ein Krokodil.

Die Frau, die mich begleitet und meine emotionale Reaktion beim Betrachten der Figuren beobachtet, ist unruhig, weil mein »Erkennen« noch nicht da ist. Sie führt mich an einen kleinen rechteckigen Tisch, an dem sich vier Männer gegenübersitzen. Ich nehme an der Stirnseite des Tisches Platz. Der Tisch ist so schmal, dass sich die gegenübersitzenden Männer mit den Gesichtern berühren können. Plötzlich bemerke ich, dass alle vier Männer irgendwie behindert sind. Sie haben komische Gesichter, übergroße Köpfe und können anscheinend nicht sprechen. Sie verständigen sich miteinander, indem sich je zwei von ihnen mit dem Mund berühren, wobei sie ihre Münder wie Karpfen bewegen. Ich habe ein bisschen Angst, dass sie mich vielleicht wegschicken, weil ich doch normal bin. Aber plötzlich interessieren sie sich für mich. Und der eine Mann spricht nun auch zu mir, etwas abgehakt wie ein Behinderter und mit viel Gestik. Er gibt mir eine Unterweisung oder Schulung, klärt mich über Zusammenhänge im Körper auf, darüber, was der Körper bedeutet, wie die Zähne mit dem Rückgrat in Verbindung stehen und vieles mehr. Schließlich schickt er mich mit meinen Begleitern in einen anderen Teil der Spielzeugabteilung.

Wieder stehe ich vor einer Auslage und meine Helfer stehen um mich herum. Ich betrachte immer nur ein Paar zusammengehöriger Figuren und teste meine Emotionen darauf, während meine Helfer mich ganz gespannt beobachten. Einmal bin ich ganz stark erregt und ein Begleiter beklopft sofort meine Thymusdrüse, damit diese starke emotionale Regung mein Erinnerungsvermögen nicht behindert.

Aber die Lösung kommt noch nicht. Plötzlich fühle ich mich von einer Auslage angezogen, in der sich ausschließlich kleine Plastikfiguren befinden, die sich Nixie-Figuren nennen. Hier gibt es auch einen Verkäufer, der mich in seinem Aussehen an den Magier im Tarot erinnert. Er blickt freundlich aber zurückhaltend, schaut mich an, als würde er mich kennen und bedeutet mir, ich möge mich umschauen. Ich sehe bestimmte Figuren an, was mich stark bewegt. Ich fühle, dass der Schlüssel hier sein muss, aber ich finde ihn nicht. Meine Begleiter bedrängen mich, mich wieder an die Farben der Gegenstände zu erinnern, die ich durch den Schlamm getragen habe, unbedingt, da sei die Lösung drin. Ich denke und vergleiche, sehe die Figuren, bin ganz erregt – und dann taucht plötzlich ein Bild auf: Ich stehe in einem sehr breiten Fluss, mitten im Fluss. Der Fluss ist nicht tief, das Wasser geht mir nur bis zu den Knöcheln. Ich stehe da, den Blick auf das entfernte Ufer gerichtet, und halte einen großen, farbigen, rechteckigen Klotz in den Armen. Er ist nicht schwer, nur groß und sperrig wie eine Eisenbahnschwelle. Viele solcher Klötze habe ich schon ans andere Ufer getragen, einige liegen noch hier. Und ich stehe hier unbeweglich mitten im Fluss mit meiner Last im Arm.

Dann wachte ich auf und erkannte spontan die Antwort auf die Frage nach meiner Lebensaufgabe: Ich bin auf dem richtigen Weg. Der Weg führt durchs Wasser, und Wasser steht für Gefühle. Ich bin auf dem Weg des Handelns. Ich bin nur stehen geblieben, statt einfach weiter zu gehen. Gefühle sind also wichtig und das Handeln. Ich verstehe. Es geht immer wieder um das Tun. Der Weg stimmt und ich soll nicht stehen bleiben.«

Dieter war sehr dankbar für diese Botschaft. Schön an diesem Traum war für ihn auch die Erkenntnis, dass wir im Leben nie allein gelassen werden. Auch Sie dürfen sich bewusst sein, dass Sie ständig von vielen unsichtbaren Wesen umgeben sind, von geistigen Helfern, die Ihnen Hinweise geben, Unterweisungen und Hilfestellung auf Ihrem Weg. Sie dürfen darauf vertrauen, dass es so ist. Sie dürfen um Hilfe bitten, wann immer Sie Hilfe brauchen, und sie wird Ihnen gewährt werden. Und Sie dürfen auch immer wieder danken: »Danke, dass es mich gibt« und »Es ist schön, dass es mich gibt.«

Hinweise der Seele durch automatisches Schreiben

Wer mit dem Träumen Schwierigkeiten hat, kann auch durch automatisches Schreiben Hinweise aus seiner Seelentiefe bekommen. Das geht so: Sie haben ein Problem, das Sie sehr bewegt, und sehen keine Möglichkeit, es zu lösen. Nehmen Sie sich Stift und Papier oder setzen Sie sich an den Computer – und schreiben Sie einfach darauf los. Der erste Gedanke, der gerade da ist, der nächste Gedanke, alles was Ihnen durch den Kopf geht, schreiben Sie es einfach auf. Es darf ruhig sinnloses Zeug ohne jeden Zusammenhang sein. Schreiben Sie ohne zu überlegen, ohne abzusetzen, ohne eine Pause zu machen, immer weiter und weiter. Auf einmal sind Sie mitten im Problem und schreiben spontan alles nieder, was dazu in Ihnen hoch kommt. Sie schreiben und schreiben. Und plötzlich werden Sie feststellen, dass Sie Lösungen aufschreiben. Das Problem hat sich in Lösungen gewandelt. Sie spüren gleichzeitig, wie sich Ihre Miene aufhellt und wie es Ihnen plötzlich wie Schuppen von den Augen fällt: Sie sehen klar und können handeln.

Karl hat es ausprobiert, damals auf Teneriffa, wohin er gereist war, weil er dachte, die Entfernung könne seinen Liebeskummer lindern: Da sitzt er nun abends in seinem Hotel, leidet vor sich hin und sucht nach Antworten. Doch als Dialogpartner steht ihm nur sein Laptop zur Verfügung. Also schreibt er einfach darauf los: »Tiefes seelisches Leid Liebeskummer Verlustangst Entzug was ist mit mir wohin soll das führen was ist der Sinn dahinter was habt ihr da oben mit mir vor warum darf ich nicht glücklich sein was soll ich tun was soll ich lassen wie tief ist die Seele wie tief ist das Leid wo ist die Sonne was treibt der Mond für ein Spiel was bin ich wert was sind andere wert warum ich und warum jetzt habe ich das Recht zu handeln mein Gefühl zu töten überhaupt zu töten und was macht dann die Sonne ist es ihr egal ich bin schon einmal durch die Sonne gegangen ich weiß was dahinter ist danke dass ich mich wieder erinnern darf ich sehe die Quelle ich sehe sie sie fließt aber es ist auch da einsam ich bin einsam ich bin sehr einsam ich leide ich sehne mich nach dieser Zweisamkeit ist das zu viel verlangt ich tue doch schon tue ich zu wenig habe ich keine Rast verdient was soll ich noch tun ich weiß es ist noch viel zu tun aber muss ich dabei so allein sein wo ist meine Dualseele haben wir auch vereinbart dass jeder durch das Jammertal gehen muss ich weiß dass es irgendwann vorbei sein wird und ich weiß dass ich hierfür nicht meinen freien Willen einsetzen darf und ich bete dass ich durchhalte mir fehlt die Fröhlichkeit ich bin so sehr traurig warum bin ich schon mein Leben lang traurig und warum kann ich nicht weinen ich möchte mein Leben umstellen wenn ich zurück bin ich möchte bei mir sein ich möchte die Trauer ergründen und ich möchte weinen ich möchte nicht in Selbstmitleid weinen ich möchte weinen in Erinnerung an mein Zuhause das so weit weit weg ist lass Güte walten und erkenne an was ich mitbringe und rufe mich sehr bald oder zeige mir was mich zu zweihundert Prozent so sehr fordern kann dass es mein Hiersein berechtigt noch verstehe ich dies nicht obwohl ich den großen Rahmen sehe obwohl ich ahne dass immer noch was und immer mehr zu tun sein wird solange ich hier bin aber brauche ich nicht auch Freunde Freunde die mich nicht verletzen oder erwarte ich zu viel bin ich zu egoistisch sollte ich mehr verzichten auf Freude auf Glück auf Irdisches warum ist mir bloß meine Familie so fremd wo gehöre ich überhaupt hin wer bin ich überhaupt was bedeutet mein Name was soll er mir sagen bin ich hierher geschickt worden oder freiwillig oder zur Selbstkasteiung wie ich es mir selbst immer wieder zuführe sollte dies mein Leben sein Selbstkasteiung und Selbstergründung meiner Seele warum bin ich dann nicht in Indien geboren oder wäre das zu einfach gewesen eine Frau kam mir so sehr nahe so sehr hat mich so sehr durchschaut war so liebevoll zu mir ich habe sie zu spät erkannt zu spät bemerkt dass sie mir geschickt wurde jetzt hat sie die Geduld verloren jetzt hat sie sich selbst entdeckt und jetzt ist ihr Ego dran ich kann sie so gut verstehen wohin fliege ich nun weiter was ist wichtig was soll ich tun ich warte ich warte auf deutliche Signale ich habe ein Recht darauf ich will mich nicht bejammern müssen ich leide ich habe ein Recht auf das Wissen meines Weges ich bin zornig und ich bin jetzt so klein so klein aber ich möchte nicht durch eine Frau so klein sein ich bitte um eine große Hand die Schatten spendet so viel Schatten dass ich nicht mehr bemerkt werde ich werde selbst wieder auftauchen wenn alles vorbei ist wenn ich im tiefsten schwärzesten Winkel meines kümmerlichen Hierseins einen Fingerzeig gefunden habe ich such danach in dieser verzweifelnden Tiefe und Finsternis wenn nur diese Gedanken nicht wären und diese Erinnerungen und diese Vorstellungen und dieses selbst projizierte Leid ich weiß doch alles wie dies geht mit dem Kopf um damit fertig zu werden aber warum schaffe ich das selbst nicht warum habe ich keinen Freund dem ich mich anvertrauen kann warum darf ich mir meine Seele nicht frei reden warum warum warum frage ich eigentlich leide so heißt sicher der Befehl von oben du hast zu leiden und zu gehorchen aber kann ich denn gut genug leisten wenn ich leide oder besteht die Gefahr dass ich nicht mehr leiste wenn es mir gut geht ist das Leben hier so grausam ich weiß dass es eine momentane Befriedigung geben kann so einfach so die Kerze plötzlich auszulöschen und dann ich weiß ich weiß es ist wieder keine Lösung ich bitte um einen Hinweis ich bitte um mehrere Hinweise ich beantrage Klarheit für mein Leben ich möchte wissen was ich tun soll ich kann doch nicht immer nur an einem Gummiband zerren mit dem sie spielt es geht mir schon etwas besser aber ich weiß auch dass es wiederkommt und ich sitze hier gefangen aber ich würde auch zu Hause gefangen sitzen ich würde überall gefangen sitzen ich bin so ohnmächtig zu ohnmächtig um ganz etwas Verrücktes zu tun was ist schon verrückt was könnte ich schon tun ich hätte immer den Zweifel ob es gerade das Richtige oder das Falsche ist ich sitze in der Falle in der Gefühlsfalle in der Falle wo der Köder mittendrin ist und trotzdem nicht da ist bin in der Folterkammer wo du deinem Henker direkt in die Augen schaust ihn siehst wie er das große Beil erhoben hält dich trotzdem anlächelt und du jeden Augenblick erwartest dass er zuschlägt dass du hoffst dass er endlich zuschlägt dass er aber nicht zuschlägt sondern dir immer neue Bilder vorgaukelt neue Bilder neuen Leids es tut so weh ich bin so zerknirscht aufgeweicht niedergeschmettert traurig so voller unendlicher Sehnsucht und gleichzeitig in der Gewissheit dass sie wahrscheinlich nie erfüllt sein wird und so wandle ich in den Tiefen des Seins eine Vulkanlandschaft tiefe Schlucht nichts wächst nur diese spitzen scharfen ausgebrannten Lavasteine und in diesen tiefen Schluchten wandle ich ich kann mich von oben sehen der Weg führt nirgendwohin es ist wie ein Labyrinth und ich gehe mit gesenktem Kopf warum schaue ich nicht hoch oben ist doch keine Schlucht oben ist doch das Licht was kann ich bloß tun um mir das klarzumachen was kann ich bloß tun um hoch zu schauen oben ist doch alles anders ich sehe dass niemand anderes da ist niemand der mir helfen könnte und niemand der mir sagen wird dass ich doch einfach hoch schauen soll ich muss selbst dahinter kommen selbst muss ich es fertig bringen nur diese einfache Bewegung zu machen einfach hoch schauen und einfach erkennen erkennen dass doch da oben alles anders ist jetzt kommt er mir gar nicht mehr so traurig vor wie er da so dahingeht mit gesenktem Kopf fast muss ich ein bisschen über ihn lächeln wie lange er wohl noch so laufen wird ob ich ihn auf die Schulter tippen soll ob er mich überhaupt verstehen wird ich komme fast ins Zweifeln ich weiß dass er sehr verbohrt ist sehr in seinem Schmerz verhaftet er hat es ja noch nie so richtig anders erfahren was ihn immer abgelenkt und am Leben erhalten hat war ja sein rastloses Tun jahrzehntelanges sinnloses rastloses Tun erst jetzt hat es etwas Sinn bekommen es macht ihn zufriedener aber es macht ihn noch nicht glücklich da fehlt noch so viel und plötzlich spüre ich meine Ohnmacht ihm helfen zu können ich werde für ihn beten ich werde für ihn bitten ich weiß nicht was ich für ihn tun kann.«

Ja, und dann hat Karl plötzlich gelächelt und war erleichtert. Was war geschehen? Irgendwann während des Schreibens konnte er sich von dieser jämmerlichen Leidensfigur trennen und sich selbst von weitem beobachten. Von dort hatte er einen besseren Überblick. Er sah, wie der da unten mit gesenktem Kopf in den Niederungen herumirrte. Dabei hätte er nur einmal den Kopf heben und aufschauen müssen. Dann hätte er gesehen, dass da oben die Sonne scheint, dass alles in Ordnung ist und das Düstere nur dort sein kann, wo er am Düsteren festhält. Auf diese Weise erkannte Karl, dass er selbst bestimmt, ob er sich an das Dunkle klammert oder dem Licht zuwendet. Wenn wir in einem dunklen Loch stecken, brauchen wir meistens jemanden, der uns sagt, dass wir nur aufzuschauen brauchen, um das Licht zu sehen. Meistens kommen wir selbst nicht darauf. Bei Karl hat das automatische Schreiben diese Rolle übernommen.

Übungen für mehr Lebensenergie

Ausreichend Lebensenergie ist ganz besonders wichtig für unser Wohlbefinden. Viele Menschen klagen über Energielosigkeit, und daher kann es gar nicht genug Hinweise auf die Möglichkeiten geben, die wir haben, uns mit Energie aufzuladen. Einige einfache Übungen zur Energetisierung haben Sie bereits kennen gelernt, und wir bleiben auch weiterhin bei den ganz einfachen Übungen. Es gibt ein wirkungsvolles energetisches Ritual, das so leicht durchführbar ist, dass Sie es unbedingt kennen lernen sollen.

Wie oft haben Sie zu nichts Lust und sind so energielos, dass Sie nur noch vor dem Fernseher sitzen können. Oder Sie sind krank, kraftlos, zur Untätigkeit verurteilt und würden doch so gern etwas Sinnvolles für sich selbst tun. In solchen Situationen können Sie Ihre Finger energetisieren.

An jedem einzelnen Finger befinden sich die Anfangs- und die Endpunkte bestimmter Energiebahnen, auch Meridiane genannt. Jeder dieser Meridiane steht mit einem bestimmten Körperorgan in Verbindung. Das Aktivieren der Energieströme im Finger aktiviert die entsprechenden Meridiane im Körper und sorgt so dafür, dass der ganze Körper wieder vital wird.

Beginnen Sie mit dem Daumen. Umfassen Sie den Daumen der linken Hand mit Ihrer ganzen rechten Hand. Spüren Sie dorthin und lassen Sie dann einfach Energie fließen. Die Energie strömt von Ihrer rechten Hand in Ihren linken Daumen. Damit aktivieren

Sie die Energieströme, die am Daumen beginnen oder enden. Machen Sie dies fünf Minuten lang. Behandeln Sie jeden Finger Ihrer linken Hand auf diese Weise und wechseln Sie dann zur rechten Hand. Ich sage Ihnen ganz bewusst nicht, welche Energiebahnen an welchem Finger beginnen oder enden und mit welchen Organen sie in Verbindung stehen. Es kommt nämlich auf das Ganzheitliche an. Egal, wo es zwickt oder schmerzt, behandeln Sie immer alle Finger. Sie werden selbst spüren, ob Sie bei einem bestimmten Finger länger verweilen möchten. Sie können Ihre Finger auch strömen, wenn Sie zwar gerade keine Probleme haben, aber es auch sonst nichts zu tun gibt, zum Beispiel beim Fernsehen. Sie tun sich damit immer etwas Gutes. Strömen Sie auch die Finger Ihrer Partnerin oder Ihres Partners. Dies ist ein Händchenhalten der ganz anderen Art, bei dem Sie auf eine ganz besondere Weise miteinander in Verbindung sind.

Auch Ihr Immunsystem können Sie auf ganz einfache Weise stärken, wann immer Sie es gerade nötig haben: wenn Sie zum Beispiel etwas »anfliegt«, Sie sich gerade nicht so stabil fühlen oder wenn Sie in einer Genesungsphase sind und einen kräftigen Energieschub brauchen. Dann stärken Sie Ihr Immunsystem, indem Sie mit den Fingern oder mit den Fäusten Ihre Thymusdrüse im oberen Brustbereich beklopfen.

Eine tiefere Wirkung für die Kräftigung Ihres Immunsystems erzielen Sie, wenn Sie mit zwei Fingern in den Grübchen rubbeln, die sich unter dem rechten und dem linken Schlüsselbein in Brustmitte befinden. Diese Grübchen liegen zwei bis drei Fingerbreit auseinander oberhalb der Thymusdrüse. Das Rubbeln gleicht auch Ihre Körperpolaritäten aus: Ihre rechte, männliche Seite mit Ihrer linken, weiblichen Seite. Außerdem hilft es bei Atemnot und Atembeschwerden. In diesen Grübchen liegen die Endpunkte des Nierenmeridians, der sowohl auf der rechten als auch auf der linken Körperhälfte verläuft. Die Nieren sind die Energiebatterien des Körpers. In diesen Bahnen fließt also unsere Ur-Lebensenergie.

Klar, dass das Rubbeln der Nierenpunkte ein wahrer Lebenswecker ist.

Im ganzen Buch verteilt finden Sie mehrere einfache, aber wichtige Energieübungen, die Sie überall und in jeder Lebenslage machen können. Der beste Zeitpunkt für eine Übung ist immer dann, wenn Sie gerade daran denken. Dann haben Sie so einen Energieschub nötig. Und Ihre zweihundert Billionen Körperzellen freuen sich über jede Vitalisierung. Es lohnt sich also.

Es gibt übrigens keine allgemeingültigen Empfehlungen, wie lange Sie eine Übung machen sollen. Handeln Sie ganz nach Ihrem individuellen Gefühl, das Ihnen sagt, wann es genug ist oder auch, wo es gern noch ein wenig weitergehen könnte. Meine Erfahrung hat gezeigt, dass jede Übung – wenige Sekunden ausgeführt – spontan wirkt. Die Wirkung ist umso besser, je mehr Bewusstsein mit der Übung verbunden ist. Wenn Sie sich beim Üben vor Augen führen, warum Sie dies jetzt machen und wofür es gut ist, verstärken Sie die Wirkung enorm. Diese Energieübungen lösen zwar kein tief liegendes seelisches Problem, aber in stressigen, die Gesundheit belastenden Lebenssituationen sind sie eine große Hilfe. Die Wirkung hält gewöhnlich bis zum nächsten großen Stressor. Und dann ist wieder genau die Übung nötig, die Ihnen gerade in den Sinn kommt.

Was Sie noch für sich tun können

Sie können aber noch mehr für Ihr Wohlbefinden und Ihre Selbstheilung tun, und zwar in einer ganz anderen Dimension.

Unser physischer Körper ist zwar der einzige Körper, den wir sehen, spüren und anfassen können, aber wir haben noch mehrere feinstoffliche Körper in unterschiedlich hohen Schwingungsbereichen, deren Bedeutung nicht unterschätzt werden darf. Mit bestimmten Mitteln können diese Körper sogar sichtbar gemacht werden. So kann man beispielsweise auf einer Kirlianfotografie erkennen, dass ein fehlendes Körperglied energetisch noch vorhanden ist. Ein anderes Bespiel sind so genannte Phantomschmerzen: Ein Beinamputierter kann das Gefühl haben, sein fehlendes Bein sei noch da, weil er Schmerzen darin spürt.

Neben weiteren Körpern in höheren Schwingungsbereichen haben wir unmittelbar um unseren physischen Körper herum einen Energiekörper, einen Gefühlskörper und einen Mentalkörper, über die unter anderem der Weg bis zur Entstehung einer Krankheit nachvollzogen werden kann: Gedanken lösen Gefühle aus, Gefühle bewirken Veränderungen im Energiekörper, die wiederum den physischen Körper beeinflussen. Jetzt erkennen Sie sicherlich auch, warum Kinesiologie-Coaching als Seelencoaching zur ganzheitlichen Heilung beiträgt, indem es die Gefühle heilt.

Während der physische Körper über die Meridiane des Energiekörpers spürbar mit Lebensenergie versorgt wird, die vorwiegend aus unserer Nahrung kommt, sind die feinstofflichen Körper über die sieben Hauptchakren miteinander verbunden. Das Wort *Chakra* kommt aus dem Sanskrit und bedeutet *Rad*. Bei den sieben Hauptchakren handelt es sich um kreisförmige Schwingungsbereiche, die entlang der mittleren Körperachse vom Damm bis zum Scheitel angeordnet sind.

Genauso wichtig wie es ist, dass Ihre Körperenergieströme gut fließen, ist es auch, dass Ihre sieben Hauptchakren optimal schwingen. In diesen Chakren, die sich im Idealfall drehen wie ein Propeller, wird kosmische Energie, die von außen auf Sie einwirkt, so transformiert, dass sie von Ihrem Körper aufgenommen werden kann. Jedes der sieben Chakren hat einen anderen Schwingungsbereich. Während das erste Chakra eine langsame, niedere Schwingung hat, schwingt das siebente Chakra sehr schnell und hoch. Die Schwingungsbereiche entsprechen den sieben Farben des Regenbogens. Der folgenden Tabelle können Sie die Lage der sieben Hauptchakren entnehmen und welchem Chakra welche Farbe zugeordnet ist.

Chakra	*Farbe*	*Lage*
erstes Chakra	Rot	unterhalb der Geschlechtsorgane
zweites Chakra	Orange	auf Höhe des Schambeins
drittes Chakra	Gelb	unterhalb des Bauchnabels
viertes Chakra	Grün	auf Höhe des Herzens
fünftes Chakra	Hellblau	im Kehlkopfbereich
sechstes Chakra	Dunkelblau	wie ein drittes Auge auf der Stirn
siebentes Chakra	Violett	dicht über der Kopfmitte

In einem morgendlichen Ritual können Sie jedes Ihrer Chakren aktivieren, indem Sie die Hände auf die entsprechende Körperstelle legen, sich die dazugehörige Farbe vorstellen und diese Farbe intensiv in das jeweilige Chakra atmen. Indem Sie »seine« Farbe in das Chakra atmen, bringen Sie es in seine optimale Schwingung. Wenn Sie Schwierigkeiten haben, sich die Farben vorzustellen, können Sie auch Hilfsmittel verwenden, zum Beispiel Farbkarten. Und wenn Sie es besonders eilig haben, atmen Sie einfach den ganzen Regenbogen ein. Baden Sie im Regenbogen. Diese wunderbar visionäre Übung wirkt heilend auf all Ihre Körper.

Es ist übrigens durchaus möglich, kinesiologisch auszutesten, welches Chakra gerade einen Energieschub nötig hätte, aber die verschiedenen Testarten für Energiedefizite sind nicht Thema dieses Buches. Und um sich jederzeit selbst energetisch fit zu machen, brauchen Sie auch keinen kinesiologischen Test, denn wie ich schon sagte: Eine Energetisierungsübung ist immer dann wichtig für Sie, wenn Sie gerade daran denken. In dem Augenblick brauchen Sie eine solche Stärkung.

Der allmächtige Kosmos nährt mich mit seinem Atem. Ich erinnere mich an meine Herkunft, habe mein Ziel klar vor Augen und schreite auf meinem Weg vorwärts. Meine Geburt in dieses Leben ist ein Geschenk an mich, ein göttliches Geschenk. Daran werde ich mich immer erinnern, und dafür danke ich. Und ich gebe dieses Geschenk weiter, indem ich segne. Ich gebe den Segen weiter, den mir mein großer Vater mit auf den Weg gegeben hat. Ich segne mein Denken und Handeln, meinen Weg und die, die mir auf meinem Weg begegnen. So ziehe ich weiter, bis ich die Liebe gefunden habe. Dann bin ich wirklich am Ziel.

Doch solange Sie noch unterwegs sind, gelten die Worte von Nina Ruge, die sie – besonders charmant – Millionen von Fernsehzuschauern mit auf den Weg gibt:

»Alles wird gut!«

Anhang

Der Ablauf einer Sitzung in der Praxis

Der Klient kommt mit einem Problem. Der Coach/Therapeut testet kinesiologisch, ob ein unerlöster seelischer Konflikt, ein so genannter psychischer Konflikt die Ursache des Problems ist. Dann fragt der Coach/Therapeut kinesiologisch nach, ob es noch weitere psychische Konflikte zum gleichen Themenbereich gibt. Beispiel Beziehungen: Kommt der Klient mit der Problematik, dass er nie Glück in Beziehungen hat, fordert der Coach/Therapeut ihn auf: »Denken Sie an Ihr Pech in Beziehungen« und testet kinesiologisch einen psychischen Konflikt. Nun weitet der Coach/Therapeut dieses Feld aus und testet auch Vater, Mutter, Frauen/Männer allgemein (z. B. bei Frauen: »Denken Sie an die Männerwelt.«), den Klienten selbst (»Denken Sie an sich selbst in Ihrer Rolle als Frau/Mann.«), Selbstliebe, die Fähigkeit, Liebe zu geben, Offenheit für Nähe und Gefühle, Bindungsfähigkeit, Sexualität, Selbstbewusstsein, Selbstsicherheit, Selbstwertgefühl, Selbstvertrauen. Blockierungen in all diesen Themenbereichen können einer erfüllenden Beziehung im Wege stehen.

Der Coach/Therapeut hat einige psychische Konflikte gefunden und testet nun kinesiologisch, welches dieser Themen für die aktuelle Problemklärung am wichtigsten ist. Dann hinterfragt er verbal die näheren Umstände des Problems (beispielsweise wann es erstmals aufgetreten ist), um sich vorab ein Bild über etwaige Zusammenhänge machen zu können.

Über den kinesiologischen Test findet der Coach/Therapeut einen Zielsatz für die Lösung des Problems. Der Wortlaut des Zielsatzes soll an die optimale Lösung des Konflikts erinnern und eben diese Lösung vorbereiten.

Da er das Optimale zum Ausdruck bringt, erzeugt Aussprechen dieses Satzes größten Stress. Der Zielsatz führt den Coach/Therapeuten nun zielsicher zur tiefsten/frühesten Konfliktursache. Dort, an der Wurzel kann nun eine Klärung und Auflösung des Konflikts erfolgen. Hier könnte der Zielsatz beispielsweise lauten: »Ich habe eine erfüllende Beziehung.«

Der Coach/Therapeut fragt nun über den kinesiologischen Test nach, ob es in Ordnung ist, dass der Konflikt geklärt wird, ob der Klient diese Klärung wirklich möchte und ob er auch glauben kann, dass dies möglich ist. Während der Klient die folgenden Sätze spricht, testet der Coach/Therapeut kinesiologisch:

»Es ist in Ordnung, dass wir die Ursache dieses Konflikts klären.«
Bei Ja (starker Testarm) kann die Sitzung fortgesetzt werden. Bei Nein (schwacher Testarm) verweigert das Unterbewusstsein des Klienten eine Weiterarbeit grundsätzlich und die Sitzung wird abgebrochen. Es kann aber auch sein, dass die Arbeit an diesem Thema nicht erlaubt wird, weil ein anderes, wichtigeres Thema zur Klärung ansteht.

»Ich möchte eine erfüllende Beziehung haben.«
Bei Ja (starker Testarm) wird die Sitzung fortgesetzt. Bei Nein (schwacher Testarm) spricht der Coach/Therapeut verbal mit dem Klienten und fragt ihn, ob er nun eine erfüllende Beziehung will oder nicht. Er müsse sich schon dafür entscheiden. Hat sich der Klient willentlich entschieden, wird der wiederholte Test auf diesen Satz stark sein und die Sitzung kann fortgesetzt werden. Wenn nicht, bricht der Coach/Therapeut die Sitzung ab.

»Ich glaube, dass ich eine erfüllende Beziehung haben kann.«
Bei Ja (starker Testarm) stimmt das innere Glaubensmuster. Eine erfüllende Beziehung ist also möglich und die Sitzung wird fortgesetzt. Bei Nein (schwacher Testarm) beklopft der Klient den Energiepunkt unterhalb des Kleinfingergelenks an einer seiner Handkanten (rechte oder linke Hand) und sagt fünfmal laut den Satz: »Ich glaube, dass ich eine erfüllende Beziehung haben kann.« Ist das innere Glaubensmuster dann stimmig und testet die erneute Aussage stark, kann die Sitzung fortgesetzt werden.

Der Coach/Therapeut stellt nun alle Fragen, die für die Aufdeckung der Ursprungsgeschichte wichtig sind. Die Fragen werden nicht an den Klienten als Person gerichtet, sondern an sein Unterbewusstsein. Der Klient sollte möglichst nicht mitdenken, da Gedanken die Verbindung zwischen dem Coach/Therapeuten und dem Unterbewusstsein des Klienten stören und die kinesiologische Abfrage erschweren. Da der psychologische Ursachenkonflikt stark mit Stress besetzt ist, haben nun alle vom Coach/Therapeuten an den Klienten gestellte Fragen, die beim Klienten einen schwachen Testarm erzeugen, mit der Ursprungsgeschichte zu tun. Alles, was keinen Stress erzeugt (der Testarm bleibt stark), gehört nicht zur Geschichte.

Im Vorfeld klärt der Coach/Therapeut nun Einzelheiten ab, die es später erleichtern, den Sinn der Geschichte im Detail zu erfassen. Dazu gehören:

Die Handlungsebene der Geschichte
Geht es um Existenzielles, um Zwischenmenschliches, um Persönliches, um Systemisches aus der Sippe, um ein Vorleben, um Spirituelles oder um eine andere Existenz?

Die Art der Geschichte
Geht es um ein Erlebnis, einen besonderen Lebensumstand, eine Erinnerung, eine Schuld, eine Beeinflussung, Karma?

Das Ursachenalter
Geht es bei dem Konflikt um etwas Aktuelles? Oder ist er im Zeitraum von der Geburt bis heute entstanden? Oder bei der Geburt beziehungsweise während der Schwangerschaft der Mutter? Oder in einem Leben vor dem Leben in diesem Körper?

Nun versucht der Coach/Therapeut den Inhalt der Ursprungsgeschichte zu rekonstruieren. Da ein Mensch hauptsächlich in Gefühlen lebt und es vorwiegend verletzte Gefühle sind, die zu unerlösten seelischen Konflikten geführt haben, ist es für die Rekonstruktion der Geschichte wichtig, solche Gefühle und die daran beteiligten Personen aufzuspüren. Der Coach/Therapeut macht sich hierfür gewisse Erfahrungswerte und Erkenntnisse aus der Chinesischen Medizin zunutze. Danach lassen sich jedem Körperorgan gewisse Gefühle zuordnen. Vereinfacht sieht die Tabelle der Zuordnungen, die der Coach/Therapeut in seinen Sitzungen benutzt, etwa so aus:

Gehirn:	gedankenlos, stur, Rückzug, Lebensverweigerung
Schilddrüse:	Erniedrigung, hoffnungslos, unentschlossen, Vorwürfe
Lunge:	Kummer, Lebensunlust, Trauer, verletzter Stolz
Thymusdrüse:	fühlt sich nicht liebenswert, fehlende Geborgenheit, Enttäuschung
Herz:	hartherzig, fühlt sich unerwünscht, ausgenutzt, verlassen
Magen:	mangelnde Sicherheit, Abneigung, Hass, Eifersucht
Dünndarm:	Einsamkeit, Liebesentzug, fehlende Geborgenheit
Blase:	Vorwürfe, unerfüllte Sexualität, Intrige, Existenzangst
Dickdarm:	Zwang, Überlebensangst, Kontrolle, perfektionistisch

Milz/Pankreas:	niederer Selbstwert, Sorgen, Selbstbestrafung
Gallenblase:	Ablehnung, Verbitterung, Selbstmitleid, Furcht
Leber:	Wut, Selbsthass, Misstrauen, fehlende Anerkennung
Nieren:	Angst, Versagen, Verwünschung, Verzweiflung
Wirbelsäule:	Vertrauensverlust, Missbrauch, fehlende Achtung

Nun konstruiert der Coach/Therapeut die Geschichte, indem er über die Organe zugehörige Gefühle testet und kinesiologisch hinterfragt, welchen Personen diese Gefühle zuzuordnen sind: Personen aus der Familie, aus der Verwandtschaft, aus dem Bekanntenkreis oder fremden Personen.

Wenn das Unterbewusstsein des Klienten den Hinweis gibt, dass alle Personen und Gefühle aufgedeckt sind, sind alle benötigten Informationen vorhanden. Aufgrund dieser Informationen kann der Coach/Therapeut nun die Ursprungsgeschichte rekonstruieren und teilt dem Klienten die Zusammenhänge verbal mit. Damit ist der Ursachenkonflikt bewusst gemacht.

Falls erforderlich, wird an dieser Stelle kinesiologisch ein Lösungssatz erfragt, der einen Hinweis darauf gibt, welche nächsten Schritte für den Klienten wichtig sind. Im vorliegenden Beispiel zum Thema Beziehungen könnte der Lösungssatz lauten: »Ich öffne mich für Gefühle.«

Jetzt ist der Zeitpunkt für die Ablösung gekommen. Der Klient nimmt eine entspannte Körperhaltung ein, während der Coach/Therapeut so genannte Entkoppelungspunkte beklopft, die sich über den Augenbrauen des Klienten und auf der höchsten Erhebung seiner Schädeldecke befinden. Erst durch diese Klopfakupressur wird die bis dahin eingeschlossene Konfliktenergie freigesetzt und die Selbstheilung setzt ein. Der Ursachenkonflikt ist nun bewusst gemacht und gelöst. Zur Kontrolle erfolgt ein kinesiologischer Nachtest. Der Coach/Therapeut führt den kinesiologischen

Armtest durch, während der Klient noch einmal seinen Zielsatz und den Lösungssatz spricht und seine Augen dabei in verschiedene Richtungen bewegt. Jede Augenrichtung erreicht einen bestimmten Gehirnbereich. Der Test soll sicherstellen, dass es zu diesem Konfliktthema keine weiteren Stressoren im Gehirn gibt.

Zum Abschluss denkt der Klient noch einmal an sein Grundthema (in unserem Beispiel Beziehungen), das zur Klärung anstand, während der Coach/Therapeut kinesiologisch testet. Dieses Thema darf nun nicht mehr belastet sein (der Testarm bleibt stark). Damit ist der Konflikt gelöst und die Sitzung beendet.

Wie wird man Kinesiologie-Coach?

Den Ablauf dieser Sitzung habe ich Ihnen so detailliert geschildert, damit Sie besser verstehen können, wie die Klientengeschichten zustande kamen, die Sie in diesem Buch gelesen haben. Versuchen Sie jedoch bitte nicht, mit diesem Detailwissen selbst Sitzungen an anderen Personen vorzunehmen. Für die Arbeit als Kinesiologie-Coach brauchen Sie eine fundierte Ausbildung, in der sicheres kinesiologisches Testen ebenso gelernt wird wie der Umgang mit verschiedenartigen Lebensproblemen sowie die Möglichkeiten und Grenzen ihrer Lösung.

Und beachten Sie bitte: **Die Behandlung von Krankheiten ist verboten, wenn Sie keine Heilzulassung als Arzt oder Heilpraktiker haben.**

Die Ausbildung zum Kinesiologie-Coach steht jedem offen, der gern mit Menschen arbeitet und ein interessantes berufliches Betätigungsfeld sucht. Nähere Informationen hierzu erhalten Sie über meine Internetadressen:

www.KinesiologieInstitut.de
www.kinesiologie-stoeberl.de
stoeberl.coaching@t-online.de

Glossar der Fachbegriffe

Kinesiologischer Test
Testung einfacher Fragen, Gedanken, Substanzen.

Psychologische Kinesiologie
Sitzungen mit Klienten zur Lösung von Problemen, die eine seelische Ursache haben.

PsychoNeuro-Kinesiologie
Die im Institut Hans Stöberl gelehrte eigene Methode zur Lösung seelischer Ursachenkonflikte.

Kinesiologie-Coaching
Begleitung von Klienten über einen längeren Zeitraum zur Klärung der Persönlichkeit und der belastenden Lebensthemen.

Seelen-Coaching mit Kinesiologie
Klärung seelischer Konflikte mit Psychologischer Kinesiologie und anderen Methoden.

Über den Autor

Hans Stöberl, geboren 1940, ist Persönlichkeitscoach und einer der erfahrensten psychologischen Kinesiologen im deutschsprachigen Raum. Mit seiner Methode der PsychoNeuro-Kinesiologie und des Kinesiologie-Coachings fand er einen optimalen Weg zur Klärung von Lebenskonflikten. Sein Wissen und seine langjährige Erfahrung hat er in hunderten von Vorträgen und Seminaren weitergegeben. Er leitet sein eigenes Institut für die Ausbildung zum Kinesiologischen Berater, Kinesiologie-Therapeuten und zum Coach.